Sophia Gabriel
Hildesheimer-Kießling

Die Zukunft der katholischen Kirche in der Reflexion
mit anthroposophischer Weltanschauung – Zeitfragen,
Erfahrungsberichte

novum pro

Dieses Buch ist auch als
e-book
erhältlich.

w w w . n o v u m v e r l a g . c o m

Bibliografische Information
der Deutschen Nationalbibliothek:

Die Deutsche Nationalbibliothek
verzeichnet diese Publikation in
der Deutschen Nationalbibliografie.
Detaillierte bibliografische Daten
sind im Internet über
http://www.d-nb.de abrufbar.

© 2021 novum Verlag

ISBN 978-3-99107-188-4
Lektorat: Dr. Annette Debold
Umschlagfoto:
Viktarm | Dreamstime.com
Umschlaggestaltung, Layout & Satz:
novum Verlag
Innenabbildungen:
Konrad Hildesheimer
Seite 3: Viktarm | Dreamstime.com

Gedruckt in der Europäischen Union
auf umweltfreundlichem, chlor- und
säurefrei gebleichtem Papier.

www.novumverlag.com

INHALT

* In diesem Kapitel befindet sich eine persönliche Stellungnahme der aktuellen Lage innerhalb der Coronakrise, Stand Mai 2020.

DANKESWORT

Von Herzen danke ich meinem Mann, Konrad Hildesheimer, für den kostbaren Austausch, wodurch Vertiefung und wichtige Ergänzung möglich war. Manche Einsichten verdanke ich diesen wertvollen Gesprächen.

★★★

Widmen will ich dieses Buch dem um Wahrheit ringenden Menschen.

1 Wo stehen wir? – Versuch einer Situationsanalyse – Zeitfragen

Geht es zu Ende? – Waren 2000 Jahre katholische Kirche genug? Wo sind wir hingeraten? Meine Wahrnehmung ist: Etwas dreht sich im Kreis. Was geht vor sich in der Institution? Veränderungen geschehen; wenn sie nicht gestaltet werden, wird alles nach und nach dekadent. Diesen Eindruck habe ich stark. Es geht nicht darum, polemisch zu sein, sondern zu schauen, was passiert.

Weiter frage ich: Ist es angebracht, angesichts der Tatsache, dass die Welt brennt, noch immer zu lamentieren, dass die Kirche an Bedeutung verliert? Werden selbstkritische Fragen auf effiziente Weise gestellt? Will man wirklich wissen, was falsch läuft? Wenn ja, kann die Antwort aus dem Insidervokabular kommen? Es werden schon Fragen gestellt, doch ob sie wirklich weiterführen, wage ich zu bezweifeln – aus der Beobachtung, so weit ich die Lage beurteilen kann, wage ich es zu bezweifeln. Es müssten Zeitfragen so gestellt werden, dass die Zeichen der Zeit erkannt werden. Die Perspektive, aus der Zeitfragen gestellt werden, könnte sich erweitern. Es gilt, einen Bannkreis zu durchbrechen. So beginne ich, Dr. Rudolf Steiner, den Begründer der Anthroposophie zu zitieren – und das liegt in der Natur der Sache, wenn ich die Auseinandersetzung der katholischen Kirche mit der Anthroposophie suche: „Es ist nicht die Schuld der Tatsachen, dass Fragen unbeantwortet bleiben. Die Fragen sind falsch gestellt, aber wir werden den Maßstab der Fragestellung mit der Zeit finden." (GA 110 – Geistige Hierarchien und ihre Widerspiegelung in der physischen Welt, S. 44)[1]

---

1 Grundsätzliche Anmerkung für alle Zitate von Rudolf Steiner: GA ist die Abkürzung für die Gesamtausgabe Rudolf Steiners; mit den Zahlen dahinter sind die entsprechenden Bibliografienummern gemeint, welche die Quellensuche mühelos ermöglichen.

In welchen Zeiträumen da zu denken sein wird, muss offen bleiben. – Die Not der Stunde ist vielfältig. Es ist jedenfalls zunächst sinnvoll, einmal über den Tellerrand zu schauen, über die Welt der Katholizität hinaus, eine Anschauung der Welt außerhalb gewohnter Vorstellungen und Denkweisen zu wagen, z. B. eine Weltbetrachtung aus anthroposophischer Sicht. Es ist u. U. hilfreich, von außen zu schauen. Ist es nicht so, dass sich auf diese Weise unerwartete Möglichkeiten ergeben können? Albert Einstein sagte ja schon, dass Probleme sich nicht mit derselben Denkweise lösen lassen, mit der sie entstanden sind.[2] Dieser Einwand will deutlich machen, dass Probleme und Sorgen innerhalb der katholischen Kirche nicht mit den gewohnten, rein innerkirchlichen Anschauungen lösbar sind. Die Krise innerhalb der katholischen Kirche wirft viele Fragen auf. Eines scheint mir allerdings klar: Es ist schon längst keine Frage der Methode mehr, wenn etwas seinen unguten Gang nimmt, sondern eine Frage der Inhalte ... Das wage ich zu behaupten. Dies wird vermutlich nicht so gesehen von den betroffenen Verantwortlichen innerhalb der Institution. Man gibt strukturelle Antworten, entwickelt Konzepte usw. – die katholische Kirche ist zur Planwirtschaft geworden, um die Krise in den Griff zu bekommen. Dass dies nur umso mehr Kräfte bindet und vom Eigentlichen ablenkt, wird nicht gesehen; alle Angestellten haben den Plänen nachzukommen, müssen sie umsetzen. Stelle man sich einmal vor, Jesus käme da vorbei und beobachtete die Szene, wie die Jünger von heute Pläne, Konzepte umsetzen müssen, um die Krise des religiösen Verlustes mit Strukturmodellen zu lösen. Oder man stelle sich vor, wie er zusehen muss, dass „Abenteuerkirchen" eingerichtet werden, um eine gewisse Faszination bei den Kindern und Jugendlichen auszulösen ... So behaupte ich, es ist eine Frage der Inhalte – jedoch absolut nicht auf der rein intellektuellen Ebene – sondern im umfassenden Sinn, und dies geht bis in die Erfahrungsebene hinein. Ja, die substanzielle Frage lautet: Wie

---

2 https://www.bernd-slaghuis.de/karriere-blog/problem-vergessen.

kommt man wieder in Berührung mit der göttlichen Sphäre und Welt? Wie ist es möglich, in unserer Zeit Christus zu erkennen? Die Erfahrungsebene muss dann auch die Erkenntnis beinhalten, sonst bleibt man blind mit seinen Erfahrungen und tastet sich irgendwo herum. Wenn wir also wirklich um Erkenntnis ringen, dann bekommt die Christuserfahrung von heute einen weiteren Horizont. Die Grenzen abzustecken und beim Alten stehen zu bleiben, verhindert inneres Wachstum und weitere Entwicklung. Es darf nicht mehr bei leeren, erfahrungsentleerten Worthülsen bleiben. Vielleicht braucht man sogar mehr Mut zum Schweigen; Mut, den Gottesbegriff stark zu reduzieren. Mut, sich zu besinnen auf das eigene, wahrhaftige Erlebnis und nicht darüber hinaus etwas zu zerreden. Weiter wage ich zu behaupten: Die Theologie bis dato reicht nicht mehr aus. Die Frage nach der Erkenntnis muss tiefgründiger gestellt werden. Wer von den heute Verantwortlichen kann sprechen aus der Sphäre der Christuserkenntnis und -begegnung, wie Paulus sie in Damaskus hatte? Wer in der Verkündigung „arbeitet", sollte nicht dahinter zurückbleiben und dennoch „reden". Natürlich darf ich nicht urteilen über die innere Glaubenserfahrung anderer. Dennoch behaupte ich, die Erkenntnisfrage wird nicht wirklich gestellt – jedenfalls nicht offen. Doch darf ich überhaupt, wenn ich diesen „Brotkorb" gewählt habe, Christus so erkennen, wie er sich zu erkennen geben will? Einige wohl schon, das muss fairerweise gesagt sein. Wes das Herz voll ist, geht der Mund über … Es geht dabei jedoch nicht um „Schwärmen". Was Paulus erlebte, konnte er nicht verschweigen. Das Durchdrungensein von der Christuserkenntnis und seinem tiefsten Geheimnis ist es, das zur Verkündigung drängt – und nichts anderes darf es sein. Doch ich komme nicht von der Besorgnis weg, dass viele sich mit Worten abgeben, die leer geworden sind, nicht weil sie leer wären, sondern weil sie für viele keinen tiefen Erfahrungswert mehr beinhalten. Darum gilt es, sich zunächst einzugestehen, dass Methodenwechsel nicht die Lösung bringt.

Es handelt sich – das ist, worauf ich hinauswill – um die Dekadenz im Umgang mit dem Wort, die logische Konsequenz von alledem, und dies ist sehr tragisch, gerade in der Verkündigung. – Sind wir da angekommen, ohne es zu merken? Meine Devise wäre: nicht noch mehr Aktionen, noch mehr Methodenwechsel – nicht noch länger Krieg: „Wie kriegen wir die Leute wieder in die Kirche?" – und darum auch nicht noch mehr Theater und Manöver, um die Leute irgendwie anzuziehen … Das alles entlarvt sich als Ablenkungsmanöver, meine ich, damit die wirklichen Ursachen nicht angeschaut werden müssen und man an der bequemen Peripherie bleiben und weitermachen darf – zu Tode erschöpft … ausgepowert, ausgebrannt, außer Atem wie der Hamster im Rad … Wenn die Erkenntnisfrage im anthroposophischen Sinn gestellt wird, hat dies natürlich ziemlich radikale, an die Wurzel gehende Konsequenzen; und mir ist klar, dass sich das eigentlich niemand leisten darf, der innerhalb der Institution arbeitet: denn – „wes Brot ich ess, des Lied ich sing" – es darf sich eigentlich diese Berufsgruppe nicht mit anderen Erkenntnisquellen, außer den katholischen, ernsthaft auseinandersetzen, da sie sonst ihren Brotkorb verliert … Obwohl es dringend nötig wäre! Zur Beruhigung im Ganzen muss gesagt sein, und dies ist eindeutig klar: Es handelt sich um Christuserkenntnis, nicht um etwas Neues, Sektenhaftes – doch diese Erkenntnistiefe – treffender gesagt: die Weite der Erkenntnis – kann innerhalb der Institution nicht gefunden werden; das ist die Krux dabei … Es handelt sich um eine essenzielle Erweiterung der Erkenntnisdimension in Sphären hinein, in die Unendlichkeit der göttlichen Sphäre hinein, die bisher nicht gewagt wurde, nicht erlaubt wurde? Vorenthalten wurde? – Es geht nicht darum, etwas schlechtreden zu wollen, ganz im Gegenteil; ich verteidige die katholische Kirche – zwar nicht in allen ihren Verhaltensweisen, sondern der noch verbliebenen Substanz wegen, insofern die Christusgegenwart durch noch so viel Murks, der geschieht, nicht „vernichtbar" ist … und ich bin – wie ich meine – hoffentlich nicht die einzige, doch eine von manchen Ausnahmen: eben keine traumatisierte Katholikin, sondern eine, die aus den Quellen tief schöpfen konnte und mit dem mystischen Leib des Christus tief verbunden ist. Darum handelt dieses ganze Buch, aber eben mit der Auflage, nicht dabei stehen bleiben zu können, weil unsere Zeit etwas anderes, ja mehr, erfordert. Unsere Zeit ist Gottes Zeit, unsere Welt ist Gottes Welt, unsere Not ist Gottes Not – doch mit der Chiffre „Gott" dürfen die Antworten, die gefunden werden wollen, nicht ersetzt werden. Allerdings: ich will unbedingt alle wertschätzen, die das Folgende aufbringen: Menschlichkeit. Alles, was an Menschlichkeit geschieht, macht Sinn. Alle ehrlichen Bemühungen verdienen Respekt; aller gelebte Respekt behält seine Wirkung im guten Sinn. Alle Liebe, die gelebt wird, darf nie in Abrede gestellt werden. Das letzte Fünkchen Frömmigkeit – echte, nicht Frömmelei – möge erhalten bleiben und um Himmels willen nicht erlöschen! „Der Christ von Morgen wird ein Mystiker sein, oder er wird nicht mehr sein." Diese Worte des Theologen Karl Rahner sind existenziell – ich frage Verantwortliche der Kirche: Hat man sie wirklich ernst genommen? – Ich habe ihn noch in den 80er-Jahren erlebt; das ist ja auch schon über dreißig Jahre her … Ja, der mystische Seelenstrom, falls noch etwas davon übrig ist, wovon ich nicht wirklich überzeugt bin – außer bei Einzelnen vielleicht – (ich lasse mich gerne vom Gegenteil überzeugen, wenn dem so wäre – es würde mich freuen!) – dieser mystische Strom ist unendlich kostbar. Er möge nicht versiegen; er wäre sehr bedeutsam; darin stimme ich mit Karl Rahner überein. Jedoch – und das ist der Kern dieser Arbeit, es braucht noch mehr, der mystische Seelenstrom muss erweitert werden: Er muss auf die Erkenntnisebene erweitert werden. Es braucht allerdings Mut und eine starke Intuition für „das Gute" – im Sinne des Pauluswortes: „Prüft alles, das Gute behaltet." (Brief an die Kolosser 5,21) Nun ist meine Konklusion: Die Öffnung in die Anthroposophie hinein würde helfen zu neuen Perspektiven, das ist meine Erfahrung – und Perspektivenwechsel ist angesagt. Aus dem Seelenraum gilt es, sich in eine andere Dimension hineinzuweiten. Nicht aus dem Seelenraum heraus – dieser muss erhalten bleiben, doch in die Geistsphäre hinein – und da ist eine Art Aufwachen gefragt. Es gilt, einen Durchbruch zu wagen, Entgrenzung zu suchen, auf viel umfassendere Weise „im Geheimnis daheim zu sein …" – Das Geheimnis ist und war in der katholischen Kirche anwesend; das ist eigentlich nicht das Problem, nur dass es niemanden mehr interessiert. Irgendwie ist die Spannung weg. Die Ansprüche sind berechtigterweise gewachsen bei den Menschen von heute. Die alten Kamellen genügen nicht mehr. Eigentlich will der moderne Mensch doch mehr wissen. – Nun denn, in der Anthroposophie findet er eine Quelle, die auszuschöpfen ein Leben gar nicht ausreicht. Dabei kann verhindert werden, schwärmerisch abzuheben in alle möglichen Gurusphären. Das Großartigste dabei, sodass man aus dem Staunen nicht mehr herauskommt, die geistigen Welten wollen sich offenbaren – der Himmel neigt sich uns entgegen, um es einmal so zu sagen, doch die katholische Welt verschläft buchstäblich dieses großartige Ereignis; ja – und darauf komme ich noch: Sie verschläft oder verpasst die Wiederkunft Christi, der in seiner Auferstehungskraft anwesend blieb die ganzen zweitausend Jahre hindurch – und uns niemals verlassen hat. Der Menschensohn, der Christus – als Gottessohn – nahm den Menschen, der noch nicht vollendet ist, an der Hand, sodass er mit ihm wachsen konnte – und durch Äonen hindurch geschieht das weiterhin – und dies darf jetzt endlich „eingesehen" werden. Weisheit und Einsicht, diese göttlichen „Geistesgaben", sind dazu nötig! Es handelt sich – wie gesagt, aus eigener Erfahrung – bei der Anthroposophie nicht um eine einseitige Ideologie oder gar um eine Sekte! Es handelt sich um den Menschen selbst in seiner ganzen Gestalt, in seinem ganzen Wesen, also auch in seiner Bezogenheit zur geistigen Welt. Es handelt sich darum, das Irdische mit dem Himmlischen, dem Geistigen in Verbindung zu sehen, zu erleben – und vor allem auch zu verstehen! Dafür ist es jetzt Zeit:

„Noch vieles habe ich euch zu sagen, aber ihr könnt es jetzt nicht tragen. Wenn aber jener kommt, der Geist der Wahrheit, wird er euch in die ganze Wahrheit führen. Denn er wird nicht aus sich selbst heraus reden, sondern er wird sagen, was er hört, und euch verkünden, was kommen wird."(Johannesevangelium, 16,12)

Ja, ich bin der Auffassung, dass die Offenheit in der katholischen Kirche nicht da ist, nach 2000 Jahren immer noch nicht, dieser Verheißung des Johannesevangeliums wirklich Raum zu geben. Was vor 2000 Jahren noch nicht „erträglich" war, ist heute aus der Not unserer Zeit heraus aufs Dringlichste geboten. Das wird noch aufgezeigt werden. Wir können es uns nicht mehr leisten, alles dem Zufall zu überlassen oder von Gnade und Vertrauen zu sprechen, ohne Verantwortung zu übernehmen. Es gibt auch Verantwortung im Bereich des Geistigen. Und da genügt es nicht mehr, das – was ich nicht erklären kann oder will – mit (Gut-)Gläubigkeit zu ersetzen, da es immer schon so funktioniert hat … – hat es das? Es ist sogar so, dass mithilfe der Anthroposophie destruktiv Systemhaftes durchschaut werden kann, überall wirksam in der Welt – unabhängig von der Institution Kirche, aber ehrlicherweise dort auch – ja, dass es einem wie Schuppen von den Augen fällt, dass erkennbar wird, was hinter dem Geschehen in der Welt steht und welche Kräfte am Werk sind. Wenn es nicht möglich ist, in Geistesfreiheit den Zugang zu finden zu einer weisheitsvollen, menschlichen – und in diesem Sinne von der Wortbedeutung her „anthroposophischen" – Weltsicht, werden Systeme sich mit immer neuen Gesichtern als Systeme wiederholen, ohne dass der Mensch zu sich und seiner eigentlichen Bestimmung findet. Systeme, die hinterfragt werden müssen zu verschiedenen Zeiten: Monarchie im missbrauchten Sinn, Anarchie, Nationalsozialismus, Rechts- oder Linksradikalismus, Kommunismus, Globalismus, Diktatur, „Bürokratur" … Digitalismus, Transhumanismus … Das sind natürlich keine religiösen oder kirchlichen Phänomene, doch Systematisierung ist auch innerhalb der Kirche wahrnehmbar, und darum gilt es, das Phänomen zu beobachten, da sonst die Lebendigkeit noch restlos verloren geht. Wirkliche Wandlung – ein Thema eben nicht nur in der katholischen Kirche, aber ebenfalls auch in ihr – und wie ernst. Es ist kein Witz mehr, die so bekannte Geschichte: „Frag 100 Katholiken, was das Wichtigste sei in der katholischen Kirche. Sagen sie, die heilige Messe. Frag 100 Katholiken, was das Wichtigste sei in der heiligen Messe, sagen sie: die Wandlung. Sag 100 Katholiken, das Wichtigste in der katholischen Kirche sei die Wandlung. Sagen sie: Nein, es soll alles so bleiben, wie es ist!" Es ist somit eine Frage der Horizonterweiterung, der Entgrenzung. Heinrich Spaemann, ein sehr frei denkender Priester und Autor (Ende der 1990er-Jahre verstorben) – ein zutiefst religiöser durchgeistigter Mensch, wie ich ihn erlebt habe, sprach mir immer wieder von „Entgrenzung". „Die Geborgenheit des Adlers liegt in der Freiheit seiner Schwingen" (persönlich gegebenes Zitat), das war Heinrich Spaemann … Entgrenzung ist eine Devise, die unter keinen Umständen gemütliches Stehenbleiben erlaubt; es gilt, immer neue Ufer zu suchen – und es gibt deren viele; sie ragen in den Kosmos hinein.

Wir können uns nicht mehr begnügen mit ausschließlich den „alten" Inhalten, die von vielen – wie bereits gesagt – nicht mehr verstanden bzw. erfahren werden – das ist das Existenzielle daran. Mit dem Hergebrachten bzw. mit dem gewohnten Umgang höhlen unsere Worte aus. Das heißt nicht, dass daran etwas verkehrt war; es bedarf der Wertschätzung gegenüber allem gelebten Glauben der vergangenen zwei Jahrtausende; nur es reicht nun nicht mehr aus. Neue Zeiten erbringen neue Herausforderungen. Im Laufe der Säkularisierung, Intellektualisierung und Materialisierung unserer Zeit ist die „Aushöhlung" geschehen. Das hat mit Verschiedenem zu tun, darüber noch zu sprechen sein wird. Es ist allerdings nicht so, dass es keine religiöse oder spirituelle Sehnsucht gäbe, jedoch braucht es ein Gespür dafür, was echt ist. So wie ein Kenner auf Gold beißt und es „weiß". In dem esoterischen Bauchladen der „New Age"-Bewegung, der Neuen Zeit, die auch schon wieder Jahrzehnte alt ist …, kann man sich tummeln und begeistern lassen – und: abheben; das ist die Gefahr – und sie wird meistens nicht wirklich als solche wahrgenommen. Die spirituelle Sehnsucht lebt sich in dieser Szene stark aus. Auch die Flucht in die Drogensphäre kann hier hinterfragt werden.

Nun bin ich Katholikin und bekennende Anthroposophin. Durch die Beschäftigung mit der Anthroposophie sind die Perspektiven der Weltbetrachtung andere geworden, sowohl im Rückblick, woher wir Spezies Menschen kommen, als auch wohin es geht mit uns. Dies bekommt durch das Eintauchen in die

Anthroposophie eine Weite und eine Dimension, die nicht aussichtslos ist. Doch ernst bleibt es mit der Weltgeschichte – und wird es immer mehr ... Rudolf Steiner hat vor 100 Jahren in allen Lebensbereichen Impulse gesetzt, um das Leben lebendig zu halten, weil das Abgründige sich auftat; und nun sind die Ansätze aus der Anthroposophie aktueller denn je; davon bin ich inzwischen überzeugt. Mit seinen Worten tönt das so: *„Im Laufe des 20. Jahrhunderts (…) wird die Menschheit entweder am Grabe aller Zivilisation stehen oder am Anfang desjenigen Zeitalters, wo in den Seelen der Menschen, die in ihrem Herzen Intelligenz mit Spiritualität verbinden, der Michael-Kampf zugunsten des Michael-Impulses ausgefochten wird.“* (GA 240, S. 183, „Esoterische Betrachtungen karmischer Zusammenhänge"). Wer mit dem Erzengel Michael gemeint ist, wird noch nicht weiter nötig sein zu erörtern; doch vielleicht gehen wir in eine Zeit, da nichts mehr bekannt sein wird an religiösen Inhalten, wer weiß. – Das neutestamentliche Wort: „An den Früchten werdet ihr sie erkennen" (Matthäusevangelium 7,16) kann reflektiert werden im Zusammenhang damit, was aus den anthroposophischen Impulsen hervorgegangen ist; es sind buchstäblich „lebenserhaltende Maßnahmen" – und sie sind überall nötig, nicht nur innerhalb der katholischen Kirche, die irgendwie im Koma liegt; wer das von sich weist, frage sich, ob man sich anstatt dessen nicht in Aktionismus verliert. Überall, wo es im konkreten Leben darauf ankommt, ganz existenziell, sind dem Trend entgegengesetzte Maßnahmen nötig. In unserem 21. Jahrhundert zeigt es sich, wer es erkennen kann, wie notwendig sich die Erhaltung des Lebendigen erweist. Die Impulse, die aus der Anthroposophie hervorgegangen sind, betreffen ziemlich alle Lebensbereiche und damit die Weiterentwicklung oder gar die Erhaltung der Menschheit überhaupt. Welche Bereiche dies sind, ist ja weitläufig bekannt: Landwirtschaft, Pädagogik, Medizin, Ökonomie, Bildung im erweiterten Sinn und Kunst, um die wichtigsten der praktisch umgesetzten Bereiche zu nennen. Diese Lebensbereiche sind in sich bedroht – dies war für Rudolf Steiner voraussehbar, und nun ist das inzwischen fast jedem klar. – All das sind natürlich ganze Welten für sich, mit denen man sich beschäftigen kann – es würde zu weit führen, im Einzelnen darauf einzugehen. Es sei mir hier in diesem Zusammenhang eine Bemerkung und ein Beispiel erlaubt, um zu verdeutlichen – wie bedroht unsere Welt geworden ist – dieses Beispiel ragt in den politischen Bereich hinein. In der Politik werden ja maßgebende Dinge bestimmt, die das Allgemeinwohl und die Zukunft der Gesellschaft und damit der Menschheit betreffen; es ist heutzutage ja kein Geheimnis mehr, dass die politische Wirksamkeit unterwandert wird und damit die Demokratie bedroht ist.[3]

Das Bewusstsein, die Wachheit der Menschen, ist jedoch deutlich am Wachsen. Die Finanzkrise seit 2008, die ja bei weitem nicht überstanden ist, hat geholfen zu durchschauen, mit welchen Abgründen wir es zu tun haben. Dennoch geht es lautlos weiter. Es ist ja schon lange klar, dass (neben den Kriegen in verschiedenen Ländern) Korruption (welche die verbrecherischen Strukturen zur Folge hat mit ihrer himmelschreienden Ungerechtigkeit) die eigentliche Fluchtursache jedenfalls vieler afrikanischer Flüchtlinge ist und darum die Ursache der Armut nicht nur auf diesem, aber vor allem diesem Kontinent nicht mehr geleugnet werden kann. Dieses Thema kulminiert – und dies war vorauszusehen. Überall Baustellen, keine kleinen.

Und nun noch die Coronakrise auf dem ganzen Planeten; das ist so unglaublich einschneidend auf allen Ebenen und noch nicht absehbar, welche Konsequenzen dies haben wird (April 2020).

Mein Interesse an der Welt bringt mich dahin, das Leben in seinem Umfeld anzuschauen. Wir sind ja inzwischen alle mehr oder weniger Weltbürger geworden. Ein Christ kann nicht anders, als sich für die Welt interessieren, sonst wird er fanatisch und weltfremd und müsste darum seinen Glauben ernsthaft hinterfragen, ob er etwa nicht egoistische Motive hat, weshalb er Gott braucht.

Nun habe ich das Thema etwas breit abgesteckt, eine ausführliche Ouvertüre versucht, doch dies schien mir nötig. Als Nächstes will ich den Leser mit auf meine Reise nehmen:

---

3 „Tödliche Geheimnisse", s. Anmerkungen am Ende des Buches, Anm. 1).

2 Meine Heimat in der katholischen Kirche – Begegnung mit anderen Religionen und Weltentwicklung

In der katholischen Kirche habe ich mich daheim gefühlt. Die Volksfrömmigkeit war ein kostbares Juwel, das geleuchtet hat bis vor ein paar Jahrzehnten; ich habe es noch leuchten sehen und bin als Kind eingetaucht in dieses Licht. Es strahlt noch warm herüber, zum Beispiel beim Angelus, dem Engelsgruß, wenn die Glocken läuten zu den Tagzeiten, was bei uns auf dem Land im südlichen Deutschland noch der Fall ist. Meine innigste Verbindung zum Geheimnis der Eucharistie und auch meine mystische Christusbeziehung, die vor dem beinahe siebenjährigen Klosteraufenthalt schon begonnen hat und sich dann auf edelste Weise vertiefen durfte, ist der „Schatz, den ich trage in meinem zerbrechlichen Gefäß"... (nach dem 2. Brief des Apostel Paulus an die Korinther 4,7).

Es ist so, wie bereits schon erwähnt, dass ich keine traumatisierte Katholikin bin: Das Beichtsakrament z. B. war mir besonders während der Klosterzeit und danach sehr kostbar geworden; ich habe hier keine Schäden zu verarbeiten, sondern eine Erinnerung an ein Juwel: dass die Christusbegegnung eine reine, geläuterte Seele innerlich zum Vorschein bringt und dies im innersten Erleben ein Geschenk bedeutet hat, um ein wichtiges Beispiel zu nennen aus meiner Erfahrungswelt. Dass so viele Menschen existenzielle Probleme mit dem Beichtsakrament haben und hatten, kann ich allerdings verstehen aufgrund mancher Praktiken, die Zwang und Unfreiheit bewirken, ja seelische Not. Wo dies der Fall ist und war, handelt es sich um einen Verrat am Christentum, da es mit Christus selbst nichts zu tun haben kann, im Gegenteil. Es hat keinen Sinn, etwas Beschönigendes dazu zu sagen. Es ist, was es ist – und was nicht echt ist oder sogar unwahr oder gewalttätig auch im Bereich des Seelischen, muss durchschaut werden. Alles, was mit Unfreiheit zu tun hat, ist zutiefst unchristlich. Insofern ist auch die Institution Kirche mit ihrem Verhalten zu hinterfragen, weshalb sie sich die Freiheit herausnimmt, die Freiheit des Menschen zu unterbinden bzw. einzuschränken. Aus meiner Biografie lässt sich ablesen, dass ich mich gemäß meines inneren Wesens nicht abfinden konnte mit engen Strukturen, die das Leben verhindern. So habe ich darum gerungen, mich herausgerungen aus ihnen und gesucht ...[4]

---

4 Siehe Anmerkung 2) am Ende.

3 Begegnung und Auseinandersetzung mit Anthroposophie

„Anthroposophie ist ein Erkenntnisweg, der das Geistige im Menschenwesen zum Geistigen im Weltenall führen möchte."[5] Mit anderen Worten: „Stelle dich in die Mitte zwischen Gott und Natur, lass den Menschen sprechen über das, was über dir ist und in dich hineinleuchtet und über das, was von unten in dich hineinragt, dann hast du Anthroposophie, die Weisheit, die der Mensch spricht."[6]

Mir hat sich das Studium der Anthroposophie – als ein zutiefst christlicher Erkenntnisweg –im Lauf der vergangenen Jahre so erschlossen, dass ich darin eine Öffnung sehe, die zutiefst sinnvoll ist und in keine Sackgasse führt, wovon ich innerhalb der katholischen Kirche nicht mehr restlos überzeugt bin. Fängt man an, sich mit Rudolf Steiners Schriften ernsthaft zu beschäftigen, begegnet man nicht nur Herzenswärme und ernstem Ringen um die Zukunft der Menschheit, es hat auch echten Ewigkeitswert, was mir darin begegnet, wenn ich das einmal so formulieren darf. Keinesfalls im Sinne von „Jenseitsvertröstung", sondern, dass – nicht zuletzt nach dem Abgründigen des letzten Jahrhunderts – wieder etwas anfänglich, ganz zart und dennoch sehr stark hindurchleuchtet durch das unendliche Dunkel, in das die Menschheit hineingeraten ist. Der Impuls der Anthroposophie ist eigentlich überhaupt nicht mehr anfänglich und zart, wohl aber verletzlich und gegen Unterwanderung auch nicht gefeit in unseren Tagen. Die Bewegung hat weltweite Bedeutung bekommen. Sie ist auf verschiedenen Kontinenten anwesend; in anderen Ländern ist sogar die Aufmerksamkeit größer als in unseren

---

5 Erster anthroposophischer Leitsatz, GA 26, S. 14.
6 GA 115, S. 17

Breitengraden. Es ist auch höchste Eisenbahn. Die Zeit läuft uns fast davon; es ist, als ob eine Zeitbombe tickt ... Die zerstörerischen Kräfte sind – wenn man sich zunächst an das Sichtbare hält – schon so stark. Geht man darüber hinaus in den Bereich des Unsichtbaren und fängt an, die Wirkensweisen der Kräfte zu durchschauen, auf eine Art hinter die Kulissen zu schauen, wird es noch ernster. Die Anthroposophie hilft allerdings gleichzeitig, eine Haltung zu entwickeln, die eine Kraft entfaltet, aus der eigenen Mitte, entgegen der Angst oder Weltflucht oder Verneinung bzw. Zweifel (der zeitweise auch dazugehört, aber überwunden werden kann), das Menschliche, Lebendige, das Lebenswerte, das Künstlerisch-Kreative, das Sinn-Gebende – im besten Sinn das Ideelle wieder zu suchen. Dies hält aufrecht und bewahrt nicht nur vor dem Aufgeben und Resignieren, sondern führt dazu, dass einem Kräfte erwachsen auf ungeahnte Weise. Einmal werden Menschen es nicht mehr nötig haben, auf eigene Standpunkte und Meinungen zu pochen, so hören wir im folgenden Zitat Rudolf Steiner sprechen.

Das ewige Recht behalten wollen, Meinungen vertreten, überzeugen, überreden, sich abgrenzen, andere ausschließen, missionieren, verschiedenen Religionen oder Konfessionen angehören, sich darin behaupten oder sich gegen andere verteidigen, braucht es irgendwann einmal nicht mehr, sondern alle werden „erkennen". Doch dies muss erst errungen werden – geduldig, ehrlich und lauteren Herzens, so gut es geht. Interessanterweise habe ich in den folgenden Äußerungen von Rudolf Steiner auch etwas gefunden, das sogar das Pfingstgeschehen und das Wesen des Heiligen Geistes thematisiert: *„Die Weisheit ist eine einheitliche. ... die Menschen werden sich abgewöhnen, wenn sie den einheitlichen Geist der Weisheit gewinnen, zu sagen: Das ist mein Standpunkt, das ist meine Meinung. Wenn man sich klar darüber geworden ist, dass es der einheitlichen Weisheit gegenüber keinen besonderen Standpunkt gibt, dass jedes Stehen auf einem besonderen Standpunkt nichts anderes ist, als dass man nicht weit genug vorgedrungen ist, erst dann kann man die Idee vom Heiligen Geist begreifen. Nur der unvollkommene Mensch hat seinen Standpunkt. Derjenige Mensch, der sich dem Geist der Weis-*

heit nähert, hat keinen Standpunkt. Er weiß, dass er sich selbstlos hinzugeben hat der ureinen Weisheit. ... *das ist in dem Pfingstwunder in so wunderbarer Weise zum Ausdruck gekommen, dass die Apostel den Bruderbund erweitern zu einem Menschheitsbund und in einer Sprache reden, die alle verstehen. Das muss immer mehr zum Ausdruck kommen, und zwar bei der höchsten Ausgestaltung der Individualität.*" – (GA 96, S. 270 f.)

„... bei der höchsten Ausgestaltung der Individualität"! – Das ist geradezu genial: Es geht also nicht um Gleichmacherei, Gleichschaltung oder eine neue Lehre bzw. Theorie, sondern um die höchste Ausgestaltung einer jeden Individualität. So etwas überzeugt mich, denn es ist unendlich freilassend. Eine Moral, die ganz und gar von innen und nicht mehr von außen kommt. Dies ist übrigens eine uralte Verheißung – beim Propheten Jeremia – vor ca. 2400 Jahren bereits zu finden:

„Wohlan, Tage kommen, ist SEIN Erlauten, da schließe ich mit Haus Jisrael und mit Haus Jehuda einen neuen Bund ... Ich gebe meine Weisung in ihr Innres, auf ihr Herz will ich sie schreiben, so werde ich ihnen zum Gott, und sie, sie werden mir zum Volk. Und *nicht brauchen sie mehr zu belehren jedermann seinen Genossen, jedermann seinen Bruder, sprechend: Erkennet IHN! Denn sie alle werden mich kennen, von ihren Kleinen bis zu ihren Großen, ist SEIN Erlauten.*" (Jeremia 31,31 ff. nach der Übersetzung von Martin Buber)

Das ist Zukunftsmusik, obwohl die Verheißung uralt ist; da kann man ahnen, wie langsam menschliche Entwicklung geht ... – und das Missionieren und „ins Gewissen predigen" hat dann ein Ende ... Ich meine, dies Von-Innen-her-Erkennen ist allmählich, wenn auch langsam möglich. Angesichts des Ernsts der Lage – wie bereits gesagt – will ich jedoch auch glauben, dass die Zeitdimension ihr eigenes Geheimnis in sich birgt und davor bewahrt, in Panik zu geraten. Doch, was ist das Bedrängendste unserer Zeit? Ungerechte Strukturen gebären ständig größte Not, lange schon und immer mehr, Naturkatastrophen verursachen massenweise Elend, immer mehr. Allerdings bin ich gespannt, ob dieser krasse Einbruch durch die Coronakrise auch eine Änderung in eine gute Richtung bewirkt; wie gesagt – zu diesem Zeitpunkt, da dieses Kapitel geschrieben wird, ist dies noch nicht absehbar; jedenfalls bin ich sehr gespannt, ob es möglich wird, sich auf Wesentliches zu konzentrieren, das Lebendige zu bewahren.

Was mich jedoch am meisten erschüttert hat in den letzten Jahren und was ich inzwischen als die stärkste Herausforderung sehe, ist, womit sich das kommende Kapitel auseinandersetzen wird: die Digitalisierung und der Umgang mit künstlicher Intelligenz. Anthroposophie ist kein Luxus mehr, denn sie hilft hier zur Einsicht, Durchsicht und Beurteilung wie nichts anderes sonst: Anthroposophie als gesteigerte Fähigkeit menschlichen Erkennens. Die katholische Kirche hält fest an der alten Form: von außen zu führen. Anthroposophie ist innere Führung einer jeden einzelnen Individualität in voller Freiheit – und letztlich in voll gültigem christlichem Sinn. Man kann noch weiter gehen in Bezug darauf, wie unglaubwürdig und ja unheilvoll die Institution sich immer wieder gebärdet hat – und es sind ja eigentlich nicht Systeme, sondern stets einzelne Menschen, die etwas tun oder unterlassen – man kann sich nur fragen, unter welchem Einfluss etwas geschieht (es ist nicht gemütlich, dem allem nachzugehen, und es macht auch betroffen, welche Ausmaße es angenommen hat): Wenn die Machtbestrebungen und finanziellen Machenschaften durchleuchtet werden innerhalb der katholischen Institution und was damit zusammenhängt – es geht bis zu kriminellen Vorgängen, die einem den Atem rauben bis in unsere Zeit hinein. Allmählich ist es nicht mehr möglich, um jeden Preis die Kirche zu verteidigen; es würde dem Wahrheitsprinzip widersprechen, etwas vertuschen zu müssen, nur um die reine Weste zu beweisen, die es nicht gibt.

Meine Begegnung mit Anthroposophie hat eine vielfache Einsicht bewirkt. Was ich bisher schon wusste: Erkennen ist keine rein intellektuelle Angelegenheit; der Geist der Erkenntnis spricht sich darin aus. (Jesaja 11). – Mit dem Begriff der puren Intellektualität meine ich – vom Herzen losgelöstes Denken – vernunftloses Denken. Das Denken selbst jedoch ist ein heiliger Raum, den es überhaupt zu entdecken gilt.

Es wurde mehr und mehr für mich deutlich, Anthroposophie ist kein Lehrgebäude, da der Mensch, jeder Einzelne, selbst herausgefordert ist, alles denkerisch zu durchdringen. Der moderne Mensch, welcher sich mit Naturwissenschaften auseinandersetzt, da dies zu unserer Zeit gehört, kann einen angemessenen Umgang finden mit den Fragen, die sich aufdrängen: Anthroposophie ist eine „Geisteswissenschaft", die die Naturwissenschaft ernst nimmt, sich jedoch auch kritisch mit ihr befasst, ihre Grenzen aufzeigt und zu durchschauen vermag, insofern es sich um Intellektualismus handelt, der sich im Detail völlig verlieren kann. Es können auch krasse Fehler vorkommen, und das ist dann keine wahre Erkenntnis mehr. Unsere Zeit hat die Intelligenzkräfte missbraucht; die Anthroposophie zeigt auf, worin die Irrung besteht und wie notwendig eine Besinnung auf das Geistige und die geistige Welt heute ist: Die Erkenntnismöglichkeit bzw. Erkenntnisfähigkeit ist nicht nur auf das Geistige anwendbar, sondern es stellt sich heraus, dass die geistige Welt selbst sich als Quelle erweist, aus der die Erkenntnis sich speist. – Mystiker sind in ihrer Zeit als Ketzer verpönt und nicht anerkannt worden; das ist ja inzwischen überwunden, doch die Glaubens- und die „Wissenswelt" klaffen derart auseinander, und das muss nicht so bleiben – es darf nicht so bleiben. Dass sich die Forschung auf eine Art verselbstständigt, wird am folgenden Kapitel ersichtlich und zeigt umso mehr auf, wie sehr eine Rückbesinnung notwendig ist. Die Antworten sind ebenfalls nicht innerhalb der Forschungsgebiete selbst zu finden; die Forschung und das Studium müssen ihre Dimension erweitern in eine andere Ebene hinein; dies ermöglicht die Anthroposophie, ansonsten geht der Mensch des Menschen verlustig – und dies kann auch der Kirche eigentlich nicht gleichgültig sein … oder?

4 Zeichen der Zeit: Digitalisierung und KI – künstliche oder kosmische Intelligenz?

Die Zeichen der Zeit verstehen, ist Gebot der Stunde mehr denn je. Die Welt ist die Welt Gottes, um den Gottesbegriff wie gewohnt zu gebrauchen. Selbst der Mensch kann nur in Beziehung zum ganzen Weltgeschehen verstanden werden. Die Zeichen der Zeit „lesen" zu können, auch dazu braucht es eine distanzierte Wahrnehmung, doch eine Wahrnehmung des aktuellen Weltgeschehens. Im anthroposophischen „Vokabular" gibt es für den Gottesbegriff auch den Ausdruck „Weltengrund". Sonntagschristen haben sowieso keine Berechtigung; alles, was in der Welt geschieht, muss uns „kümmern" … Erst, wenn wir anfangen, uns Menschen selbst im umfassenderen Sinn zu verstehen, verstehen wir auch die Welt mit all ihren Geschehnissen und Herausforderungen. Solange wir noch eine Trennung zulassen von Religiosität und Weltgeschehen, werden uns die Probleme, die die Zeitentwicklung mit sich bringt, überrennen und überfordern. So ist die größte Herausforderung unserer Zeit, die Digitalisierung und das Phänomen der künstlichen Intelligenz, das ist meine persönliche Wahrnehmung. Die Digitalisierung war parteienübergreifend bei der neuen Regierungsbildung in Deutschland Ende 2017 ein wichtiges Thema; vor anderem war die Priorität deutlich wahrzunehmen. Der Eindruck entstand: Man muss up to date sein … Man muss mit dem Strom schwimmen …[7] Es handelt sich um die sogenannte „normative Kraft des Faktischen", wie ein moraltheologischer Ausdruck das Phänomen beschreibt: Wenn eigentlich erkannt werden müsste, dass etwas radikal falsch ist, wird ein Verhalten dennoch zur Norm, weil alle es tun, und darum wird diese Norm allgemein anerkannt und zum unge-

---

7 „Der Wolf von Gubbio", s. Anmerkung 3) am Ende.

schriebenen Gesetz. Etwas verselbständigt sich dabei total, unmerklich – ... Das ist gefährlich – die meisten merken nicht mehr, wie verkehrt etwas sein kann, das mehr oder weniger alle tun.

Um zur eigenen Individualität zu finden, braucht es Zivilcourage und ein Durchschauen in die Dinge, die geschehen.

Bei dem Phänomen der Digitalisierung, diesem Massenstrom – gilt es zu sehen, dass er heftige Folgen haben wird: Wenn der Mensch seine innerste Mitte nicht wachhält und nicht Herr seiner Entscheidungen bleibt, verliert er sich bis in die mentale Sphäre hinein, ohne es zu merken. Ein spirituelles Leben zu führen, ist darum kein Luxus mehr, den sich nur die „Frommen" leisten, sondern es ist eigentlich „überlebensnotwendig", um den fatalen Wirkungen etwas entgegenzusetzen. Auch das Durchschauen dessen, was geschieht, gehört wesentlich zu der Möglichkeit, nicht davon überrollt zu werden. Und dies ist mit geisteswissenschaftlichem Studium möglich. Doch bleiben wir zunächst bei Forschungen, die nicht aus der anthroposophischen Umgebung kommen; denn es gibt „Gott sei Dank" noch Menschen, denen ein vernünftiger Sinn nicht abhandengekommen ist: Es gibt Untersuchungen – u. a. von einem Gehirnforscher aus Ulm, Professor Manfred Spitzer, der die Auswirkungen des Gebrauchs digitaler Medien besonders bei Kindern und Jugendlichen erforscht hat; und es ist mehr als besorgniserregend, was uns durch solche Forschungsergebnisse in Bezug auf den Gebrauch von digitalen Medien entgegentritt.[8] Dies ist einer der wenigen, der auf die Gefahren hinweist. Es war eindrücklich, diesen Menschen zu erleben; er wurde nach Namibia eingeladen, wo ich ihn gehört habe; es war eine Regierungsvertreterin anwesend, zuständig für Kultus, (Waldorf-)Lehrer und Eltern – ja, selbst einige ältere Schüler waren da. Er sprach eindringlich zu den Eltern, u. a., dass sie sich kriminell verhalten, wenn sie Kleinkindern Computer vor die Nase setzen ...!

---

8 „Warum Handys dumm machen", https://www.youtube.com/watch?v=oLCOzpwuYE8.

Das Ganze soll mit Angstmacherei nicht verwechselt werden, sondern die uns einholende Realität aufzeigen – und eben „ein wenig" wachrütteln. Jeder kann sich darüber informieren und ist herausgefordert, das zu tun. Und wen beschäftigt dies eigentlich nicht? Der Gebrauch von digitalen Medien ist ja generationsübergreifend. Mehr denn je und immer perfider ist die Menschheit bedroht, doch dies wahrhaben zu wollen, ist noch ein weiterer Schritt.

Die sogenannte künstliche Intelligenz ist weiterhin ein Thema, das einen den Atem anhalten lässt. In der englischen Sprache handelt es sich um „artificial intelligence". Intelligenz und Weisheit sind sowieso nicht zu verwechseln; Weisheit ist Herzdenken, Intuition und übersteigt sogar das, was wir gewöhnlich Vernunft nennen. Bei der künstlichen Intelligenz handelt es sich um eine Art von Intelligenz, die erst recht nichts mehr, aber auch gar nichts mehr mit Weisheit zu tun hat. Nichtsdestotrotz gibt es ein künstliches Wesen, das „Sophia" genannt wird, welches man interviewen kann …(es ist skurril, dass diese Szene den griechischen Namen, der übersetzt Weisheit heißt, auf solch bizarre Weise missbraucht). Das ist kein Witz, sondern bitterer Ernst: das Ergebnis fand sich in einer 20-Minuten-Zeitung in der Schweiz, da man „ihr", diesem künstlichen Wesen „Sophia", in Zürich „begegnen konnte … „sie" war auch in jener Zeitung abgebildet – eine seltsame Erscheinung, die mich frösteln lässt, wenn ich nur daran denke. Nun also:

Die Herausforderung der künstlichen Intelligenz an unser Menschsein, wie drängend ist sie? Dazu ein Bild aus einem asiatischen Märchen:

Ein weiser Mann kommt zum Kaiser und berät ihn trefflich. Als Lohn erbittet er lediglich so viel Reis wie sich ergäbe, wenn er zwei Körner Reis auf ein Schachbrett legte, dann auf das nächste Feld zwei Reiskörner potenziert und auf jedes folgende Feld immer nur die Zahl des vorigen Feldes wieder potenziert. Dem Kaiser schien dies recht und billig, und bereitwillig stimmte er zu. Doch schon nach der Hälfte des Schachfelds hatte der Kaiser keinen Reis mehr, und die gesamte Menge war im ganzen Reich, ja auf der ganzen Erde überhaupt nicht aufzubringen:

2

4

16

256

65 536

4 294 967 296

...

Warum kommt dieses Rechenbeispiel aus dem Märchen ins Spiel? – Weil die *Beschleunigung* der technischen Entwicklung exponentiell und damit so erschreckend schnell vor sich geht, dass wir es schier nicht denken können. Man kann sich die letzten paar Jahrhunderte in Erinnerung rufen mit der Erfindung der Elektrizität sowie der Maschinen, die die Industrialisierung mit sich gebracht haben, was eine gravierende Veränderung für die ganze Menschheit in ihrem Selbsterleben unter anderem durch den Verlust der Beziehung zur Natur zur Folge hatte. Auch das Verhältnis zur Zeit wurde beeinflusst, indem die Mobilitätsmöglichkeiten sich so veränderten, dass man sich immer schneller fortbewegen konnte. Seither geht alles schneller, die Zeit „rast uns davon" – oder wir Menschen rasen blind und taub herum, weil unsere Seele nicht mehr mitkommt. ... Kommunikationsmöglichkeiten verändern sich, werden technisiert ... – künstliche Produkte entstehen – Plastik wird erfunden – alles hüllt sich ein in Plastikmaterial, das uns „einpackt", isoliert und allmählich überschwemmt. Was sich allein im letzten Jahrhundert verändert hat, ist unfassbar – und das gilt erst recht für die Zeit um den Jahrtausendwechsel in Bezug auf die Globalisierung, Digitalisierung und die künstliche Intelligenz. Man stelle sich vor, wie bald die Maschinen die ganze Erde überlagern – ausgenommen die Ozeane vielleicht. ... Viele Menschen leben bereits heute mehr in virtuellen Welten als in der Realität oder in der echten Natur, die uns noch umgibt. Filme und Romane sind seit 1968 daran, uns darauf vorzubereiten. *Matrix* und *Avatar* sind vielleicht die bekanntesten davon. Es geht bis hin zur Unsterblichkeit mit beliebigem Körperaustausch, was sich dann im Filmwerk *Altered Carbon* „mind on a chip" nennt."[9]

Wiederum soll hier nicht Angst erregt werden, doch es ist wichtig, daran aufzuwachen und sich vorzustellen, wohin wir uns bewegen – und was zu tun ist … Es geht inzwischen schon lang nicht mehr um Moralisieren; es handelt sich um Überleben – und zwar geistig-seelisches Überleben!

Im Zusammenhang meiner Auseinandersetzung zwischen Katholizität und Anthroposophie fordert dieses Thema die Frage heraus, ob sich die Kirche noch leisten kann, ignorant zu bleiben gegenüber der Erkenntnismöglichkeit, welche die wachsenden Herausforderungen aus der Zukunft durchschauen helfen bzw. den Umgang damit ermöglichen. – Ja, ich gehe noch weiter: es ist kein Luxus mehr, sich mit Anthroposophie zu beschäftigen, sondern eine Überlebensfrage! Warum das denn? – Weil, die Erkenntnisfähigkeit, die durch Anthroposophie gegeben ist, den Umgang mit den Gefahren unserer Zeit erschließt. Wer sich ernst und respektvoll mit Anthroposophie beschäftigt – und damit ernst genug und respektvoll mit dem Wesen des Menschen überhaupt, hat diese Möglichkeit zur Verfügung. Es reicht nicht mehr, an ein unvorstellbares Gotteswesen einfach zu glauben, wenn es uns nicht gleichzeitig weiterhilft, den Herausforderungen, vor die wir gestellt sind, gewachsen zu sein. Werde ich verstanden? –

Das Thema oder die Frage: „Künstliche oder kosmische Intelligenz", diese Formel der KI, der „künstlichen Intelligenz" auch im Rahmen des Phänomens des Transhumanismus – soll hineinmünden in das Mysterium, das die *kosmische* Intelligenz berührt. Es gibt einen unmittelbaren Zusammenhang. Nun der Reihe nach: im Rahmen der

---

9 Diese Ausführungen sind einer Hörermitschrift des Vortrags „AI-Sophia – oder Anthroposophia?" entnommen, gehalten von Dr. Sebastian Lorenz am 29. Juni 2018 in der Gemeinde der Christengemeinschaft in Konstanz.

künstlichen Intelligenz:

Von Transhumanismus spricht man dann, wenn – wie beim oben angedeuteten „mind on a chip" – noch weiterführend sogar ein Körperaustausch stattfinden wird. Es gibt Menschen, die sich zum Ziel gesetzt haben, alles, was sie meinen, das ihr Menschsein ausmache, in ein künstliches Gebilde hineinzugeben und sich damit unsterblich zu machen. Dann sind sie selbst bereit, sich umzubringen, weil sie davon ausgehen, dass sie in dem künstlichen Gebilde unendlich weiterleben würden ... Es würde den Rahmen sprengen, dieses Thema weiter auszuführen. Doch, dass dieser bodenlose Unsinn Realität werden könnte, hat mich sehr erschüttert (s. a. „Der lautlose Schrei – Aphorismen im Spiegel transhumanistischer Zukunftsvisionen", von S. G. Hildesheimer, Novum Verlag, 31.1.2020).

Wenn ich mit jungen Menschen spreche, höre ich, dass sie etwas davon wissen, mehr wissen möchten, doch ich nehme eine Art Ratlosigkeit wahr. Es wurde mir auch erzählt, dass in Oslo eine Oper aufgeführt wurde zu diesem Thema, zur Reflexion dieses Phänomens: Eine Gruppe „normaler" Menschen war noch übrig auf einer Insel, getrennt von der übrigen Welt, in der nur noch künstliche Wesen existierten. Ein Mensch hat gewagt, die Insel zu verlassen und sich zu den „andern" zu begeben. Dort kamen ihm die künstlichen Wesen sehnsüchtig entgegen, da sie wieder richtige Menschen werden wollten und es nicht mehr konnten. – Das war offensichtlich ein künstlerischer Weg, die Verrücktheit unserer Zeit zu verarbeiten, wachzurütteln und dem Ernst der Herausforderung die angemessene Aufmerksamkeit zu geben. Mehr und mehr schätze ich die Kunst, die so von den Straßen und Plätzen als weise Stimme ruft (vgl. Buch der Sprichwörter im Alten Testament – „die Weisheit ruft von den Straßen und Plätzen ...", Sprüche 8,1–6). Doch das Frappante an der ganzen Geschichte ist, dass kein Gefühl mehr möglich sein wird, also auch keine Sehnsucht vorhanden ist ... und damit wäre man am Ende des Menschen, am Ende der Welt. Das ist meine Schlussfolgerung dieser Entwicklung. Es ist nicht die einzige Wirklichkeit, die es gibt, aber eine ziemlich harte Realität. Das in Kürze zur Erklärung des Phänomens des Transhumanismus im Zusammenhang mit der Entwicklung künstlicher Intelligenz. Nun schauen wir weiter, was es auf sich hat mit dem Ausdruck „kosmische Intelligenz".

Im Lauf der Menschheitsentwicklung hat es sich ereignet, so Rudolf Steiner in verschiedenen seiner Werke, dass die Intelligenzkräfte, die in sehr frühen Zeiten im Kosmos walteten und die Menschheit inspirierten, nun der Menschheit übereignet wurden. Nun ist es des Menschen Verantwortung, damit umzugehen. In diesem Zusammenhang ist es von existentieller Bedeutung, wie wir uns mit dem Lebendigen verbinden, darauf werde ich im kommenden Kapitel ausführlich eingehen. Die kosmische Intelligenz hat mit dem Lebendigen, mit dem Leben zu tun. Was ist gemeint mit kosmischer Intelligenz? –

Bleiben wir zunächst bei dem Intelligenzbegriff, wie wir ihn gewohnt sind im Zeitalter der Naturwissenschaft, so wie sie heute gepflegt wird. Die Intelligenz ermöglicht uns, ein selbstständiges Gedankengebäude zu haben, selbstständig zu denken. In dem Ganzen besteht jedoch die Möglichkeit der Freiheit und damit verbunden die Gefahr der Willkür. Aber die kosmische Intelligenz erlaubt keine Willkür. Engelwesen oder noch höhere hierarchische Wesenheiten – Erzengel und noch höhere Wesen – können nicht anders, als an die göttliche Wahrheit gebunden zu sein in Hingabe und vollkommener Liebe. Der Mensch jedoch wird allmählich in Freiheit die Hinwendung in Liebe erst lernen auf diesem Planeten Erde und ist darum noch in der Möglichkeit, zu irren oder sich zu verlieren. Auch, wenn es notwendig war, die Intelligenzkräfte zu entfalten, die zu der Wissenschaft, ja – wie sie sich nennt – Natur-Wissenschaft geführt hat, so ist es doch so weit gekommen, dass genau diese Art von Wissenschaft den Kontakt zur Natur oder dem Wesenhaften in ihr und zu allem Lebendigen mehr und mehr verloren hat und in puren Theorien aufgeht, eine Art „tote" Intelligenz. Abstraktion ist die Konsequenz; abstrahere, dieses lateinische Verb heißt hinwegziehen – und erklärt, dass wir vom Lebendigen hinweggezogen worden sind … Das kann aber nicht so bleiben. Der Mensch hat zwar dadurch eine gewisse Souveränität erlangt – und diese gilt es selbstverständlich zu bewahren. Was jedoch heute wichtig, ja von großer Bedeutung ist, dass man nicht bei der kalten Intelligenz stehen bleibt, sondern nach einer weiteren Möglichkeit der Entfaltung und Entwicklung sucht. Diese liegt in der Verbindung von Spiritualität und Wissen. – Es muss allerdings ein wahrhaftiger Umgang gepflegt werden mit der Spiritualität. Es gibt genug Spintisiererei und Scharlatanerie oder verlockende Luftschlossgebilde oder Schwärmgeister, die die Erdung verloren haben und damit auch die Wahrheit – das alles meine ich nicht mit Spiritualität. Erkenntnis im anthroposophischen Sinn ist etwas anderes; sie nimmt den Menschen zutiefst ernst. Da gibt es keine kurzfristigen Heilsversprechen. Wenn von Erkenntnis und Spiritualität im anthroposophischen Sinn gesprochen werden kann, dann ist das ein Weg, der seine Zeit braucht; man darf nicht denken, dass man von heute auf morgen den ganzen Kosmos begreifen kann – und es geht auch nicht darum, ihn zu erforschen, wie es die heutige Astronomie oder Astrologie tut. Jedoch ist es deutlich so, dass der Himmel – wenn ich es so einmal sagen darf – nicht mehr schweigt, wenn wir nur hören wollen. Nur dieses „Sprechen" passt nicht mehr unbedingt in unsere gewohnte (auch nicht in die katholische) Vorstellungsweise. – Die gläubige Welt wird mit mir eins sein, dass wir nicht „von allen guten Geistern verlassen" sind, wie man so schön sagt – im Gegenteil, ja ganz im Gegenteil. Jedoch, die geistige Welt offenbart sich weitaus größer, als was wir bisher in der Kirchengeschichte erfahren haben. Etwas Neues beginnt, ein neues Erkennen; in immer neuer Weise, und darum sei das Wunder verwortet, es will sich erschließen – all die Himmelsgeheimnisse, die wir meinen, nicht zu verstehen.

Kommen wir nochmals zu den beiden sich gegenüberstehenden Begriffen:

Die künstliche Intelligenz,
ich wage zu behaupten, sie geht haarscharf an der Wahrheit vorbei.

Die kosmische Intelligenz
ist unendlich in ihrer Wahrheit und Größe; die Verbindung zwischen Kosmos und damit der geistigen Welt und dem Menschen geschieht dadurch, dass sich im Menschen die Wahrheit erschließt, wenn die Öffnung des Menschen und der Wille zu erkennen da sind. Dies ist ein zutiefst christliches Geschehen. „In Christus", so der Apostel Paulus, „sind alle Schätze der Weisheit und der Erkenntnis verborgen" (Kol 2,3). Paulus, so könnte man sagen, war seinerzeit im Verständnis dessen, was er da sagte, um ungefähr 2000 Jahre voraus. – Damit dies nicht nur fromme Phrase bleibt, „in Christus sind alle Schätze der Weisheit und Erkenntnis verborgen", sondern Erlebnisqualität bekommt, muss die Brücke gebaut werden zwischen Glauben und Leben; diese Welten können nicht getrennt sein, sonst ist nichts echt, sonst nehmen wir Christus selbst nicht ernst, der sich mit der Erde und dem Menschen ganz und gar verbunden hat und darin wirkt und lebt – in der Erdensphäre, nicht jenseits getrennt vom Menschen irgendwo außerhalb von uns. Das Leben selbst ist heilig – auch die Art, wie es sich erschließen und erfahren lässt. – Wenn Christus sich hier und heute nicht mehr offenbaren „darf" – und dies ist ein lebendiges Geschehen – in Raum und Zeit, auch hier und heute, muss sich die katholische Kirche mit ihrem „Offenbarungsverbot" die Frage gefallen lassen, was sie damit anrichtet …!

Kosmische Intelligenz
ist der geistigen Welt und der darin lebenden hohen Wesen eigen. Die Gedankenwelt hat ihre Heimat im Kosmos – die Welt des Wahren und Guten und Schönen, diese Sphäre ist identisch mit der moralischen Welt, zu der wir Verbindung haben durch unsere Intuitionsfähigkeit – man kann es zunächst auch gesunden Menschenverstand oder Gewissen nennen, doch es geht weit darüber hinaus –, sodass wir das Wahre, Gute und Schöne in uns und „außer" uns finden können. Die gesamte Schöpfungs-

geschichte kann in ihrer Größe wahrgenommen werden. Anthroposophische Welterkenntnis dringt vor bis in die Uranfänge alles Gewordenen, bleibt nicht abstrakt, sondern wird konkret, sodass der Glaube zum ehrfürchtigen Staunen wird aufgrund des Wissens darüber.

Kosmische Intelligenz,
sie kann auch Weisheit genannt werden, erschließt sich dem, der sich dafür öffnet. Das Denken selbst wird als heiliger Raum erfahren, sodass denkerisch erfasst und erlebt werden kann, was die geistige Welt ausmacht; wir sind selbst geistige Wesen, „Ebenbilder Gottes" – wir sind ein Teil des unendlichen Kosmos. Auch wenn unser irdisches Leben durch den Tod begrenzt ist, sind wir übersinnliche Wesen, die zwar während des Erdendaseins sinnenhaft wahrnehmen können, gleichzeitig aber übersinnliche Wahrnehmungsfähigkeit haben, d. h. wir können die geistige Sphäre erfassen.

Nur haben wir es in unserer Zeit damit zu tun, dass die meisten Menschen zu alledem kaum (mehr) einen Zugang haben – und die Lebenssphäre auf der Erde selbst zu verschwinden droht. Wie sind wir imstande, das Leben zu bewahren? Widmen wir uns dieser Frage. Tauchen wir ein in die Welt, wie sie eigentlich in Harmonie ist, um eine Spur in uns zu finden, die gesundend wirken kann.

5 Der Zauber des Lebens

Der „Zauber des Lebens" – es kann ganz einfach gehen. Das Natürlichste ist jedoch – wie gesagt – nicht mehr selbstverständlich; die uns umgebende Welt ist eigentlich märchenhaft schön. Das Erschütternde unserer Zeit ist, dass unsere Wahrnehmungsfähigkeit sich aushöhlt. Es ist so, dass wir das Leben wieder leise lernen müssen ... Dann wird die uns umgebende Wirklichkeit märchenhaft ...

***

Ich sitze im heimatlichen Wald in Süddeutschland und beobachte eine schwarz-grüne Raupe mit ungefähr 40 behaarten Füßchen, wie sie sich ziemlich schnell robbend davonbewegt. Ein Zitronenfalter fliegt vorüber, die Tannen rauschen im singenden Wind, die Sonne ist mild scheinend über mir – und es weht leise um mich, während ich dem Vogelgezwitscher lausche.

Ein halbes Jahr später:
Norwegen im Winter – wie von Puderzucker sind die Bäume und Gräser, die Wege und Häuser vom Schnee bedeckt. Die Morgensonne glänzt durch die ziehenden Wolken in einem Gemisch von nebelhaften Schleiern und grauem Gespinst – im Hintergrund der blaue Himmel. An einem freien Tag sitze ich hier neben dem Kamin mit offenem Feuer, das den Leib und die Seele wärmt.

***

Die Natur ist zauberhaft schön und kann uns bezaubern. Wir sind in der Lage, all das Schöne, das uns umgibt, bewusst und nachsinnend zu erleben. Tief eintauchend in eine Erfahrungswelt –

einerseits mit den Sinnen, die uns die äußere Welt erschließen, dann aber auch mit den sinnenden, d. h. den Sinn gebenden Gedanken. Denn die sind es, die etwas erschließen und uns in Verbindung bringen, unser innerstes Sein mit unserer Umgebung. Das bewusste, wache Erleben mit der ganzen Kraft unserer Seele ist eine besonders kostbare menschliche Fähigkeit.

Es beginnt mit der Wirklichkeit der Bilder – zunächst sind es *äußere* Bilder, wie sie die Natur uns zaubert. Wir hatten schon als Kind die Fähigkeit, uns *innere* Bilder vorzustellen; es waren die Märchen, welche sie in uns zauberten. Wir ahnen irgendwie, dass Märchen in ihrer inneren Substanz mehr sind als nur irgendwelche Geschichten. Aus dem Verborgenen spricht eine tiefe Urweisheit in den alten Volksmärchen.[10] Unsere Kindheitserinnerungen im Erleben von Märchen sind (vielleicht) noch in uns lebendig. Unsere Vorstellungskraft und die Erlebnisqualität wird jedoch – wie wir noch sehen werden – stärker, je tiefer wir in diese Bildwelt bewusst und wach eintauchen können; das ist dann mehr als die Fähigkeit des irgendwie noch träumenden Kindes. Wir brauchen uns nicht zu schämen, wenn wir die Erlebnisfähigkeit, die wir als Kind hatten, wieder versuchen hervorzuholen, indem wir als erwachsene Menschen den Märchen lauschen, ganz im Gegenteil – es braucht alle innere Kraft, in die Sphäre des Lebendigen „zurückzufinden" – und da sind Kindheitserinnerungen heilsam ... Wir „Großen" sind es, die der Heilung bedürfen; die Kinder sind noch einigermaßen „gesund" – ihre Seelennatur hat noch eine Kraft, die wir im Laufe des Lebens mehr und mehr verlieren und verloren haben – doch ist das leider auch nicht mehr selbstverständlich – das Leid der Kinder in unserer Zeit ist sehr groß ...

---

10 Es handelt sich um sogenannte Mysterienweisheit, s. a. Arthur Schult, *Mysterienweisheit im deutschen Volksmärchen.* Turm, Bietigheim 1980, ISBN 3-7999-0190-6, https://anthrowiki.at/Arthur_Schult und Rudolf Meyer, Die Weisheit der deutschen Volksmärchen, Fischer Verlag 1981, Copyright Verlag Urachhaus, Stuttgart 1981.

Dem Zauber der Sprache nachgehend, ahnt man etwas von der Urweisheit der Märchen. Eintauchend in diese Märchensprache, ahnt man auch, dass dieser Zauber eine scheinbar vergangene Welt umschreibt. Die Erinnerung an das Heilende dieser Sphäre ist in einem letzten Hauch noch vorhanden.

5.1 Ausflug in das Märchen: Frau Holle

Es wird die persönliche Erinnerung einer Märchendeutung von Eugen Drewermann wiedergegeben, die ich seit ca. 30 Jahren verinnerlicht habe, verknüpft mit Eigenem, das sich da hinein „gesponnen" hat …[11]

Das Märchen werde ich bereits in seiner Deutung schildern in der Annahme, dass es im Orginalton noch bekannt ist.

***

Da ist eine Witwe. Sie ist – laut Eugen Drewermann – eine Chiffre für die Welt, in der das Gute nicht daheim ist. Dies erklärt das Stiefkindsein der Goldmarie; sie selbst, eine Chiffre für das Gute, das absolut Gute, das in der Welt seinen Ort sucht. Die andere Tochter ist die rechte, aber sie ist die Faule, die Hässliche. Beide erhalten ihren Namen ja erst am Ende, da sich ihr Wesen oder Unwesen durch das Tun bzw. Nichttun, Sein bzw. Nicht-Sein offenbart hat. Es wird am Anfang von der Stieftochter, von Goldmarie, gesagt, sie sei schön und fleißig. Sie spinnt, ja – sie muss spinnen. Es wird uns ein Spiegel vorgehalten: Bis zum Gehtnichtmehr gilt es zu arbeiten, ohne Pardon, ohne Anerkennung, erbarmungslos – bis sie beinahe durchdreht (man stelle sich die

---

11 Eugen Drewermann, Frau Holle – Grimms Märchen tiefenpsychologisch gedeutet, Walter Verlag, 1988.

zwirbelnde Spindel einmal vor!), verzweifelt bis zum Burn-out, ohne Rücksicht auf Verluste. Herzenskalt die Stiefmutter; es ist nichts zu wollen von außen, in dieser Welt. Die Räder drehen, drehen sich – durch alle Ebenen – unten im Volk, ein Rädchen ein jeder im ganzen Gefüge; dann in der Politik – ein Rädchen angedreht von den Lobbyisten der Wirtschaft – jene, wiederum angedreht bis in die höchsten Etagen; sie müssen funktionieren, die Herren Funktionäre, Manager – das Letzte herausholen, ohne Rücksicht auf Verluste … Profit, Gewinn – heißt die Maxime. Dann die nächste Ebene, welche der Wirtschaft als ebenso abhängig übergeordnet ist: die Finanzwelt. Wie verrückt es in einer Börse zugeht, man kennt ja die Bilder. Hält das ein normaler Mensch aus, unter solchem Druck zu stehen? Spinnen, drehen – drehen, spinnen – ein Rädchen in ein anderes – darüber der Dax, Jones usw. – purer Wahnsinn von außen betrachtet – bis hin zu den oberen Zehntausend, deren Namen nicht genannt werden dürfen, wenn es nicht zu persönlich werden soll …, da ist es vermutlich wieder ruhig – doch welche Ruhe herrscht dort oben? Ich kenne diese Menschen ja nicht. Würde ich sie kennenlernen, vielleicht würde mein Herz dann weich – und das wäre ja auch nicht das Dümmste – vielleicht würde diese Welt sich erschließen in ihrem Sinn …?! Ich weiß es nicht. – Man darf sich kein Urteil anmaßen, doch man darf Fragen stellen. Und: Es gilt zu unterscheiden: Menschen und Systeme, die dahinter wirken. Und noch darüber? – … Unsichtbar wirkende, okkulte Kräfte. Wer hat die Fäden in der Hand im Getriebe der Welt? Es geht jetzt nicht an, „Verschwörungstheorien" aufzutischen, vielleicht muss man sogar noch darüberstehen, wer weiß. Jedenfalls sind die meisten Menschen irgendwie bitter eingebunden, müssen funktionieren.

So also ist es bei der Goldmarie am Spinnrad … in aller Öffentlichkeit – auf dem Marktplatz. Die Stiefmutter überlässt sie ihrem Schicksal. Die Goldmarie springt in den Brunnen, nachdem sie so hart gearbeitet hat, dass die Spule davon blutig geworden ist – sie wollte sie abwaschen, doch sie fiel in den Brunnen – erbarmungslos die Stiefmutter, lässt sich nicht erweichen, fordert von ihr, die Spule wiederzubesorgen. Kein Mitgefühl, kein Einfühlungsvermögen kommt ihr entgegen. Sie soll die Spule aus dem Brunnen wieder heraufholen – Unmenschliches, Unmögliches wird erwartet – sie springt hinein. (Damit ist natürlich kein Suizid gemeint! Es handelt sich ja um Märchensprache.) Was ist jetzt geschehen? – Nichts Besseres kann ihr eigentlich passieren, als von der Stiefmutter wegzukommen, aus dieser Abhängigkeit herauszukommen, aber eben zunächst durch Verzweiflung hindurch, nach aller Anstrengung um Anerkennung, um Gesehenwerden, um etwas Aufmerksamkeit – sie tat doch alles, gab ihr Bestes, strengte sich an! In der ganzen Verzweiflung ist das Bild deutlich: Sie springt in ihre eigene Tiefe hinein … Das kann man auf der psychologischen Ebene so verstehen, doch es geht noch eine Schicht tiefer – in eine andere Dimension, in eine andere Welt hinein – oder in eine andere Wahrnehmungsfähigkeit? – Jedenfalls ist sie auf einer schönen Wiese. Sie ist frei, kann endlich gehen, sich bewegen, voll Freude, niemand mehr hinter ihr, über ihr … Diese Welt ist nicht mehr bedrohlich. Diese Dimension befindet sich nicht außerhalb, sondern im Menschen; ich kann mir sagen: „Es liegt an dir, ob du nun bei dir, in dir bist – in Freiheit – oder nur in der Außenorientierung verharrst und dabei mehr und mehr im Selbstverlust …"

Sie kommt zu einem Backofen, zu einem Apfelbaum – wie es sich gehört im Märchen: Die können sprechen. Das heißt, sie sind wesenhaft und sprechen aus sich.

Das ist möglich in der menschlichen Wahrnehmung und hat eine besondere Erlebnisqualität. Alles hat seine eigene Sprache. Das Leben selbst: Was reif geworden ist wie eine Frucht, kann, darf gepflückt und gesammelt werden. Es ist Zeit. Und das Brot ist gebacken – ein Prozess, der durchlaufen ist, scheint hier auf. Die Äpfel, die Früchte – ungebrauchte Talente – werden faul am Baum … oder fallen herunter und faulen dort … – werden hässlich und faul. Man muss letztlich nichts persönlich nehmen – alles liegt „in der Natur der Sache" … – jedes Tun und Lassen hat seine Konsequenzen. Es kommt alles darauf an, wie jeder Einzelne sich verhält.

Goldmarie hört die Dinge reden und antwortet so selbstverständlich, wie es nur geht, durch ihr Tun.

Solange der gesunde Menschenverstand noch nicht abhandengekommen ist, geht das noch, dass man weiß, was zu tun ist und worauf es ankommt. Wenn Kopf und Herz in vernünftiger Weise noch zusammenwirken. – Ich rufe damit in die Welt hinein – in hallende Weltenräume; es ist nicht mehr selbstverständlich, damit noch verstanden oder gehört zu werden ... es hat sich so viel verselbstständigt. Menschen erliegen Systemen und denken nicht mehr selbst, oder die Zivilcourage bleibt auf der Strecke, weil man mit dem Strom schwimmt – oder das Leben wird mechanisiert, instrumentalisiert, maschinisiert, technisiert, intellektualisiert, digitalisiert ..., sodass bis in die mentale Schicht hinein Manipulation geschieht. Wir werden vergesslich – und werden letztlich vergessen, was gut, wahr, schön und edel ist ...

Goldmarie ist nun in dieser anderen Welt, auf einer anderen Ebene durch die innere Kraft und das Leid, das sie durchgestanden hat, oder einfach, weil sie erkannt hat, dass sie unfrei war. Sie ist in eine andere Bewusstseinssphäre gelangt – außerdem spielen die Märchen in der Lebenssphäre: Goldmarie antwortet, man könnte auch sagen, sie übernimmt Verantwortung, doch nicht aus Pflicht, sondern aus Neigung. Sie lässt das Lebendige an sich heran, tut was; es bricht ihr keine Perle aus der Krone – im Gegenteil. Ganz im Gegenteil, ist es nicht eine Freude, wenn der Apfelbaum und der Backofen zu ihr sprechen! – Da ist es auch eine Freude, etwas zu tun! Sie ist sich nicht zu gut für die kleinen Dinge, die notwendigen – und das ist bei den großen Dingen genau dasselbe. Man darf sich nicht zu gut sein und „es" nicht tun ..., wenn man es vermag und erkennt, dass etwas getan werden muss, oder noch besser, wenn man den Eindruck hat: Das gehört zu mir, das ist meine Aufgabe, d. h. wenn man vermag, etwas oder alles aus Freude, aus innerer Neigung zu tun. Und es ist logisch: Je mehr man „weiß", desto mehr kann man auch Verantwortung übernehmen. Es ist dann einfach klar – hier gilt die Hierarchie der Fähigkeiten: Jeder tut, was er wirklich kann, und dafür wird ihm dann vom Rest der Gesellschaft die Verantwortung gegeben und überlassen. – Es ist eben überhaupt nicht moralinsauer, denn je mehr man innerlich frei ist, desto liebesfähiger wird man dadurch … Zukunftsmusik? Oder leuchtet es nicht ein: Wenn die Dinge zu einem sprechen, dass es dann eine wahre Freude ist, etwas zu tun! – Das erkennt, wer es erlebt! Jetzt kommt das schöne und fleißige Mädchen zum Haus der Frau Holle. Diese aber hat große Zähne, doch eine warme Stimme. Die große Mutter nach Drewermann – zunächst etwas abschreckend, dann aber durch ihr inneres, warmes Wesen einladend. Sie muss jetzt nicht viel tun, nur Betten schütteln – und bekommt jeden Tag Gesottenes und Gebratenes –. Sie ist in der Reha (Rehabilitation) – ihre Seele darf zur Ruhe kommen, sich erholen nach all dem Stress „da oben". Aber nicht in einem Rehazentrum, sondern in mütterlicher, warm umhüllender Geborgenheit. Es schneit auf der Welt, wenn die Flocken fallen – wenn aus dem Haus der Frau Holle die Betten geschüttelt werden, sodass die Federn fliegen. Die hässliche, kalte, dunkle, raue, kantige Welt wird eingehüllt mit einem weißen Flaum. Eine verschneite Welt ist ja beinahe wie im Märchen. Wie haben wir uns als Kinder gefreut, über die ersten Flocken – und meine kindliche Seele tut das immer noch:

's schneit, 's schneit, de Fetze keit, de Nikelaus isch numme weit!

Dieses uralemannische Kinderlied versteht, wer den Dialekt kennt:

„Es schneit, es schneit, die Flocke fällt, der heilige Nikolaus ist nicht mehr weit."
  Es gibt Trost, den wir finden in der kindlichen Seele – in unserer eigenen kindlichen Seele; ich lade ein zum Eintauchen mit einem weiteren Kinderlied, der Frau Holle und allen Kindern, großen und kleinen, gewidmet:

Es schneiet auf der ganzen Welt, die Flocken fallen weich,
die Erde wird zum Zauberzelt, das ist Frau Holles Reich!
Ganz heimlich ist es überall, es wirbelt ringsumher,
die Kinder springen ohne Zahl, freu'n sich im Flockenmeer!
So weiß der Schnee und alles still, es ist ganz wunderlich;

das Reh im Wald auch staunen will, ja alle freuen sich!
Es schneiet auf der ganzen Welt, die Flocken fallen weich,
die Erde wird zum Zauberzelt, das ist Frau Holles Reich, das ist Frau
Holles Reich, das ist Frau Holles Reich …[12]

Ein Märchenreich – in anderer Raum- und Zeitdimension – das
ist in uns, es ist wirklicher als alle harte Realität.

Dann bekommt Goldmarie Heimweh. „Ich hab den Jam-
mer nach Haus kriegt" – Frau Holle „weiß". Sie will und muss
zurück mit allen inneren Schätzen, die sie zu geben hat: in die
„richtige", die äußere Welt. Das Gold, das über sie kommt, da sie
durch das Tor schreitet, ist von besonderer Art: Es lässt ihr wahres Wesen aufleuchten, ihr Gutsein, das ihr Wesen ausmacht; es
scheint durch sie hindurch; es ist ihr inneres Gold, das im Feuer der Prüfung geläutert ist. Alle inneren Erfahrungen, Nöte
und Ängste, alle Verzweiflung, welche die Treue zu sich selbst
mit sich bringen – und schließlich das Erringen der *inneren Freiheit* lassen dieses innere Wesen so kostbar aufscheinen. Es ist ihr
wahres inneres Wesen. Sie kann nun freiwillig in Liebe tun und
sein, wer und was sie ihrem Wesen nach ist – ohne den Drachen
über oder hinter ihr … sie hat durch ihren inneren Mut auch die
Angst verloren, zu versagen durch Nie-Genügen …

Doch das ist für die äußere Welt und die Dortigen – die Stiefmutter und deren Tochter – nicht sichtbar, nicht wahrnehmbar.
Sie, die nicht „*sein*" können, sondern nur „*haben*" wollen, sehen
bloß das äußere Gold. Goldmaries Gold ist jedoch reines, wahres, Gold, das glänzt – auf einer anderen Ebene, in einer anderen
Dimension, die für die Haben-Welt nicht zugänglich ist … Nach
dem äußeren Gold wird nun gegiert, und dies animiert zu fol-
gendem Tun: alles imitieren, zielorientiert: Gold!! Nach-machen,
kein Problem. klonen, Transhumanisieren (!) … Funktioniert ja.
Es ist keine innere Empfindung dabei, es ist keine Empfindung
mehr dabei … – weder Verzweiflung beim Sprung in den Brun-

---

12 Lied aus einer Märchenarbeit in Windhuk, Namibia.

nen noch sonst etwas. Nichts wird von innen erlebt. Die Tochter der äußeren Welt will sich nicht die Finger verbrennen, ist unverletzlich, plastifiziert, prothetisiert – sie rührt keinen Finger beim Backofen: Es wird schwarz werden, das Brot – „verbrannte Erde" … wenn man nicht tiefer sieht und hört, gibt es Krieg, will man immer mehr … Denn auch hier: Kriegen will sie das Gold und unendlich viel haben. Die Früchte faulen am Baum. Und nun die Pointe, auf die es ankommt – wiederum wird es hier deutlich: Wer sich nicht verbindet mit den Dingen, mit allem; wer nicht eintauchen kann, sondern an der Peripherie bleibt, wer nicht das Wesen von allem erahnt und erspürt, bewegt sich am Leben vorbei und – bleibt buchstäblich an der Oberfläche kleben. – Das ist das Schicksal der Pechmarie … das Pech, das über sie fließt, bleibt an ihr haften; sie klebt an der Oberfläche, bleibt oberflächlich, gleichgültig, innerlich leer – das Märchen zeigt auf, wer sie ist – es zeigt ihr Unwesen auf.

***

Man kann das Ganze phänomenhaft anschauen; es sind Feststellungen, die unser Menschsein ausmachen. Es geht nur darum, sich bewusst zu werden, womit wir es zu tun haben. Man kann etwas beurteilen – das Urteilen selbst kann man sein lassen.

Der Zauber des Lebens besteht darin, wie Goldmarie einzutauchen in die Lebenssphäre, auch wenn es zunächst durch Schmerz hindurchgeht, bis man in der eigenen Mitte angekommen ist – in der inneren Freiheit. Denn dann ist dieses echte Eintauchen erst möglich. Diese Feststellung gehört zur Beurteilung hinzu.

Wenn dieses Eintauchen in innerer Freiheit geschieht, dann ist alles zauberhaft schön und wirklich erlebbar. Das Potenzial der Goldmarie hat jeder Mensch in sich. Darum sind die Märchen wahr, weil sie etwas erschließen, was uns zutiefst angeht. Etwas bezaubert uns – geheimnisvoll rührt es uns an in der tiefsten Seele, das uns beglückt und froh macht. Diese Erfahrung können wir schon mit „übersinnlicher" Wahrnehmung umschreiben; Wahrnehmung von Unsichtbarem, nicht sinnlich Wahrnehmbarem, sie kommt aus unserem Innersten und dringt gleichzeitig in unser Innerstes ein. Es ist das Wahrnehmen des Wesens der Dinge und allen Seins. So verbunden mit dem realen Leben: Die Bäume, denen wir begegnen, sprechen nicht, genauso wenig der Backofen, der da mal in der Küche stand – ein solcher Backofen, mit richtigem Feuer … Oder eben – sprechen sie doch? Haben sie ihre eigene Sprache – auf einer anderen Ebene? – Unsere Backöfen funktionieren nur noch mit Elektrizität. Ein Feuer aus Holz ist Natur – kein elektrischer Strom bringt das hin.

Hier kommen wir bereits in eine Schicht, worin sich etwas zeigt. Wir denken kaum mehr darüber nach, was uns so selbstverständlich und alltäglich zur Verfügung steht – wir bezahlen den Strom. Die Väter gingen früher in den Wald und holten das Holz und bereiteten das Feuer mit ihrer Hände Arbeit, eben auch für das alltägliche Herdfeuer und den Ofen in der Stube. – Was daran deutlich wird, wenn man in die Ursprünge zurückgeht, dass Energien mit den Elementen zu tun haben. Die Energie, die Wärme – wir müssen uns allmählich erinnern –, sie wird aus dem Feuer gewonnen! Es klingt komisch, dass das gesagt werden muss; wir leben noch in einer Generation, die das selbstverständlich noch weiß. Wie lange noch? – Feuer, aus dem Wärme frei wird, wodurch das Brot bäckt – ist ein Element, eine Kraftquelle, eine Naturgewalt. In diese Sphäre gilt es eben einzutauchen, um den Weg weiter zu finden, um wieder zum Lebendigen zu finden … und ja, auch unsere Realität mit allen Nebenwirkungen, die der Mensch mit seiner Art, sich zu entwickeln, verursacht hat, gilt es zu durchschauen.

6 Unsere notwendige Verbindung mit den Elementarwesen – und die Kehrseite des Zaubers

Elementarwesen – das hat man schon gehört. Worum handelt es sich da? –

Feuer, Luft, Wasser, Erde sind Naturgewalten. Natürlich weiß man das. Kommt aber diese Kraft aus dem Nichts? Dem Ursprung geisteswissenschaftlich nachsinnend, erschließt sich, dass die Elemente mit ihrer Naturgewalt gebunden sind an den Geist. – So kann man sich kosmische Kräfte vorstellen, die uns umgeben, umweben. Und eben in diese Welt kann man eintauchen, sie wahrnehmen. Es ist erhellend zu erfahren, dass diese kosmischen Kräfte die Wirkungen hoher geistiger Wesen, hierarchischer Wesen sind, Engel, Erzengel und noch höherer Hierarchien.[13]

Eine Andeutung, wie man einen Zugang finden kann, beschreibt Rudolf Steiner wie folgt:

„… wir treten, wenn wir aufsteigen – so sagt die Geisteswissenschaft – von Erde durch Wasser, durch Luft zum Feuer und dann zum Licht, wir treten da von äußerlich Wahrnehmbarem, Sichtbarem ins Unsichtbare hinein, ins Ätherisch-Geistige. Oder, wie man auch sagt: Das Feuer steht an der Grenze zwischen dem äußerlich Wahrnehmbaren, Materiellen und dem, was ätherisch-geistig ist, was nicht mehr äußerlich wahrnehmbar ist. Was tut also ein durch die Flamme, das heißt durch das Feuer aufgezehrter Körper? Was geschieht, wenn etwas brennt? Wenn etwas brennt, so sehen wir auf der einen Seite entstehen das Licht. Das

---

13 „**Elementarwesen** sind die unmittelbar in der Natur lebendig gestaltend wirkenden Werkmeister; sie sind dienende Glieder der höheren geistigen Hierarchien. Den physischen Sinnen bleiben die Elementarwesen verborgen, sie offenbaren sich nur der imaginativen seelischen Wahrnehmung" (https://anthrowiki.at/Elementarwesen).

erste äußerlich Unwahrnehmbare, dasjenige, was in die geistige Welt hi-
neinwirkt, was nicht mehr bloß äußerlich materiell ist sozusagen, gibt die
Wärme, wenn sie so stark ist, dass sie eine Lichtquelle wird. Sie gibt an
das Unsichtbare, an das, was nicht mehr äußerlich wahrgenommen wer-
den kann, etwas ab, aber sie muss das bezahlen durch den Rauch. Sie
muss aus dem, was vorher durchsichtig durchleuchtet war, sich heraus-
bilden lassen das Undurchsichtige, das Rauchige. Und so sehen wir, wie
in der Tat die Wärme oder das Feuer sich differenziert, sich teilt. Sie
teilt sich nach der einen Seite in Licht, und damit eröffnet sie einen Weg
in die übersinnliche Welt hinein. Dafür, dass sie etwas hinaufsendet als
Licht in die übersinnliche Welt, dafür muss sie etwas hinunter senden
in die materielle Welt, in die Welt des Undurchsichtigen, aber Sichtba-
ren. Nichts entsteht einseitig in der Welt. Alles, was entsteht, hat zwei
Seiten: Wenn durch Wärme Licht entsteht, so entsteht auf der anderen
Seite Trübung, finstere Materie. Das ist uralte geisteswissenschaftliche
Lehre." (GA 110, S. 34 ff.)

Auf der Erde hat alles geistige Wirken Gestalt angenommen –
und so kann man Schöpfung denken, dass auch alle Materie geist-
durchdrungen ist: Alle Welt – wie sie uns in der Natur begegnet – ist von einer vollkommenen Weisheit durchdrungen – das
ist für jedermann wahrnehmbar –, und es handelt sich dabei um
kosmische Intelligenz, die uns hier entgegenkommt, so kann
das Thema von dieser Seite her auch betrachtet werden. Sie, die
Intelligenz, wurde dann dem Menschen zur Verfügung gestellt,
und er hat sie angewendet. Er ist noch immer dabei, sie anzuwenden. Doch – wie Friedrich Nietzsche schon vor hundert Jahren
sagte: Der Mensch hat sich von der Sonne, von seinem geistigen
Ursprung losgekettet. (Das musste auch geschehen, dass wir in
die eigene Kraft, zu eigenem Bewusstsein kommen konnten; die
Naturwissenschaft soll darum nicht nur als verteufelt gelten – alle
Entwicklung gehört zum Lauf der Dinge). Nun aber ist es an der
Zeit, sich zu erinnern und ein Gegengewicht zu bilden oder wenigstens Bewusstsein dahinein zu bringen. Das ist die notwendigste Konsequenz der Entwicklung, die ihren Lauf genommen
hat. Die künstliche Intelligenz mit aller Digitalisierung, Robo-
terisierung usw. hat dann aber eine Eigendynamik bekommen,

und kaum jemand fragt mehr danach, woher diese Fähigkeit denn stammt, die Fähigkeit zu denken, intelligent zu sein.

Es ist Zeit, dass wir uns erinnern, uns mit dem innersten Wesen wieder in Verbindung bringen mit der geistigen Welt – und dann erkennen wir: Alle Engel, Erzengel und hohen Wesen sind unmittelbar in Verbindung mit der elementaren Welt, deren Weisheit uns zur Verfügung steht – wir können diese Weisheit in uns auffinden, wir müssen es, wenn wir überleben wollen – und es ist endlich Zeit, zu sehen, woher sie kommt (nach Rudolf Steiner, in GA 110: „Geistige Hierarchien und ihre Widerspiegelung in der physischen Welt"). Diese Wesen wollen uns wieder mit der Lebenssphäre verbinden.

„Wollen wir nichts wissen von der geistigen Welt, dann ist dieser ganze Chor verfallen den ahrimanischen Mächten, dann kommt das Bündnis zwischen Ahriman (s. u.) und den Naturgeistern zustande. Das ist heute das, was in der geistigen Welt schwebt als überragender Entschluss: das Bündnis zustande zu bringen zwischen den ahrimanischen Mächten und den Naturkräften. Es ist sozusagen der Kompromiss im Werke zwischen den ahrimanischen Mächten und den Naturgeistern, und es gibt keine andere Möglichkeit, dies zu verhindern, als dadurch, dass sich die Menschen in ihrer Erkenntnis an die geistige Welt wenden und dadurch bekannt werden mit den Naturgeistern, ebenso wie sie bekannt wurden mit Sauerstoff, Stickstoff, Wasserstoff, Kalzium, Natrium und so weiter. Es muss also hingesetzt werden neben eine Wissenschaft des Sinnlichen, des Physischen, eine Wissenschaft des Geistes. Und zwar müssen wir mit dieser Wissenschaft des Geistigen absolut Ernst machen. Indem wir bloß in pantheistischer Weise herumreden vom Geist, kommen wir ihm nicht nahe. Wir dürfen nicht jene Mutlosigkeit haben, die sich davor zurückhält, von konkreten geistigen Wesenheiten zu reden."
(GA 211, S. 206 ff.)

48

Ein unbekannter Begriff taucht hier auf – was sind ahrimanische Wesenheiten?[14]

Wenn wir nun also in Verbindung treten mit der Natur, tun wir es mit dem Bewusstsein, dass elementare Kräfte hier am Werk sind. Die Pflanzen wuchsen mit Hilfe von Licht und Wärme, Wasser, Erde und Luft. Diese elementaren Kräfte, die in allem Irdischen wirksam sind, sind geeint mit geistigen Kräften und lediglich in die Natur hinein gebannt – hinein „gezaubert". Wenn wir die Natur staunend betrachten, uns damit in Verbindung bringen, eintauchen in ihr Wesen, können wir selbst „Zauberer" werden – wie im Märchen: Wir befreien diese Elementarwesen. Entzaubern, entbannen sie, sodass sie zu einer höheren Dimension aufsteigen können (nach Rudolf Steiner, GA 223, „Anthroposophie und das menschliche Gemüt", September 1923). Darin liegt unsere Aufgabe als Menschen, die wir selbst zugleich sinnliche und übersinnliche Wesen sind. – Wir sind begabt mit unseren Sinnen wahrzunehmen und zugleich geistige Wesen –, so ist das mit der „übersinnlichen" Wahrnehmung, da unser innerstes Sein mehr ist als Natur; es ist geistbefähigt. Wir können bewirken, dass die Elementarwesen in die übersinnliche Sphäre aufsteigen, sich lösen – die Konsequenz in unserem Erleben ist: Es löst eine innige Freude in uns aus! Das ist so, weil wir mit allem, was ist, wesenhaft, lebendig verbunden sind.

Dass es jedoch zu allem eine Kehrseite gibt, liegt in der Natur der Sache. So kommen wir zunächst zurück zu dem Backofen bzw. dem Strom, durch den er angetrieben wird. Elektrizität –, die durch Atomkraft erzeugt wird, ist eine zutiefst fragwürdi-

---

14 **Ahriman** (mittelpersisch „arger Geist"), auch **Angra Manyu** (bzw. **Angra Mainyu**) (avestisch) oder Mephistopheles (hebr. von *mephiz* = der Verderber und *tophel* = der *Lügner*) genannt und in der Bibel als Satan bezeichnet, ist nach der urpersischen Überlieferung die Macht der Finsternis, der Geist der Finsternis, der sich als Widersacher dem lichten Gott Ormuzd (Ahura Mazdao) entgegenstellt ..." (Anthrowiki, s. o.) „Er ist ein Wissender, ein Weiser des Todes. Er ist daher auch der Herr des Intellektes." (GA 211, S. 111)

ge Angelegenheit. Nicht nur, dass es auf furchtbar lange Zeit hinaus nicht absehbar ist, wie der radioaktive Müll entsorgt werden soll … – das ist die eine Tragik der ganzen Geschichte. Darüber hinaus handelt es sich um etwas, das offiziell überhaupt nicht bekannt ist, was uns jedoch durch die Geisteswissenschaft, durch die Anthroposophie erschlossen werden kann. Mit der Atomspaltung steigt der Mensch zu seiner Anwendung in untersinnliche Sphären hinab. So wie es eine Übersinnlichkeit in der geistigen Sphäre gibt, eine Welt, die mit den äußeren Sinnen nicht mehr wahrnehmbar ist, das ist die Geisteswelt, worin die hierarchischen Wesen Engel, Erzengel usw. leben, die über uns stehen – so gibt es auch eine untersinnliche Welt; die ist ebenso wenig mehr mit den äußeren Sinnen wahrnehmbar, doch unheimlich stark in der Wirkung. Da werden Kräfte gebannt, elementare Kräfte werden gebannt in die sogenannte „Untersinnlichkeit" hinunter. Dass dies mit einer Sphäre in Verbindung bringt, die nicht mehr gemütlich ist, kann man sich vorstellen. Wir bannen elementare Kräfte zur Benutzung von Maschinen, Verkehrsmitteln und nun – durch die Digitalisierung geraten wir auch in eine sogenannte Unterwelt, die keinerlei Lebendigkeit mehr hat. Unmerklich sind wir da verdichtenden, ja – auch zerstörerischen Kräften auf den Leim gegangen und kommen so schnell, wenn überhaupt, nicht mehr heraus.[15] Es braucht eine starke innere Kraft, um sich in der eigenen Mitte am Leben zu erhalten. Es ist die Christuskraft, die in uns wirkt und lebt und uns am Leben erhält – da sie in uns ist, nicht außerhalb von uns irgendwo oben in unerreichbaren Himmeln, irgendwann nach dem Tod … Christus wird der Herr der Himmelskräfte auf Erden genannt; was dies bedeutet, wird noch zu besprechen sein.

---

15 Stimmt es nicht nachdenklich, wenn wir einen ehemaligen Mitarbeiter von Facebook sagen hören: „… was die Zukunft meiner Kinder angeht: Ich werde sie nicht auf Facebook lassen. Ich werde versuchen, sie von der Technologie abzuschirmen. Ich werde sie davor schützen, soweit ich es kann. Sie sollen in der Realität einer kleinen Gemeinschaft aufwachsen, nicht in einer Simulation davon."

Zweierlei ist im Umgang damit möglich. Einmal: Wenn wir sie nützen, diese Kräfte, können wir ja auch in Verbindung treten mit den elementaren, geistigen Wesen, die darin gebannt werden und Dankbarkeit aufbringen, dafür, dass sie uns dienen, wenigstens das, denn geistige Wesen sind lebendige Wesen, und darum ist es möglich, mitzuempfinden, was diese Wesen uns zur Verfügung stellen. Wir nehmen alles so selbstverständlich hin; nichts ist gratis. Die Geldmassen, die zu allem nötig sind, zeigen auf, wie viel wir empfangen, einfach so ... – es ist nötig, ein neues Bewusstsein dafür aufzubringen. Es handelt sich um lebendige Kräfte, nichts geschieht von selbst. In einem anderen Grimm-Märchen wird etwas aufgezeigt, das wir enträtseln können, wenn das Rumpelstilzchen sagt: „Etwas *Lebendiges* ist mir viel lieber als alle Schätze der Welt"; was kann damit gemeint sein? – Es handelt sich um *lebendige* Kräfte, die missbraucht werden, um Schätze der Welt anzusammeln! Es lässt sich da etwas erahnen, wie geistige Kräfte, die losgelöst vom geistigen Ursprung ihr Unwesen treiben können, denen wir ständig opfern, ohne es zu merken. Da geraten wir in eine Todessphäre. Die toten Fische, die mit dem Strom schwimmen, weisen gar auf einen geistigen Tod hin. Es ist jedoch nicht zu spät. Wir haben viel Potenzial: uns in lebendige Verbindung bringen durch Wachsein, durch Bewusstsein. Unsere Denkkraft selbst ist lebendig, nicht zu verwechseln mit kalter Intelligenz oder pur rationalem Denken, das nicht mit der inneren Vernunft verwechselt werden soll. Denn die Vernunft ist eigentlich ein Überlebensanker, den es immer neu und mehr denn je zu suchen gilt: „Vernunft ist die Rose am Kreuz der Gegenwart" (Georg Wilhelm Friedrich Hegel, deutscher Philosoph, gilt als wichtigster Vertreter des deutschen Idealismus). Diese Hegelworte wären möglicherweise eine Neudefinition für den abhandenkommenden gesunden Menschenverstand ... So gesehen ist kalte, künstliche Intelligenz losgelöst vom geistigen Ursprung. Diese Fähigkeit ist ein Missbrauch durch Ungeistigkeit; da sind Wesen in die Untersinnlichkeit hinabgebannt, und jene sind hier am Werk: Widersacherkräfte. Da fragen die Leute heute nach dem Ursprung des Bösen. Hier kann man anfangen

nachzudenken. Es betrifft unseren Alltag, unser Leben, unseren
Planeten, unsere Zukunft ... Wer noch Berührung hat mit der
Natur, kann sich glücklich schätzen. Es gibt inzwischen mehr
Menschen, die in großen Städten leben als umgekehrt ... Da frage ich mich manchmal: Würde ich der Versuchung widerstehen,
in eine virtuelle Welt abzutauchen, weil die Realität, die umgebende, einfach allmählich unerträglich wird? Wer sich noch in
der Natur bewegen kann, kann von Glück sagen. Die wunder-
samen Kräfte in der Natur stehen uns heilend zur Verfügung.
Wir können dankbar eintauchen und uns dem Zauber des Lebens hingeben mit ganzer Innigkeit.

7 Die Passion der Erde – ein neuer Zugang zum Geheimnis der Erlösung

Die Auseinandersetzung mit den Inhalten der Geisteswissenschaft, durch die Anthroposophie gegeben, löst Prozesse in mir aus, die zu völlig neuen Einsichten führen. Es ist sinnvoll, etwas von verschiedenen Seiten wieder und wieder zu betrachten, bis man es erkennt und versteht. Etwas führt zu neuen Ahnungen im Verständnis von Altgelerntem, Gehörtem, Studiertem. Theologische Auffassung und herkömmliches katholisches Verständnis, was Erlösung sei, werde ich jetzt nicht ausführen – die katholischen Leser können ja in sich gehen und es zunächst für sich beantworten, u. U. bevor sie weiterlesen. So wage ich einen neuen Aspekt, einen völlig neuen Gedanken, auch für mich – ohne Inanspruchnahme, das Thema damit auszuschöpfen:

Ausgehend von der bereits genannten Lektüre „Anthroposophie und das menschliche Gemüt", woraus ich die folgenden Zitate entnehme (a. a. O., GA 223, S. 31 ff.), sind die Ausführungen Rudolf Steiners, dass eine Verquickung besteht zwischen den Menschen, den Elementarwesen und dem gefallenen Engel, der im Drachen, im Kampf mit dem Erzengel Michael auftaucht. Da entstand in mir die Frage, welche Konsequenz dieser Inhalt zur Erlösungsfrage im herkömmlichen Sinn hat.

Auf der einen Seite:
Der gefallene Engel, Lucifer – es ist anzunehmen, dass dieser Name noch bekannt ist –, ein übersinnliches Wesen, herabgestoßen auf die Erde durch den Erzengel Michael. Diese Szene kennen wir aus der Apokalypse des Johannes, des letzten Buches der Bibel (Apokalypse 12,3 ff.; 20,1 ff.).

Auf der anderen Seite:

Christus, der auf diese Erde gekommen ist und sich ihrer angenommen hat – durch das Leben auf ihr, durch Passion, Auferstehung, Himmelfahrt und Pfingstereignis hindurch. ER ist nicht fortgegangen, sondern „bei uns alle Tage bis an der Welt Ende" (Matthäusevangelium 28,20).

Diese beiden Realitäten seien als Ausgangssituation vergegenwärtigt. Der gefallene Engel, der Drache, ein übersinnliches Wesen, hat seit dem 18. Jahrhundert als Vorstellung, als gigantisches Bild eine Bedeutung bekommen. Bis heute kennt man – eher im konservativen Lager der katholischen Gläubigen – Bitten um Hilfe durch den heiligen Erzengel Michael im Kampf mit dem Drachen. Dass und warum diese flehentlichen Bitten allmählich nicht mehr zeitgemäß waren, obwohl der abgrundtiefe Ernst der Weltenlage klar vor Augen steht, will ich versuchen, aufzuzeigen, doch dazu muss vorbereitend etwas erklärt werden:

Nur im Menschen, nicht in der Natur – weder im Mineralischen, Pflanzlichen noch in den Tieren, sondern nur in der „übersinnlichen" Natur, d. h. in der nicht sichtbaren Sphäre der Natur – findet der Drache Nahrung, weil er selbst – wie gesagt – ein übersinnliches Wesen ist. Nur dort ist für ihn eine Möglichkeit des Daseins.

„Die äußere Natur in ihrer Unschuld, als ein Spiegel der göttlichen Geistigkeit, hat mit dem Drachen nichts zu tun." (a. a. O., GA 223) –

Rudolf Steiner zeigt uns diese nicht sichtbare Sphäre der Natur auf – als ein „Spiegel göttlicher Geistigkeit". Wodurch findet er nun Nahrung im Menschen? Es war bereits die Rede von der Erfahrung des Menschen in der Natur, wenn sie staunend wahrgenommen wird – nicht als ein äußerer Vorgang, diese Freude ist im innersten Gemüt, in unserem innersten menschlichen Wesen, dies kommt einer „Entzauberung" elementarer Wesen gleich. Es soll nun verdeutlicht; werden:

„Das menschliche Dasein sollte eigentlich sein eine fortdauernde Erlösung verzauberter Elementargeister in den Mineralien, Pflanzen und Tieren … Im Grunde schaut nur derjenige eine Pflanze richtig an, der sich sagt: dies ist in aller Schönheit die Umhüllung eines geistigen We-

sens, das drinnen verzaubert ist! … Der Mensch kann eigentlich keinen Gang in die Natur machen, ohne, dass die intimen Beziehungen, in denen er zur Welt steht, eine intensive Bedeutung für ihn haben. … Es sind die geistigen Wirkungen, die … an den Menschen herantreten, in denen der Mensch seinen Weg durch die Natur nimmt; durch die Elementargeistigkeit der Natur strömt es an den Menschen heran. Und es strömt in ihn als ein Geistiges, Übersinnliches, das über die Natur ergossen ist.“ (a. a. O.) Und der Drache, der ein übersinnliches Wesen in der Sinnenwelt ist, „zieht das, was aus den Wesen der Natur herausströmt, verbindet sich damit und statt, dass der Mensch durch seine Seelenhaftigkeit, durch sein Gemüt die Elementarwesen, sagen wir, der Pflanzen aus ihrer Verzauberung erlöst, verbindet er sie mit dem Drachen, lässt sie in seiner niederen Natur, mit dem Drachen untergehen.“ (a. a. O.) Alle Elementarwesen als geistige Wesen wollen und müssen aber zu höherem Dasein aufsteigen, und das könnten sie durch die beschriebene, sogenannte Entzauberung, jedoch nur, wenn der Mensch die Natur nicht abstrakt, stumpf oder nur rein intellektuell anschaut. Können die Elementarwesen nicht aufsteigen, werden sie „Nahrung“ für den Drachen …!

„Der Mensch ist wahrhaftig auf der Erde nicht nur dazu da, dass er die äußere Kultur begründet; der Mensch hat innerhalb der ganzen Weltentwicklung ein kosmisches Ziel, und dieses kosmische Ziel hängt mit solchen Dingen zusammen: mit der Höherentwicklung jener Elementarwesen, die … zu einer höheren Stufe bestimmt sind … Aber gerade in der Epoche, die jetzt zu einer höheren Geistigkeit vorrücken muss, ist es so …, dass Unzähliges von Elementarwesenhaftigkeit innerhalb des Menschen dem Drachen ausgeliefert worden ist.“ (a. a. O.)

Wie ist das geschehen – auch dafür nennt Rudolf Steiner Beispiele, u. a.:

„… der Mensch würde niemals zu dem albernen Glauben an eine bloß materielle Welt kommen, wie sie die Naturforschung heute annimmt, … zu einer Annahme von toten Atomen und Ähnlichem, wenn nicht der Drache in ihm aufsaugen würde die Elementarwesen von außen. Dadurch, dass die Elementarwesen von außen in ihm sitzen, wird der menschliche Blick abgelenkt von dem Geistigen der Dinge … und er sieht nur tote Materie.“ (a. a. O.)

Rudolf Steiners Anliegen ist es, „*vom Geistigen ergriffen und gepackt zu werden*"! „*Das sich Aufschwingen dazu, dass man von den Gedanken über das Geistige so erfasst werden kann, … das ist Michael-Kraft! Vertrauen haben zu den Gedanken des Geistigen. Und wenn auf diese Weise das Vertrauen zu dem Geistigen eine solche Seelenverfassung begründet, dass man in die Lage kommt, dieses Geistige als so real zu empfinden wie den Boden unter unseren Füßen, … dann haben wir ein Gefühl in unserem Gemüte von dem, was eigentlich Michael von uns will. … Doch im Grunde genommen hat der Mensch die Brücke zur Michaelkraft hinter sich abgebrochen. … Der starre und straffe Materialismus ist Abfall von der Michaelkraft. … Aber das Große steht heute vor der menschlichen Seele: dass der Mensch aus eigenem freiem Entschluss den Sieg des Michael über den Drachen wird mitmachen müssen … die Michaelkräfte wollen nicht, dass der Mensch zu ihnen fleht, …*" – denn auch das bliebe, so wie ich es verstehe, im Außen – „*… sie wollen, dass der Mensch sich mit ihnen verbündet. Durchdringt sich der Mensch immer mehr mit diesem Vertrauen für das Geistige, dann wird über ihn etwas kommen wie eine Inspiration, … auf die eigentlich alle guten Geister der Welt warten. … Der Mensch wird teilgenommen haben am Werden der Natur, an der Verzauberung und Entzauberung von Geistwesen in der Natur. Der Mensch wird … größer werden in seinem Wesen, indem sich sein Individuelles als freies in das Kosmische hineinopfernd ergießen kann. … Eigentlich ist alle Anthroposophie ziemlich vergeblich in der Welt und unter den Menschen, die nicht mit dem Gemüt aufgefasst wird, die nicht Wärme hineinträgt in dieses menschliche Gemüt. Anthroposophie kann man vortragen, sie ist das gute Holz der Seele; aber anzünden kann es jeder nur selber. Wenn jemand Anthroposophie studiert und sagt, sie lasse ihn kalt, dann kommt er mir vor, wie einer der Holz in den Ofen legt und wieder Holz hineinlegt und dann sagt, es wird ja ewig nicht warm. … Man braucht auch für die Anthroposophie nur ein kleines Zündholz. Dann aber werden wir die Michaelkraft im Menschen entzünden können.*" (a. a. O, GA 223, S. 42 ff.)

Es handelt sich um eine innere Souveränität, die wir brauchen, um geistige Arbeit zu leisten in einer entsprechenden Haltung. Das ist das Geheimnis um die Anthroposophie. Das Denken selbst ist die freieste Handlung des Menschen, und wer innerlich frei ist und aus sich selbst zu denken und zu handeln imstande, wer beseelt ist, von dem was er tut, der ist letztlich auch erfüllt und glücklich und zufrieden, ohne den Sinn für den Ernst zu verlieren, den es braucht für den Umgang mit der uns umgebenden Realität. Die Wahrnehmung der ganzen Welt wird jedoch eine völlig andere; sie ist eine vom Geist durchdrungene, wesenhaft schauende. Dafür muss sich ein jeder allerdings von äußeren Abhängigkeiten befreien und sich selbst von seiner innersten Substanz her, in seinem eigenen inneren Wesen ernst nehmen. Das Thema der Freiheit wird uns in einem eigenen Kapitel noch beschäftigen. In dem eben erwähnten Zusammenhang geht es um die Erfahrung des Menschen, welcher einen weiten inneren Raum in sich hat – und vermutlich auch eine Ausstrahlung, die positiv für die Umgebung sein kann. Durch unsere ungeheure Möglichkeit – wie wir gesehen haben –, mit unserer Freiheit umzugehen, gestaltend – nicht willkürlich, wird unser Wirken im Einklang mit der Natur und der geistigen Welt sein; die geistige Welt werden wir wie durch ein Vakuum hindurch wieder mit vollem Bewusstsein und großem Ernst anerkennen dürfen. Das ist keine Jenseitsvertröstung mehr; das ist der aus dem Abgrund geborene neue Impuls, das Leben auf dieser Erde nicht selbstverständlich zu nehmen, sondern mit tiefer Ehrfurcht und inniger Liebe zu betrachten und auf diese Weise einen völlig neuen Umgang mit allem Lebendigen als *Wesenhaftem* zu finden. – Ein aus dem Abgrund geborener Trost und innige Freude, die wir sehr brauchen, erlangen wir, wenn wir diese Verbindung eingehen, von der die Rede war – in der Natur: „*... jeden Stein, jede Pflanze anders betrachten – alles Lebendige wesenhaft betrachten, ja sogar Gedanken als Lebensmächte empfinden.*" (a. a. O., GA 223) Dies führte mich in das Thema der Erlösung. Die Erlösungstat Christi am Kreuz ist ein so großes Geheimnis, das eigentlich, so meine ich, nicht wirklich verstanden ist. Die Erlösungstat Christi, dieses tiefste Geheimnis, wird theologisch von vorn nach hinten, von oben nach unten, von links nach rechts – und mehr oder weniger „intellektuell" – ausgeleuchtet, da Universitätstheologie meint, so vorgehen zu müssen, doch in seiner eigentlichen Tiefe ist es vermutlich nicht wirklich verstanden. Theologische Traktate – ich kann sie nicht mehr lesen –, sie haben etwas Ausgehöhltes, Phrasenhaftes, wenn nicht noch etwas zwischen den Zeilen hindurch leuchtet an liebender Erkenntniskraft und gelebter Frömmigkeit, die ich, wenn sie echt ist, sehr schätze. Und doch ist die Frage: Was braucht es heute wirklich?! Christus hat sich mit der Erde verbunden. Und der Kampf mit dem Drachen kann auf die oben beschriebene Weise neu verstanden werden. Mit Christi Abstieg in die Sheol, in die Unterwelt, in die Hölle, in die noch tiefere Schicht, woher das Todbringende kommt, da ragen wir aus der Aktualität heraus betrachtet in unheimliche Sphären – wie sie in der „Kehrseite des Zaubers" bereits beschrieben sind, die Atomenergie, die Rudolf Steiner „untersinnlich" nennt; eine abgrundtiefe, unheimliche Sphäre. So existenziell wie der Kampf mit dem Drachen ist, kann es nicht belanglos sein, die Hintergründe dazu zu verstehen. Die Erlösung der Elementarwesen ist darum von so großer Bedeutung, und der Missbrauch derselben muss erst einmal erkannt und – tief schmerzlich empfunden werden. Dafür sich zu öffnen, führt in unsere Lebensrealität hinein. Das Abgründige hat eine unfassbare Gestalt angenommen. Umso wichtiger und notwendiger ist es, dass wir wieder empfinden lernen … Ich darf empfinden! Das ist ein Weg, der substanziell weiterführt; dieses seelisch-empfindend-geistige Erkennen … Es geht nicht anders, nicht mehr. Wenn wir im Außen bleiben – auch mit unserer Theologie, ist Christus umsonst gestorben – ist Erlösung nicht wirksam. Der „Innenweg" – hat auch mit der Qualität der Liebe zu tun, wie ich – und damit bin ich wohl in der Gemeinsamkeit mit allen Mystikern – die Christusliebe verstehe. Nun jedoch leben wir in einem Zeitalter, da diese Liebe mit Erkenntnis verbunden werden muss; wir erreichen ansonsten nicht die Tiefe, die Dimension, die in ihr verborgen ist, und vergeben unseren Erdenauftrag, erfüllen ihn nicht. Doch wer im läuternden Feuer des letzten Ernstes steht, entgeht dem nicht, worauf es ankommt. Da reden wir von Christus – und „wissen" wir, wen oder was wir damit meinen? Oder genügt es bereits, sich an eine äußere Wortinterpretation zu hängen, eine „Worthülse"? Wenn der heutige und zukünftige

Mensch sich nicht in übersinnliche Wahrnehmung hineinleben lernt, in die geistige Wesenhaftigkeit alles Daseins und damit in die Wirklichkeit, die Natur und Geistigkeit so miteinander verbindet, dass das Wesenhafte durchscheint, der wird auch der Erlösung verlustig gehen, da er sie am falschen „Ort" und zur falschen Zeit sucht oder sich bequem bedienen lassen will, in der Hoffnung, dass alles nach diesem Leben sich erfüllen wird, worum man sich in diesem Leben nicht bemüht hat.

Anthroposophie ist durch freie geistige Tätigkeit als Individuum sich stufenweise zu vereinen mit dem Weltgeist. In diesem Zusammenhang muss nun auf das Stichwort „Selbsterlösung" eingegangen werden, das man den mit Anthroposophie verbundenen Menschen „vorwirft". Es geht, so meine ich, nicht um eine Selbsterlösung des Menschen, der dazu den Christus nicht mehr braucht, sondern – ganz im Gegenteil – es geht um die Aufgabe des Menschen, durch die Christuskraft die noch unerlöste Welt der Naturreiche, ja selbst die Widersachermächte und –kräfte zu erlösen – es ist ja nicht übersehbar, dass diese noch am Werk sind ... Darüber wird noch zu sprechen sein. „Von kirchlicher Seite ist ... immer wieder eingewendet worden, ein derartiges Verständnis des menschlichen Geistes und der menschlichen geistigen Tätigkeit deute auf eine „Selbsterlösung" des Menschen."[16]

Bevor ich näher darauf eingehe, frage ich hier: Hören wir Paulus richtig, wenn er sagt: „Uns aber hat es Gott offenbar gemacht durch den Geist, denn der Geist erforscht alle Dinge, selbst die Tiefen Gottes" (1 Kor 2,10) – und „der geistige Mensch ergründet alles, er selbst aber wird von niemand ergründet". (1 Kor 2,15) „Man sollte also von theologisch-kirchlicher Seite her zumindest erwägen, ob es nicht denkbar ist, dass man die Tatsache der Erlösung verleugnet, wenn man dem Menschen das in ihm veranlagte Prinzip geistiger Tätigkeit schlichtweg abspricht." (ebd., Christoph Lindenberg)

---

16 Christoph Lindenberg, „Vom geistigen Ursprung der Gegenwart", Verlag Freies Geistesleben, Stuttgart 1984, S. 72.

Dadurch, dass über Jahrhunderte hinweg die sogenannte christliche Welt sich an materialistische Auffassungen gewöhnt hat und sie grob fahrlässig trennt von religiösem Inhalt, hat man es nun mit Konsequenzen zu tun, denen man sich in der Allgemeinheit kaum bewusst ist. Unsere „christliche Welt" ist so durchtränkt mit der materialistischen Weltsicht, dass niemand mehr bemerkt, welch gründlicher Selbstlüge sie dabei aufliegt. Das ist tragisch. Die Folgen sind schwer. Das Ärgste ist, man fühlt keinen Handlungsbedarf. Die Gewöhnung ist gelungen. Ein gründliches Umdenken von innen her wird nicht für nötig befunden; wieso auch. Dass das Lebendige auf diese Weise nach und nach verschwindet, wird selbst kaum bemerkt. „Die Zeichen der Zeit" – wer kann sie lesen? An das Unlebendige hat man sich gewöhnt ... und so ist die Moralität nach und nach abhandengekommen. Zur Welt des Wahren und Guten, zur Moralität ist der Weg verbaut; dies zeigt sich mir in dem Phänomen, dass der „gesunde Menschenverstand" nach und nach verschwindet. Nun fällt es mir wie Schuppen von den Augen, warum das so ist – eine logische Konsequenz, da unlebendige, materialistische Weltsicht allmählich die Brücke zur geistigen Welt, welche die Welt der Moralität, die Welt des Wahren und Guten ausmacht, abgebrochen hat. Wenn noch etwas übrig ist, so ist es lediglich der Nachklang dessen, was bisher gelebt hat.

Dass dem so ist, wird mir u. a. an einem Beispiel dieser Tage deutlich: Da stellen Landwirte, die herkömmliche Landwirtschaft betreiben, grüne Kreuze auf in den Feldern, um aufmerksam zu machen, dass ihre Existenz bedroht sei, wenn sie kein Gift mehr spritzen oder den Boden nicht weiterhin auslaugen dürfen ... durch die Art und Weise, wie sie es bisher getan ... Hat das nicht mit bodenloser Dummheit zu tun? Diese Einstellung: „nach mir die Sintflut"... – wenn ihre jetzige Existenz, die natürlich ohne Umdenken bedroht ist, indem sie sich nicht die Mühe machen, sich um die Erde zu kümmern, wenn ihnen ein Überleben ohne Rücksicht auf Verluste mehr wert ist, als die Erde selbst – und sie nicht bemerken, dass sie sich ihrer Lebensgrundlage auf diese Weise selbst berauben. – Es ist neben dem Missbrauch eines religiösen Symbols auf – ja, ich möchte sagen – zynische Weise, denn ich unterstelle hier den Leuten, dass sie mit Religion nicht mehr viel am Hut haben, es ist neben dieser Tatsache außerdem eine markante Kurzsichtigkeit, die zutage tritt. Ich kann keinen gesunden Menschenverstand, keine Spur von echter Vernunft mehr finden in einem solchen Gebaren …

Man muss dennoch zugutehalten – vielleicht wissen sie wirklich nicht weiter, die Bauern; ja, ich kann nachvollziehen, dass ihre Existenz bedroht ist, das ist sie schon lange. Als ich noch Kind war, gab es noch mehr Landwirtschaft im Dorf – und natürlich ist dies auch eine politische Angelegenheit. Ich verstehe z. B. nicht, warum eine grüne Partei sich nicht früher um dieses existenzielle Thema gekümmert hat. Biologisch-dynamische Landwirtschaft – diesen Impuls gibt es seit hundert Jahren … – Wenigstens informieren hätte man sich können, ich meine die Politiker, und dann an der Basis entsprechende Projekte finanzieren. – Es ist nicht nur die Luft verschmutzt, mindestens so vergiftet ist die Erde. Dass Kunstdünger alle Böden mit der Zeit restlos ausgelaugt und damit unfruchtbar gemacht haben, mit einem gesunden Menschenverstand hätte man das schon lange einsehen können, und vor fünfzig Jahren war der sogenannte „common sense" noch nicht so dekadent wie heute … Wir Menschen wachen in der Regel erst auf, wenn es zu spät ist … – Nun vielleicht regen die „grünen Kreuze" ja gründlich dazu an! Die Hoffnung stirbt zuletzt. Man sollte sich nur nicht in Details verlieren und ereifern und etwas verteidigen, das ein Irrtum war und bleibt … – gründlich genug denken wäre ziemlich wichtig. Auch hier ist eine Anregung, die mich sehr aufmerken ließ, angebracht: Rudolf Steiner macht eine Bemerkung, wie Irrtümer sich im ganzen Kosmos auswirken – wir schlafen gründlich und können es nicht „wissen", solange wir in alten Denkmustern und damit Gewohnheiten gefangen sind: *„Der Mensch ist kein isoliertes Wesen. Das, was der Mensch in seinem Worte ausspricht, in seinem Gedanken wirksam hat, was in des Menschen Gefühlen lebt, das steht mit dem ganzen Kosmos im Zusammenhang, und jedes Wort, jedes Gefühl, jeder Gedanke setzt sich fort. Ohne dass es der Mensch weiß, ist*

sein Irrtum, sein falsches Gefühl zerstörerisch in den Elementarreichen
unseres Daseins. Und was sich dem, der den Weg zur Erkenntnis geht,
vor allen Dingen auf die Seele legt aus diesen ersten Erfahrungen in der
geistigen Welt heraus, das ist das große Verantwortlichkeitsgefühl, das
uns sagt: Was du als Mensch tust, das ist nicht bloß auf dem isolierten
Platze getan, auf dem sich deine Lippen bewegen, auf dem du denkst,
auf dem dein Herz schlägt: das gehört der ganzen Welt an. Ist es frucht-
bar, so ist es fruchtbar in der ganzen Welt; ist es ein zerstörender Irrtum,
so ist es eine zerstörende Kraft in der ganzen Welt … Glauben Sie es
mir, es ist … realistisch geschildert, wenn aus voller, für die Sinneswelt
berechtigter Herzensempfindung heraus Ideale entwickelt werden – die
aber gegenüber der geistigen Welt das eine haben, dass sie eben bloß in der
äußeren, durch die Sinne wahrnehmbaren Welt wurzeln –, … dass das
die Elemente aufrüttelt, den Blitz und Donner entfesselt …" (GA 122,
S. 20 f.) – Da kann man sich vorstellen, woher die Tsunamis, die
Erdbeben, Vulkanausbrüche, die Orkane und Stürme, die Brän-
de usw. kommen – die Elementarwelt spricht so überdeutlich,
nur wir VERSTEHEN nicht …! Sogar Notre-Dame brennt …
Wir sind losgekettet von der Sonne, von der geistigen Welt. –

Wovon muss die Menschheit erlöst werden? Von ihrer eigenen Dummheit, von sich selbst? Von ihrer Gleichgültigkeit? Der
materialistische und ausschließlich intellektualistisch denkende
Mensch hat sich – dem Trend folgend – der eigenen Existenz
selbst beraubt – und rast in die Leere – in einen Raum, den es
nicht gibt … ohne Substanzialität … Das Verblüffende jedoch
ist, dass, wer sich mit einer lebendigen Geistsphäre verbindet,
realisiert, dass der alles materialistisch auffassende Mensch davon ausgeht, dass Stoff und Kraft – nach naturwissenschaftlicher
Auffassung der Physik – immer umgewandelt werden und nicht
vernichtet werden können. Dem ist aber nicht so. Rudolf Steiner
macht darauf aufmerksam – und dies zu verstehen, ist im ganzen
Zusammenhang sehr wichtig:

„Überall draußen in der natürlichen Welt herrscht Umwandlung der
Kräfte; im Menschen allein wird durch das reine Denken der Stoff he-
rausgeworfen. Der Stoff, der nun wirklich durch das reine Denken aus
dem Menschlichen herausgeworfen wird, … geht in die Vernichtung hi-

nein. Das Menschenleben steht so im Universum drinnen, dass im Menschen der Ort vorhanden ist, wo Stoffliches aufhört, so dass es nicht mehr vorhanden ist. … Die stoffliche Erde wird in dem Maße verschwinden, als durch die Menschen der Stoff der Erde vernichtet wird. Wenn einmal aller Stoff der Erde durch die menschliche Organisation durchgegangen sein wird, so dass er in den menschlichen Organisationen gebraucht sein wird zum Denken, dann hört die Erde als Weltenkörper auf zu sein." (Rudolf Steiner, Entsprechungen zwischen Mikrokosmos und Makrokosmos, GA 201, S. 237). – „Himmel und Erde werden vergehen, aber meine Worte werden nicht vergehen" (Mk 13,31) „Die Gestalt dieser Welt vergeht" (1 Kor 7,31), „der erste Himmel und die erste Erde sind vergangen" (Offb. 21,1).

„Und was die Menschen heraus gewonnen haben aus dieser Weltenerde, das sind die Bilder. Aber diese Bilder, die haben eine neue Realität, eine ursprüngliche Realität erhalten. Und diese Realität ist diejenige, die von der Kraft ausgeht, die sich als die Zentralkraft geltend machte durch das Mysterium von Golgatha. Das heißt, wenn wir hinblicken auf das Ende der Erde, wie stellt sich die Sache dar? Das Ende der Erde wird dann vorhanden sein, wenn auf die eben geschilderte Art der ganze Stoff der Erde vernichtet sein wird. … und die Menschen werden Bilder haben", denen durch *„das Mysterium von Golgatha für das folgende Leben innerliche Realität"* gegeben wird. *„Nicht eher ist das Christentum begriffen, als bis es bis zur Physik herunter unsere Erde durchdringt. Nicht eher ist das Christentum begriffen, bis wir herunter bis zum Physikalischen verstehen, wie die christliche Substantialität im Weltendasein wirkt. Nicht eher ist das Christentum begriffen, bis wir uns sagen: Gerade im Gebiet der Wärme vollzieht sich im Menschen eine solche Umwandlung, dass durch sie Materie vernichtet wird, dass sich bloßes Bilddasein aus der Materie herauszieht, dass dieses Bilddasein aber durch die Verbindung der Menschenseele mit der Christus-Substanz zu neuer Realität gemacht wird. Und vergleichen Sie, meine lieben Freunde, mit diesem Zusammenschlingen desjenigen, was geistig seelisch durch den Menschen ist, mit dem, was physisches Dasein ist, vergleichen Sie diesen ganzen Gedanken mit dem trostlosen naturwissenschaftlichen Gedanken der neuen Zeit …"* (ebd., S. 237–239) *„… und kommen Sie herauf bis zur Wärme, so finden Sie den Übergang in das Geistig-Seelische,*

denn Sie haben in der Wärme bereits den Übergang von dem Räumli-
chen in das Zeitliche. Und das Seelische verfließt ja in dem Zeitlichen
dort. Sie kommen immer mehr und mehr über die Wärme herauf aus dem
Räumlichen in das Zeitliche, und Sie erhalten die Möglichkeit ... das
Moralische zu suchen im Physischen. ... Heute ist die Betrachtungswei-
se so, dass wir gewissermaßen auf das Niveau hinsehen, hinaufsehen in
die Abstraktion, da oben das Gedankliche und so weiter haben, hinun-
tersehen in das Physisch-Materielle. Wir bekommen aber den Übergang
nicht, wenn wir nicht zu der in sich beweglichen Wärme, die dazwischen
liegt, übergehen; zu jener Wärme, die wenigstens für den menschlichen
Instinkt noch einen ebenso seelischen wie physischen Aspekt hat. Aus
dem Instinkt ist es wenigstens noch nicht herausgebracht worden, dass
der Mensch auch moralisch für seinen Mitmenschen Wärme entwickeln
kann, seelische Wärme entwickeln kann ... Da filtriert sich die Wär-
me in das Bild. Und das, was heute nur seelische Wärme ist, es wird im
späteren, zukünftigen Weltendasein eine physische Rolle dadurch spie-
len, dass der Christus-Impuls drinnen leben wird. ... dasjenige, was die
Christus-Substanz, die Christus-Wesenschaft ist." (ebd., S. 241 f.)

Wenn ich also die Welt betrachte, das Wesen all dessen, was
mir begegnet, wenn ich es betrachte mit warmer Empfindung,
in bewusstem Schauen, dann habe ich durch diese übersinnliche Wahrnehmungsfähigkeit eine Brücke gebaut. So erlebe ich
Christusgegenwart ganz konkret – hier und jetzt, lebendig und
stark in der Tiefe meiner Seele, Geist-durchdrungen ... Alles, was
ich durch sinnlichkeitsfreies Denken, durch übersinnliche Wahrnehmung in mich aufnehme, alles, was noch physische Substanz
hat, wird erlöst zu einem höheren Dasein, indem ich die geistige Realität darin schaue – und diese Wirklichkeit, diese geistige
Wirklichkeit ist unvergänglich.

Rudolf Steiner spricht immer wieder vom „Mysterium von
Golgata" – als dem zentralen Ereignis, das stattgefunden hat, wodurch die Christuskraft in jedem Menschen leben und wirken
kann. In solcher Weise betrachtet ist das Geschehen der Passion
und Auferstehung und damit das Geheimnis der Erlösung kein
„Automatismus", losgelöst von uns Menschen. Glauben können
wir ehedem: indem wir uns innerlich verbinden, liebend mit

Christus verbinden, das muss niemand weggenommen werden –
im Gegenteil! Das kann ich aus eigener Erfahrung sagen; diese
kostbare Quelle ist unerschöpflich – doch sie wird Geist-durchdrungen noch anders erfahrbar. Wie bereits gesagt, das mystische
Erleben ist eines und unendlich tief; die Erkenntnisquelle in sich
zu finden, ist darüber hinaus noch unendlich mehr.

8 Unser Erdenauftrag

8.1 Der Mensch hat als geistiges Wesen einen Auftrag

Dieser besteht darin, in absoluter Freiheit, die Liebe zu leben –
und in Verbindung mit der Christuskraft die gefallenen Geister
zu erlösen; genau so weit geht des Menschen Aufgabe!

Wir haben gesehen im vorigen Kapitel, dass elementare Geistwesen zu einer höheren Stufe aufsteigen können; sie sind übersinnliche Wesen. Man kann sich nun ungefähr ein Bild machen,
was damit gemeint sein kann. Die gefallenen Geister, die Widersachermächte zu erlösen und zu befreien durch die Christuskraft,
die in uns lebt, ist noch ein anderes Kapitel; korrekterweise würde
diese Dimension auch in das vorige Thema hineingehören, doch
es bedarf noch der größeren Aufmerksamkeit und Sorgfalt, damit
umzugehen, sodass es eigens behandelt werden muss; das Thema des Bösen muss darum noch gesondert behandelt werden. Es
kann jedoch schon hingeführt werden, warum der Mensch dies
als seine Aufgabe hat: Der Mensch hat nicht „Anteil" am Geist,
am Geistigen – er würde damit außen vor bleiben … –, er *IST*
selbst im innersten Wesen Geist – das ist unsere Ebenbildlichkeit
Gottes; es kann ein jeder einmal in sich im größten Ernst nach-
sinnen, was es heißt: Ich bin … – Jeder Mensch kann sich selbst
sagen, weil er es *denken* kann: Ich bin! Es gilt ernst zu nehmen,
dass wir selbst Geistwesen sind; nicht nur „geistbegabt", sondern: Geist-durchdrungen. Wir könnten nicht sagen – ich BIN,
wäre dem nicht so … Dieses SEIN – dieses größte Mysterium –,
nehmen wir es ernst genug? Das Frappante an der Sache ist, es
ist nicht einmal schwierig – wir haben es gesehen: indem wir
uns verbinden, bewusst wahrnehmend, und zwar „Wesenhaftes"
wahrnehmend, in geistiger Sphäre wahrnehmend – mit lebendiger Kraft durchdrungen alles wahrnehmend, Wesen und Sein.

Im alten Sprachgebrauch ist eine Verbindung noch wahrnehmbar – in der holländischen Sprache kommt es noch vor: wees goed – sei gut …: alles, was ist, wahrnehmend – alle lebendige Wirklichkeit, ja, wenn wir dies ernst nehmen, wird der vernichtenden, zerstörerischen Kraft alle Gelegenheit genommen, weil wir durch unser reines Da-Sein den Raum erfüllen, die Zeit erfüllen … – es ist eigentlich einfach. *So* werden die gefallenen Geister erlöst, indem wir ihnen durch unsere Liebekraft keine Gelegenheit geben, in uns eine Leere entstehen zu lassen. Wenn wir jedoch verleugnen, dass wir Menschen geistige Wesen sind, sitzen wir selbst in der Theologie dem größten Irrtum auf: Solange wir diesen Schlüssel nicht haben, uns ins innerste Mysterium zu wagen, kreisen wir weiter darum herum und kommen keinen Schritt weiter. Damit hängt die Tragik der katholischen Kirche auch zusammen; ich habe es am Anfang schon formuliert: Es braucht keine neuen Methoden, es braucht keine reißerischen Aktivitäten, es braucht den großen Erkenntnismut, dass wir selbst geistige Wesen sind! Es muss gründlich aufgeräumt werden damit, auch nur irgendetwas als tote Materie zu betrachten – und es ist auch dringend notwendig, des Menschen Auftrag bitter ernst zu nehmen. Nicht das „Gottesbild" muss verändert werden, da der Gottesbegriff nur eine Chiffre bedeuten kann, wenn Christus und damit das Göttliche nicht im Menschen leben darf – nein, das „Menschenbild", die Vorstellung vom Menschen selbst muss dringend neu gefunden werden. Da man sich aber selbst im Weg steht mit einer falsch verstandenen Demut – bzw. mit aufgeblähtem Eigensinn, was u. U. dasselbe sein könnte –, ist noch ein langer Weg zu gehen … Es könnte sich allerdings auch um eine Vortäuschung falscher Tatsachen handeln – eine Vorenthaltung, die gewollt ist, nur damit die Entwicklung verhindert wird –, und damit wären wir wieder bei der Wirkung der Widersachermächte selbst, die so lange ihr „Unwesen" (!) treiben können, so lange sie nicht durchschaut sind – und sie machen vor den Toren der katholischen Kirche keinen Halt, nein, ganz und gar nicht … Es ist natürlich bequemer, nur von Glauben zu reden, da müssen wir uns nicht darum kümmern, ob uns jemand im Wickel hat oder nicht … Doch bleiben wir zunächst in der Sphäre, die nicht so geheimnisumwittert ist, wenn es um unseren Erdenauftrag geht.

8.2 Die Liebe leben

Die „Liebe leben" ist keine Süßholzraspelei und auch kein Predigtthema mehr, solange es phrasenhaft herauskommt, sondern fordert uns bis aufs Mark heraus, denn eine weitere Riesenherausforderung, deren Ausmaß die Dimension der vergangenen Zeit der Menschheitsentwicklung noch übersteigen wird, ist das soziale Leben. Entwickeln wir nicht Herzkräfte aus der innersten Freiheit heraus, schaffen wir das nicht. Alles andere hat weder Wert noch Sinn. Darauf wird noch näher eingegangen werden. Wir haben es mit der bereits biblisch angekündigten Herzensverhärtung bzw. Erkaltung der Liebe ziemlich massiv zu tun, darum sind wir gerade hierin stark herausgefordert. Matthäusevangelium 24,12: Es „wird die Liebe bei vielen erkalten". – Und warum wird sie erkalten? Weil aus Angst, das Größte zu wagen, wozu wir berufen sind, der Mensch aus erklärter Weise dem Materialismus verfällt und nicht mehr erinnert, wer er eigentlich ist, und damit die eigene Würde verrät. Doch dann, wenn es am Ärgsten wird, taucht ein sanftes Morgenlicht aus dem Grauen der Nacht, dem Morgengrauen; viele bemerken es schon, auch junge Menschen. Die mittlere und ältere Generation hat es mit gefassten, verfestigten Vorstellungen, an die sie sich gewöhnt haben, eher schwierig. Doch wir dürfen das Leben wieder leise lernen. Dies zeigt sich natürlich erst im Miteinander, und ja, da ist wirkliche Demut angesagt. Demut hat jedoch mit Mut zu tun. Mut, sich ganz zu sehen, mit allen Schwächen und mit der ganzen inneren Größe, die uns ausmacht. Es ist tröstlich und soll gleichzeitig zum Aufbruch stimmen, dass im Anfang die Christen „Menschen vom Weg"

genannt werden, also Werdende sind. Auf dem Weg sind wir
also – nicht perfekt … Es geht darum, echt zu sein und ehrlich – zuallererst sich selbst gegenüber.

8.3 Die Brücke ist Wahrhaftigkeit und Aufrichtigkeit

„Vor allen Dingen belüge dich nicht selbst. Denn wer sich selbst
belügt, kann keine Wahrheit mehr erkennen, weder in sich, noch
um sich, und verliert so die Achtung vor sich selbst. Ohne Selbst-
achtung hört der Mensch auch auf zu lieben. Und um sich ohne
Liebe zu beschäftigen und zu zerstreuen, ergibt er sich den Lei-
denschaften."
(Dieses großartige Dichterwort von F. M. Dostojewski – ich
habe es vor Jahrzehnten auswendig gelernt, sodass ich keine Quel-
lenangabe mehr machen kann …)

8.4 Handeln aus Einsicht

Das Moralisieren – wie bereits gesagt – ist vorbei. Es nützt nichts
mehr. Die Zeiten sind vorbei. Nichts mehr geht von außen, nur
noch von innen. Schon erwähnt habe ich die prophetische Verheißung des Jeremia (31,31 ff.), dass alle erkennen werden und
niemand mehr belehrt werden muss; vielleicht gewinnt sie allmählich an Bedeutung – endlich –, doch es ist immer noch nicht
so weit; die Menschheit hat noch lange nicht genug gelernt, wir
sind noch fast nirgends … Es ist nichts zu sagen gegen Moral und
Ethik. Jedoch saures Moralisieren geht nicht mehr. Von „außen"
ist nur noch von Bedeutung, dass Bewusstwerdung mit Wissen
zu tun hat; und um innerlich wach zu werden, muss ich mir Wissen aneignen, um einer inneren Beurteilung fähig zu werden. –

Die Ereignisse in Gesellschaft und Welt und die Verrücktheit im menschlichen Handeln und Denken rütteln in gesteigertem Maße dazu auf – bis heute ruft die Weisheit mit einem inneren Ruf: „Die Weisheit ruft von den Straßen und Plätzen ..." (Buch der Sprichwörter 1,20), das wird an einem aktuellen Beispiel deutlich: Plakate auf den Autobahnen werden kreativ und weise ... – das kommt nicht mehr von der Kanzel, sondern aus harter, bitterer Erfahrung: ein abgebildetes Mobiltelefon mit einer Hand ... dazu: „Letzte Nachricht?" – nun also: Einsicht ...

8.5 Herzkräfte als Potenzial der Liebesfähigkeit – Leben in Ganzheit

Wie finden wir zu den Herzkräften zurück? – Vielleicht ist das Schauen und Erleben von Bildern wieder ein Weg; eine Fähigkeit, die wir zurückgewinnen könnten. In früheren, uralten Zeiten konnte der Mensch in Bildern schauen. Dies führt Rudolf Steiner in verschiedenen Schriften aus – und nun brauchen nicht nur die Kinder so notwendig die Seelennahrung, z. B. der Märchen, Legenden und Geschichten. Jedenfalls habe ich erlebt, dass junge Erwachsene beim Erzählen von Märchen wie gebannt zuhören können oder zu Tränen gerührt sind in der Seele ... Die Kraft der Seelenerinnerung, etwas, das sie als Kind so traumhaft und schön erlebt haben, dass nun bereits die Erinnerung daran wie Balsam ist für die Seele.

Wenn es möglich ist, den Karfunkelstein unserer Zeit in der Mitte der Nacht aufleuchten zu sehen, da wir die Orientierung zu verlieren drohen, verirren wir uns vielleicht doch nicht ganz ...

Es kann eine Frage der Eigen- und der Weltwahrnehmung sein, die wir zu verlieren drohen; ein Wort des großen Dichters Johann Wolfgang von Goethe kann etwas aufzeigen und den Blick wieder neu dafür öffnen, Herzkräfte in uns wecken, dass wir wieder Lust – oder eben Freude haben können, genau in dieser Welt zu leben:

„Wenn die gesunde Natur des Menschen als ein Ganzes wirkt, wenn er sich in der Welt als in einem großen, schönen, würdigen und weiten Ganzen fühlt, wenn das harmonische Behagen ihm ein reines, freies Entzücken gewährt, dann würde das Weltall, wenn es sich selbst empfinden könnte, als an sein Ziel gelangt, aufjauchzen und den Gipfel des eigenen Werdens und Wesens bewundern." (Johann Wolfgang von Goethe, als er Winckelmanns Wirken charakterisierte; aus: Rudolf Steiner, Anthroposophische Leitsätze, GA 26, S. 153 f.)

Dieses wunderbare Wort nochmals und nochmals wiederholen, verinnerlichen – vielleicht hilft es zu einem inneren Aufleben, zu einer Freude über das Leben und was es ausmacht hier auf dieser Erde, in dieser Welt zu sein, wenn dies im guten Sinn verstanden und erfahren werden kann. Das kann auch zum Erdenauftrag gehören, zur Freude zurückzufinden, damit die Kraft daraus erwächst, in allem zu bestehen. Aus der *freudigen* Erfahrung mit und an der Erde als dem Lebensort in seiner ganzen Kostbarkeit zu schöpfen, diesem Lebensort, der für unsere Spezies gegeben ist, erwächst dann eine Haltung, die natürlicherweise dazu führen könnte, sie zu bewahren, zu lieben mit aller Konsequenz, die damit verbunden ist.

Es möge sein, dass die Erinnerungskraft und der Erinnerungsinhalt Aufschluss gibt über das Wahre, Würdevolle des Menschen, über den Menschen wie er gedacht ist – und nun mit anderem Bewusstsein, was ehedem aus Götterkräften geschenkt, ergriffen, erschaut und gestaltet werden konnte – wozu der Mensch nun in der Lage ist, wenn er sich aufrafft, aus dem Nichts wie der Phoenix aus der Asche emporzusteigen und sein Leben in die Hand zu nehmen und damit eine gute Wende in seinem Schicksal zu bewirken. – Der Mensch heute möge doch erkennen, was seine Zukunft ist! Es kann doch nicht sein, dass wir aufgeben! Gerade angesichts der zerstörerischen Kräfte, die da sind– ebenso wie das scheinbar waltende Chaos, die Willkür, das Unrecht und die zur faktischen Norm gewordene Verlogenheit – all das, das uns nun mal zur Prüfung in unserer Lebenszeit gegeben ist, sind wir aufgerufen, zu überwinden mit starker, entschiedener Willenskraft. –

Und glücklicherweise gibt es, wie gesagt, auch junge Menschen, die wecken und die „sehen" – sie mögen mit der mittleren Generation zusammen, wenn diese nur bereit ist, aus der Lethargie der Gewohnheit oder dem Bann der Macht, des Erfolgs und der Gier auszubrechen, die nächsten Schritte wagen und gegen den Strom schwimmen. Nicht in die allgemeine Richtung treiben oder sich treiben lassen; es ist des Menschen unwürdig. Das Wesen des Menschen leuchte auf in seiner wahren Gestalt – wie die Morgensonne über der Frühlingserde …

Der wirksamste Schritt in die Zukunft könnte sein, das Neue zu finden im Sozialen, im Zusammenleben der Menschheitsfamilie. Das ist eine Riesenarbeit, all die Individualisten heute! Jeder Einzelne muss dies jedoch wollen. Das wird das einzige Muss bleiben, es als eine innere Pflicht aufzufassen, der Würde des Menschen wieder ein Gesicht zu geben.

Mitläufertum soll ausdienen – es ist unter der Menschenwürde. Wache Persönlichkeiten, die sich ihrer Fähigkeiten bewusst sind, werden die Morgensonne aufleuchten lassen – das, was aus ihrem inneren Wesen aufscheinen und die Welt gestaltend durchdringen will. Und so möge es sein, dass es uns wieder „warm ums Herz werde …"

8.6 Vision in die Zukunft

Ob der Planet noch zu retten ist – ich weiß es nicht. Aber es wäre für die kommenden Jahrhunderte eine schöne Geste der Dankbarkeit, dieser wunderbaren Erde einen würdevollen Abschied zu bereiten, indem das Menschengeschlecht sein wahres Wesen, das es auf diesem Planeten in einer solchen Fülle und Schönheit entfalten konnte durch alle Zeiten hindurch, mit aller Kunst und allem Können so zu zeigen, dass daraus eine Harmonie strömt, die in der Natur des Ganzen liegt. – Das wäre die wahre Entsprechung des Menschen – das letzte Wort sozusagen – der letz-

te Ausdruck des Menschen. Wenn dieser letzte Ausdruck wür-
devoll wäre, schön, edel, gut und sinnvoll, das hätte diese Erde,
die uns den schönsten Wohnplatz bereitet hat, verdient. – Wie
es dann weitergeht, ob es noch Jahrhunderte oder Jahrtausende
dauert oder weniger oder mehr, ich weiß es nicht, das steht in
den Sternen – und – liegt in unserer Hand …!
Auch die Morgensonne nimmt ihren Lauf – und der Frühling
kann nicht bleiben. Wenn wir angelangt wären im Herbst, wenn
die Erde mit ihrem Menschengeschlecht ihren Sommer schon
gehabt hat? – Dann leuchten in voller Wärme die Herbstsonnen-
strahlen herein auf alles Gewordene, das es zu vollenden gilt. –

„… der Sommer war sehr groß …
Befiehl den letzten Früchten, voll zu sein, gib ihnen noch zwei
südlichere Tage.
Dränge sie zur Vollendung hin und jage
Die letzte Süße in den schweren Wein …"

So hören wir Rainer Maria Rilke in einem seiner schönsten
Herbstgedichte; sie sind voll der Empfindung.
   Wenn wir Menschen heute nun auch erkennen und innerlich wissen, was wir empfinden, dann haben wir etwas, nein,
viel gewonnen. Und aus diesem inneren Wissen, Erkennen mit
dem Herzen, nicht nur mit dem Verstand bzw. Intellekt, sondern
mit unserem ‚gesunden Menschenverstand‘, von dem hoffentlich
noch ein letztes Zipfelchen übrig geblieben sein mag, dann müssen wir uns mit diesem letzten Staubkörnchen, das zurückbleibt
wie ein Samenkorn, noch etwas anzufangen wissen – und: Neues
kreieren. So wie in der ‚unendlichen Geschichte‘, die beschreibt,
wie das Nichts sich ausgebreitet hatte und nur ein Staubkörnchen übrig blieb. Nach dem Zu-Ende-Lesen dieses Buches von
Michael Ende, der ein Prophet unserer Zeit war, wird deutlich,
dass uns die Möglichkeit gegeben ist, herauszufinden, dass die
wahre Willenskraft mit einem unserem wahren Wesen entsprechenden Liebesimpuls zusammenhängt; es ist dort die Rede von
einem Aufruf: ‚Tu, was du willst!‘, und das gute Ende in dieser

unendlichen Geschichte lautet, dass der wahre Wille gefunden werden kann: nämlich die Freude, lieben zu können. – Und das in echter Freiheit.

Jetzt schauen wir in die Welt von heute. Also, was tun? – Es ist kein melancholischer, sentimentaler Liebesimpuls, der gefragt ist, dazu ist die Not, die da zum Himmel schreit, zu groß. – Erst gilt es, Abhängigkeiten zu durchschauen in den Strukturen, die herrschen; die bisher erlangte Freiheit ist zum größten Teil noch Illusion. Die Freiheit des Menschen ist ein Akt der Tat, der inneren Tat. Sie geschieht einem nicht wie ein Naturereignis; die Freiheit leben ist eine Herausforderung, die es erst zu lernen gilt. Zurück zu der Abhängigkeit bis in das Strukturelle hinein: Das Durchschauen der Strukturen geschieht z. T. schon. Der nächste Schritt: die Kräfte, die dahinter wirken, entlarven: Macht, Gier – in immer neuen Facetten wirksam – immer perfider.

Nächster Schritt: die wirklich soziale Gestalt suchen:

Nachdem ich einen Schritt in die echte Freiheit gemacht habe: mich von den Abhängigkeiten gelöst, aus den Machtstrukturen entfernt, Gier innerlich und äußerlich verabschiedet habe – ach, alles ist so viel leichter gesagt, als getan (!) – und es nützt ja nichts, zu sagen: Das alles *wissen* wir schon lang! – ich wiederhole mich: man muss es wollen – *ich* muss es wollen – jetzt, nicht später –, dann gilt es herauszufinden, wie diese soziale Gestalt ihren Ausdruck finden kann: nicht mehr für sich, sondern für andere arbeiten. Der Mensch verdient kein Geld, er verdient nur Lob oder Tadel. Und wenn jeder für den anderen arbeitet bzw. sich engagiert mit den Fähigkeiten, die er hat – aus ganzer Neigung, dann funktioniert die Geschichte, die nun erzählt werden soll:

„Die Geschichte von der Hölle oder dem Paradies
Ein Mann/eine Frau kam in die Hölle. Es war dieselbe Umgebung, in der er/sie sonst lebte. Leute saßen um eine Schüssel mit Suppe. Alle sahen mager und ausgehungert und völlig deprimiert aus. Die Suppe dampfte aus der vollen Schüssel; warum hungerten die Leute dennoch? Sie hatten Löffel an ihre Handgelenke gebunden, deren Stiel so lang war, dass sie sie nicht zum Mund führen konnten."

Nun kam die Frau / der Mann ins Paradies. Genau die gleiche Situation – eine Schüssel voll dampfender Suppe – und: Alle waren glücklich und zufrieden und hatten fröhliche Gesichter – die Menschen mit den langen Suppenlöffeln fütterten sich gegenseitig.“[17]

8.7 Sozialer Organismus der zukünftigen Menschheit

Wie geht das hier und heute und jetzt? – R. Steiner stellt seine Idee von der Dreigliederung des sozialen Organismus vor, die vor ca. hundert Jahren eine Zeit lang die Chance hatte, sich durchzusetzen, doch dann wurde alles wieder fallen gelassen und verflacht – waren die Menschen nicht reif genug? Alles ging weiter in den alten Gleisen und Denkmustern. Keine neuen Ideen. Die Strukturen, die Verhältnisse wiederholen sich darum – mit neuer Verpackung, nur potenziert schlimmer.

Was wäre das Neue? Assoziative Gemeinschaften bilden in der gegenseitigen Beachtung oder Sorge um das Wohlergehen des Gegenübers: Ich kenne einen Bauern, der biologisch-dynamischen Anbau betreibt und damit heilend mit der Erde umgeht, gehe mit ihm eine Verpflichtung ein, ihm die Ware abzunehmen. Was kann ich zur Verfügung stellen?

Wir sind noch immer in der Anfangsphase. Ob etwas sich verwirklichen lässt mit regionalem Geld, ob Tauschhandel wieder eingeführt wird wie manchenorts – wie auch immer, ich weiß nicht, ob das die wirkliche Lösung wäre. Die Idee der Dreigliederung des sozialen Organismus ist hier zu studieren, zu verinnerlichen und Lösungen zur Umsetzung mit anderen zu suchen. Es führte zu weit, näher darauf einzugehen hier; das ist ein großes Feld. Ich versuche es mit ein paar Bemerkungen, um u. U. Interesse zu wecken.

---

17 Quelle unbekannt.

Die erste Ebene dieser Dreigliederung ist das

– *freie Geistesleben*, d. h. Kultur – Bildung, die weder von Staat noch von der Wirtschaft manipuliert, kontrolliert und damit gebremst werden dürfte. Hier sind Schenkungen, Stiftungen vonnöten; solches Geld ist sehr viel mehr wert als Geld auf der Bank, denn es lebt – im Gegensatz zu den kalten Zahlen auf dem Sparkonto; auch nach äußerlich gleichem Wert. Die wiederum nächste, zweite Ebene ist die

– *Brüderlichkeit im Wirtschaftsleben* – hier gehört natürlich das Finanzwesen herein, das noch herrschende Geldsystem – mit seiner vernichtenden Kraft. Es gilt den Scheinwert des gehorteten, nur digital scheinbar existierenden Geldes zu durchschauen ... – Man kann als Otto Normalbürger im Kleinen sich nach einer alternativen Bank umschauen. Wer aktiv in der Wirtschaft tätig ist, sollte das Kulturleben tragen – wie gesagt, durch Schenkungen etc. – Die dritte Ebene:

– *Gleichheit im Rechtsleben*. Das ist noch ein Kapitel für sich. Man darf sich da nichts vormachen. Die Korruption in der Justiz, Politik, Wirtschaft ist derart massiv, dass man resignieren möchte. (Dann aber, genau dann lachen sie sich ins Fäustchen, dass sie gewonnen haben: die sogenannten Widersacherkräfte von denen noch die Rede sein wird.) – Darum: sich nicht ärgern, doch das Gegenteil tun – nicht mit den bereits genannten toten Fischen im Strom schwimmen und der normativen Kraft des Faktischen anheimfallen: Wenn alle das tun, warum sollte ich dann nicht auch meine Vorteile aus allem ziehen? – Nein, das Gegenteil tun, aus Einsicht – nicht, weil von außen oder oben gefordert. Niemand hat das Sagen, außer ich sage es mir selbst.

Die Redlichkeit, die eigene Wahrhaftigkeit, die Aufrichtigkeit ist hier wiederum gefragt. – Im Johannesevangelium ist die Rede davon, dass sie frei macht, die Wahrheit. (Joh 8,32) Aufrichtigkeit – man denke an das Rückgrat des Menschen. Wann ist einer aufrecht? – Hat jemand ein Rückgrat oder nicht? – Und dann die Frage nach dem Warum stellen; die ist jedoch manchmal sehr komplex. – Aufrichtigkeit, Ehrlichkeit – wann lügt ein Kind? Wenn es Angst hat, d.h. unter Druck steht. – Das ist übertragbar auf die Großen. – Wie viele Arme werden gezwungen, zu betrügen, zu klauen, zu unterschlagen und dies, weil eben die ungerechten Strukturen bestehen und oft nicht einmal ein Überleben ermöglichen – …

Außerdem: Fast alle Menschen funktionieren in einem großen Räderwerk – unter dem Druck der nächst höheren Etage – das hatten wir schon.

Geht man in eine andere Ebene, schauen wir zurück – das ist nun meine persönliche Auffassung: Die Deutschen hatten nach dem Zweiten Weltkrieg kein Rückgrat mehr. An der zweiten Generation war dies zu beobachten … Manche der jüngeren Generation machen es schon besser.

Nach dem Ersten Weltkrieg fehlte der Mut, aus den entstandenen Trümmern das wirklich Neue zu suchen und zu wagen. – Die soziale Idee, die damals von vielen diskutiert wurde, wurde nicht radikal genug aufgefasst, hat darum fürchterlichen Schiffbruch erlitten und entsetzliche Folgen gehabt – im Archipel Gulag der Sowjetunion …

Weil sie nur in der horizontalen Ebene die Lösung suchte und dem Machtvirus Einzelner zum Opfer fiel; es war greifbar keine Alternative.

Der Dreigliederungsgedanke war nicht genug verankert im Innern der Menschen; d.h. nicht genügend Menschen hatten ihn verinnerlicht. Persönlichkeiten in verantwortungsvollen Funktionen hatten nicht den letzten Mut, etwas umzusetzen, das aus der Macht der Gewohnheit herausgeführt hätte – u.a. das Obrigkeitsdenken …

8.8 Verständnis aus dem Rückblick – Durchschauen der gegenwärtigen Situation

Wie wir gesehen haben, waren vor und nach dem Ersten Weltkrieg solche starken Umbrüche zugange – da wäre Mut vonnöten gewesen.

Nach dem Zweiten Weltkrieg war die Erschütterung noch unvorstellbar größer – die Frage nach der Würde des Menschen wurde auf dem Hintergrund des Geschehenen gestellt. „Die Würde des Menschen ist unantastbar".[18]

Offensichtlich wurde jedoch nicht durchschaut, welches Gespenst bereits lauerte, das erneut alles einzuspinnen, zu umnebeln drohte, dass keiner mehr klar sehen konnte. Das neue Gespenst, das entstand, hieß „Wirtschaftswachstum". Zunächst entstand der Wiederaufbau aus den Trümmern mit großer beeindruckender Kraft – vor allem von den sogenannten Trümmerfrauen wurde Unglaubliches geleistet.

Doch das neue Denken ist nicht eingezogen; Hilfsmaßnahmen halfen auch, dem alten System weiter zu dienen (die in der Luftbrücke aus den USA geleistete Überlebenshilfe war berechnend geplant, um Deutschland in eine wirtschaftliche Abhängigkeit zu führen, auch wenn es in dieser Zeit zum Überleben geholfen hat. – Diese Information stammt aus der Erinnerung einer nicht mehr recherchierbaren Dokumentation). Aus den Trümmern erstand also das Gespenst „Wirtschaftswachstum" – eine Verherrlichung dessen fand statt – in Werbung etc., sogar in alten Spielfilmen kann man diese Atmosphäre herausinterpretieren– wie Konsum und das Phänomen, sich etwas leisten zu können, „angepriesen und verherrlicht" wird … Nach dem Entsetzen hat man einen „Moment" lang neu zu sich gefunden, was sich z. B. in der oben genannten Formulierung über die Würde des Menschen im Grundgesetz spiegelt, doch dies hat nicht bewahrt bleiben können.

---

18 GG Art. 1.1 der deutschen Verfassung nach 1945.

Die Verherrlichung von Wohlstand und Konsum hat es u.a. verunmöglicht.

Und viele „Schuldbeladene" aus dem Krieg haben ihre Posten behalten bzw. sind untergetaucht, sodass kein wirkliches Umdenken gesellschaftsübergreifend stattgefunden hat. Dies zeigt sich mehr und mehr – ein Neonazismus und Rechtsradikalismus bis hinein in die politische Ebene hat vielleicht auch hierin seine Wurzeln.

Und wie heißt das Gespenst nun? Globalisierung, Privatisierung – Freihandel von mir aus … – und bevor wir recht realisieren können, welche abgrundtiefe Ungerechtigkeit damit in die Wege geleitet wurde, kommt noch auf einer anderen Ebene mit schlimmen Auswirkungen die nächste noch alles überbordende Verrücktheit, von der schon die Rede war, ins Spiel … – Digitalisierung, Transhumanisierung …

Zunächst sei noch kurz auf das Thema Privatisierung und sogenannter Freihandel eingegangen. Mit Recht kann gesagt werden, das sind ja linke Ideen – das sind sie auch, sie sind notwendig, genügen aber nicht. – Aufrichtigkeit, Wahrhaftigkeit – und damit Zugang zur Welt der Moral – das ist die geistige Welt! – wäre vonnöten; es sind Werte – auf der vertikalen Ebene –, und darum genügen auch heute linke Ideen nicht, die sich nur in der horizontalen bewegen, obwohl sie manches Unwahrhaftige aufdecken helfen. (Ich lese lieber eine kritische, eher linksorientierte Zeitung, die Recherchen macht, um aufzuzeigen, was auf perfide Weise verborgen bleibt und dem System des Molochs dient …)

Mut zur Aufrichtigkeit ist gefragt; Wahrhaftigkeit – bis ins Mark gehend; es braucht noch Zeit, aber die läuft ab. Dahin aufwachen ist anstrengend und äußerst mühsam.

Aus dem Taumel des letzten halben Jahrhunderts heraus haben die Gesellschaften und Politiker und Wirtschafts- und Finanzleute noch nicht herausgefunden. Wenn ich mich nun wiederhole – so doch versuchsweise aus einem anderen Blickwinkel: Es kann und soll als eine Prüfung aufgefasst werden, den Gespenstern nicht auf den Leim zu gehen; sie als Gespenster entlarven, Alternativen finden, die ihre Wirksamkeit unmöglich machen.

Heraustreten aus alten Systemen, die dem Leben nicht dienen. – Solange dies nicht geschieht, werden Millionen von Flüchtlingen weiter in die finanzstarken Gebiete strömen: Sie sind ein lebendiger Appell, eine Mahnung an die Unrichtigkeit der bestehenden Strukturen – und Abschottung hilft nicht wirklich. – Wenn man die Augen zumacht und Symptombehandlung der Ursachenbekämpfung vorzieht, wird nichts gelöst werden. Soll Europa absichtlich überrollt werden – ist das der Plan? – Um es zu schwächen oder zu chaotisieren, um es in die Knie zu zwingen – wovor? – Was sollen die 300 Mio. Euro – der Vorschlag von Frau Dr. Merkel als Unterstützung für Afrika auf einem der G20-Gipfel, da wurde es thematisiert:– dass die Leute bleiben sollen, wo sie sind? … eine schöne Geste war es – doch quantitativ und erst recht qualitativ nicht ausreichend. Wie viel wurde nach Griechenland, das ja nun nicht so groß ist im Vergleich zum afrikanischen Kontinent … den dortigen Oligarchen eingepumpt: Milliarden, von denen die arme griechische Bevölkerung nichts gespürt hat. Und weil es an der Basis nicht wirksam war, haben sich in Griechenland Hassgefühle aufgebaut den Deutschen gegenüber, obwohl die Summen u. a. aus deutschen Steuergeldern aufgebracht werden mussten. Man kann den griechischen Unmut verstehen, und gleichzeitig wird deutlich, wie absurd und skurril alles ist. Und eben Afrika: China war schneller mit der subtilen „Eroberung" des Kontinents durch wirtschaftliche Unterwanderung; sie werden nicht frei auf diese Weise – und es wird diesen Menschen nicht die Würde anerkannt, die sie haben. Afrika ist ein reicher Kontinent, wenn man seine Bodenschätze betrachtet – und die Menschen haben Würde. Es war nicht lange, doch die 1½ Jahre, die ich in Namibia verbracht habe, haben mir meine Ahnung bestätigt. Es sollte selbstverständlich sein, so zu denken, ist es aber leider noch nicht. Es gibt einen Film mit dem Namen „Bamako", nach der Hauptstadt des afrikanischen Landes Mali benannt. Ein afrikanischer Regisseur hatte eine Gerichtssituation inszeniert; der internationale Währungsfonds, der mit der Schuldenmethode die ärmsten Länder in die Knie zwingt, wurde u. a. angeklagt. Der Film ist sehenswert; da stehen afrikanische Menschen im Zeugenstand und bezeugen auch ihre Würde. Großartig inszeniert ist das. Man bedenke nur einmal, dass ein Afrikaner, der in 25 Jahren erst geboren werden wird, bereits über die Maßen „verschuldet" auf die Welt kommt ... – das sind Recherchen Professor Jean Zieglers, der ehemals Sonderbeauftragter der Vereinten Nationen für das Recht auf Nahrung war. Der Mensch muss in seiner Würde anerkannt werden, auch dahingehend, dass wir unseren geistigen Ursprung nicht verleugnen. Menschlichkeit – ist das allgemeine Maß: Vielleicht können die Menschen in Europa die Größe aufbringen und – wie es auf beeindruckende Weise seit ein paar Jahren schon versucht wird, die geflüchteten Menschen aufzunehmen, ihnen Menschlichkeit zu erweisen – die Kulturen verbinden, Austausch ermöglichen. Ein desaströses Verbrechen unserer Zeit ist, dass seit Jahrzehnten zugelassen wird, wie Menschen im Mittelmeer ertrinken nach der Flucht, wenn sie nicht schon in der Sahara umgekommen sind ...

8.9 Zusammenwirken mit der geistigen Welt

Nur in der Horizontalen suchen, wie gesagt – das reicht nicht aus. Es ist sehr wichtig, dass ich Gegenüber habe, die am gleichen Strang ziehen, doch es ist gut zu wissen, dass wir auch sonst nicht allein sind. Das sei darum nun nochmals gesagt: Die Engel und hohen Wesen außerhalb des Sichtbaren warten nur, dass wir sie um Hilfe bitten. Ohne unser Interesse an der geistigen Welt geben sie uns auch auf. Es ist ein fürchterlicher Trugschluss zu glauben, wir schaffen das da unten allein aus eigener Kraft. Es geht überhaupt nichts *ohne* unsere Kraft; doch es ist gut, endlich wieder anzuerkennen, dass die wahre Verbindung zu unserem innersten Wesen sich nicht in der Horizontalen finden lässt – und dass das Leben sich in sich selbst erschöpft, wenn es die Quelle verleugnet.

Es geht auch darum, das wesenhaft Intelligente zurückzufinden im Geistigen, wo wir doch herkommen. Die Intelligenzkräfte stammen aus dem Kosmos; wir – die Spezies Menschen – haben sie missbraucht, indem wir sie losgelöst haben vom geistigen Ursprung. Fromm zu sein ist keine Schande – im Gegenteil, der folgende Satz von Johann W. v. Goethe, durch Rudolf Steiner zitiert, macht nachdenklich in der Hinsicht darauf:

„Wer Wissenschaft hat und Kunst, der hat auch Religion – wer beides nicht hat, der habe Religion."

Nur muss man wissen, was fromm sein heißt. Frömmlerisch, heuchlerisch, weltfremd, scheinheilig, d. h. in einer Schein-Religiosität zu leben, das ist nicht gemeint; das Leben darf sich von der Realität nicht loslösen – es hat keinen Sinn, *nur* in der Religion einen zu Trost suchen; es macht unglaubwürdig. Die echte Religion sucht im Lebendigen, d. h. letztlich in der Welt des Geistigen – *mit* der Welt – die Verbindung. Es geht auch darum, die ganze Welt, den Schrei der Erde hineinzunehmen in das eigene Beten …

Und: etwas tun, zusammen mit anderen. Jedoch:

Wenn wir am Ende des Lebens gefragt werden: Was hast du im Leben getan? Wenn ich dann alle Erfolge aufzähle, bekommen wir die Antwort: Das interessiert nicht, sondern nur, ob ich in jeder hoffnungslosen, ohnmächtigen Situation den Willen aufgebracht habe, wieder aufzustehen und dennoch weiterzugehen – und u. U. von vorn zu beginnen; nicht Unmögliches wollen, sondern das, was ich kann.

Ähnliches erkennt man aus dem Sprichwort einer chassidischen Weisheit:

„Ein zerbrochenes Herz, das wieder zu sich findet, kann die Welt erheben."

8.10 Unser Erdenauftrag?

Es wird noch sehr lange dauern, bis wir ihn erfüllen können. Wir sind dabei, uns zur zehnten geistigen Hierarchie zu entwickeln. So steht es mit den geistigen Wesen, die wir als Werdende sind ... Über uns sind die Engel, darüber die Erzengel, darüber die Archai, die Zeitgeister. Um weiterzugehen im Sinne des Paulusschülers Dionysos des Aeropagiten, von dem in der katholischen Kirche die Hierarchienstufung übernommen wurde, spricht man unter anderem von den Cherubim und Seraphim, den Geistern der Harmonie und der Liebe. Doch dazu gehören noch die Geister des Willens, die Throne – und darunter sind die Mächte und Gewalten – die Geister der Weisheit und der Form; dazu gehören auch die Geister der Bewegung. Und die Menschen werden sich entwickeln zu Geistern der Freiheit und der Liebe. Hören wir Rudolf Steiner aus seinen Darstellungen über das Johannesevangelium Folgendes sagen:

„Die Erde ist der planetarische Zustand für die Entwicklung der Liebe. ... Liebe soll die Erde ganz und gar durchdringen, wenn die Erde am Ende ihrer Entwicklung angekommen ist." (a. a. O.) Was wir jedoch bereits wie ein Geschenk zur Verfügung haben, ist die Weisheit, die in allem liegt: *„... der Kosmos der Weisheit, ... sehen Sie nicht mit dem bloßen Verstand die Natur an, sondern mit den Herz- und Gemütkräften, und Sie werden überall Weisheit finden, die in der Natur ausgeprägt ist. Diese Weisheit liegt wie eine Art geistiger Substanz allem zugrunde. ... Im Laufe der Zeit wird menschliche Weisheit innerlich das erreichen, was göttliche Weisheit in die Erde hineingeheimnisst hat ... in demselben Sinne, wie die Weisheit ... vorbereitet worden ist, sodass sie sich jetzt überall auf der Erde findet, wird auf der Erde die Liebe vorbereitet ..."* In Zukunft *„... werden die Menschen die Liebe aus ihrem Innern heraus entwickeln, wie jetzt die Menschen nach und nach die Weisheit heraus entwickeln werden. Die große kosmische Liebe wird dann die Dinge durchdringen, die jetzt auf der Erde ihr Dasein beginnt."* (aus Rudolf Steiner, Das Johannesevangelium, S. 47 ff.)

„Im Prinzip ist alles, was der Mensch im Lauf der Erdenentwickelung erfinden wird, schon in der Natur enthalten." (a. a. O.) – Ein Beispiel

ist die Erfindung des Papiers. Der Wespengeist hatte es schon lange – in der Natur ist die vollkommene Weisheit enthalten. *„Was aber der Mensch wirklich der Erde geben wird, das ist die Liebe, die sich von der sinnlichsten zu vergeistigsten Art entfalten wird. Die Erde ist der Kosmos der Liebe."* (a. a. O.)

9 Porträts einiger Heiliger im Licht der neuen Zeit und Weltanschauung

Wache Persönlichkeiten waren sie ja in ihrer Zeit. So habe ich mich gefragt – und dies schreibe ich nun ein paar Tage vor Allerheiligen –, wie sie unsere Zeit und uns Menschen heute wohl betrachten.

Es ist durchaus möglich, mit den Verstorbenen und auch mit den Heiligen in Verbindung sein zu können – das brauche ich ja nicht zu sagen. So habe ich mir vorgenommen, einmal aufmerksam hinzuhören, was sie zu sagen haben – heute ... Wenn von „sagen" die Rede sein kann. – Welcher Sprache bedarf es, dies zu unternehmen? So lasse ich zunächst ihr Bild auf mich wirken – wie so oft im Gebet ich mit ihnen „im Gespräch" war, eine Art des inneren Hörens, die sich nicht leicht in Worte fassen lässt. Es ist eher ein Sich-Einlassen in ihr gewordenes Wesen – und eine Bemühung, mich in die Sphäre zu versetzen, in der sie sind – in diese zeitlose Sphäre. So verändert sich auch die Dimension, die Zugangsmöglichkeit, die man gewöhnlich sucht, um mit ihnen in Berührung zu kommen: die geschichtliche Dimension. Das braucht es einerseits – nach wie vor –, denn sie sind zu dem geworden wie sie uns vordergründig begegnen: in ihrer Zeit. All die Umstände und Entscheidungen, die ihr Leben geprägt und entfaltet haben. Doch da gibt es nun auch die andere Dimension, auf die es mir ankommt: was sagen sie nun, *heute*?

Schaue ich zunächst auf

Teresa von Avila

Ihre innige Beziehung und Liebe zu Christus, als dem Gekreuzigten, auf den sie schaute. In einer solchen Betrachtung erlebte sie eine erschütternde Begegnung. – Wer dem nachgehen mag, kann es gerne tun. – Ich will mich nun nicht mit der Vergangenheit aufhalten. Es sei jedoch noch erwähnt ihr bekanntes Zitat: „Ich bin ein Weib und obendrein kein gutes …!" Diese beiden Kontrastbilder kann man ja mal nebeneinandersetzen – die tiefgläubige, in das Christusgeheimnis versunkene Frau und jene, die viel gewagt hat und keine Herausforderungen scheute. Es ist eine gute Übung und Begegnungsmöglichkeit, sich hineinzuversenken in ihr Bild und zu schauen oder zu lauschen, ob es spricht – … Was sagst du mir nun, liebe heilige Teresa, wenn du neben dir Rudolf Steiner findest? Du hast zusammen mit Johannnes vom Kreuz, dem tiefen Mystiker, den Karmeliterorden reformiert; entgegen großer Widerstände. Die Brüder, die eigenen Ordensbrüder, waren nicht zimperlich mit ihm, sperrten ihn ein … Da kann man mal sehen. Wenn es jemand ernst meint und echt ist, kriegt er es mit der Umgebung zu tun, die keine Veränderung zulassen will; das stört in der Bequemlichkeit: das Herkömmliche, das Vertrautgewordene – es soll alles so bleiben, wie es ist … – da haben wir doch eine frappante Ähnlichkeit mit unseren 100 Katholiken von heute. Nun, damit ist ein Vergleich möglich. Insofern verstehst du, liebe Teresa, was da los ist heute?! – Die Welt brennt, und die Menschheit befindet sich in einem Zug, der in den Abgrund fährt … Wie und wo Veränderungen und ein Aussteigen aus diesem Zug nottun, um sich um die brennende Welt zu kümmern, das „versteht" jener, der sich damit auseinandersetzt und die Hintergründe verstehen und entsprechend handeln will. Du, Teresa, hast aus der Christusbeziehung, die wach macht und die Zeichen der Zeit erkennen lässt, deutlich gewusst, worauf es ankommt, und etwas getan. – In deiner Zeit war das heilsam. Christus ist verbunden mit dieser Erde – und bleibt es –, sein Wesen ist zeitlos. Er ist da, hier und jetzt. Also geht es darum, das Hier und Jetzt zu betrachten und aus der Christusbeziehung heraus zu handeln. Die Erkenntnismöglichkeit und -fähigkeit und auch die Freiheit, zu handeln, sind im Laufe der Zeiten gewachsen. – Ihr im Himmel helft uns von dort aus weiterhin; ich nehme es an, dass dein Blick ein anderer geworden ist, mitgewachsen – in den vergangenen Jahrhunderten; ich „weiß" dich an unserer Seite. Dein Schauen wird noch ein größeres sein, und somit umso besser, bist du an unserer Seite.

Zum „Schauen" des Gekreuzigten – dieser erschütternden Erfahrung Teresas sei hinzugefügt, was Rudolf Steiner erlebte und beschreibt in seiner Autobiografie „Mein Lebensgang" – *„Auf das geistige Gestandenhaben vor dem Mysterium von Golgatha in innerster, ernstester Erkenntnisfeier kam es bei meiner Seelen-Entwicklung an."* Rudolf Meyer kommentiert dies folgendermaßen: „Damals hielt das Karfreitagsgeheimnis in seinen Geist und in seine Seele Einzug." (aus: „Zum Raum wird hier die Zeit", R. Meyer, S. 284/Verlag Urachhaus, Stuttgart 1980)

Wenn ich dies hier hinzufüge, so, um deutlich zu machen, welch tiefen Zugang zum innersten des christlichen Mysteriums Rudolf Steiner – wie daraus deutlich wird – hatte und dass die Anthroposophie erwuchs aus dieser innersten Mitte heraus.

***

Nikolaus von Flüe

Die Reinheit deines Wesens und Unmittelbarkeit deiner Gottesschau –, war sie eine Geistesschau – und auf welche Weise? Ich war oft in deiner Klause und habe sie erahnt, die Tiefe deines Wesens und deine Gegenwart hier und heute für viele, die da kommen – es ist sehr still im Flüeli, die Melcha rauscht, sobald man aus der Klause tritt. Unverfälscht und echt war deine Schau – verbunden mit der Natur und dem ewigen Geist – treu, indem du dir selbst treu geblieben bist in letzter Konsequenz. So hast du eine Läuterung deines Wesens erfahren, die einen Charakter aufscheinen lässt, der dir von Kindheit an zu eigen war. Diese Schau verbindet dich mit dem hier und jetzt Notwendigen: Wir können nicht mehr von der Sonne losgekettet bleiben – die Christussonne, der heilige Funke, strahlt in allem, was ist – und lässt auf diese Weise in aller Reinheit das erkennen, worauf es ankommt. Das Tor zur himmlischen Welt ist wieder offen. Dieser Trost ist aus dem Abgrund geboren. Du gabst Rat den Mächtigen. Mögen Menschen heute Erkenntnislicht erlangen wollen; du hattest es in dir. Mögen Menschen sich heute auch danach sehnen wie du einst, sodass der Himmel neu aufgeht in uns, bevor es zu spät ist. Schein und Täuschung durchschauend ... – in großer Klarheit.

***

Therese von Lisieux

Diese kindlich starke Liebe, aus der du die ganze Welt missionieren wolltest! Was steckt anderes dahinter, als die brennende Sehnsucht, alle mögen das erleben dürfen, was du erlebtest – so große, unendliche Liebe. So jung starbst du schon, den Weg vollendet.

Manchmal denke ich an den Wollfaden, den ich dann vom Boden aufhebe, sodass es mich glücklich macht, das Kleine, Unscheinbare nicht versäumt zu haben. Eine einfache Lehrerin bist du – doch substanziell in der Wirkung. Diese kleinen Dinge sind das Durchgangstor in die große Freiheit, in die wir Menschen von heute hineinwachsen dürfen, endlich: die Freiheit dazu, vollendete Liebe zu leben. Mit einer Liebe zur Handlung zu leben in innerer Freiheit, ganz einfach (s. GA 4, Rudolf Steiner, Philosophie der Freiheit). Es kann vielleicht noch lange dauern, bis wir das wirklich lernen. Danke, du Philosophin der Freiheit!

***

Ulrika Nisch von Hegne

„Meinem" Kloster. „Du bist zur Quelle hinabgestiegen ... da sahst du den Schatz der Herrlichkeit liegen und hast ihn zu heben gewagt. O Leben, o Reichtum – den Armen und Kleinen, den Herzensreinen geschenkt". (Text eines Liedes zur Seligsprechung 1987 von Silja Walter) Da verbindet mich schon viel Vertrautes, lieb Gewonnenes. Diese kostbare Zeit, in der ich meinen Namen fand, Sophia Gabriel. Du, Franziska, musstest deinen

Taufnamen aufgeben, doch du hast auf deine Weise das große Geheimnis der Armut des Povero aus Assisi gelebt: „Selig, die Bettler um Geist" (Matthäusevangelium 5,3 – so der Vers aus der Bergpredigt nach der Übersetzung von Emil Bock). Dieses befreiende Wort, das eine Deutung zulässt, welches aus verstaubten Hütten herausführt und den Schatz finden lässt in der Tiefe, an der Quelle. Das braucht Mut, in aller Demut und Unscheinbarkeit, die dein Leben ausmachte; Mut, den größten Schatz zu heben, den es geben kann: die reine, innigste Liebe zu Christus. Die Herzensreinheit, jene Seligkeit der Bergpredigt, führt in einen Reichtum, in den die Armut verwandelt wird, ja – so ist es. In dieser Herzensreinheit ist auch die rechte Haltung einer Liebe zum Tun möglich, da sie aus der innersten Freiheit kommt, die aus der inneren Fülle geboren wird, nicht umgekehrt. Das war so selbstverständlich für dich. Dich haben die Bettler an der Klosterpforte erkannt, da du sie hattest, diese innere liebende Freiheit und Güte. Sie wollten die Suppe nur von dir empfangen. Die anderen haben nicht bemerkt, wer du wirklich warst. Die Liebe zur Handlung, ganz einfach – du hattest sie in dir.

★★★

San Francesco d'Assisi

Es ist – wie auch mit den anderen Heiligen – so auch bei dir eine Unmittelbarkeit in der Wesensbegegnung, die nicht in Worte zu fassen ist (wie mit Verstorbenen, die mir nahe sind). Die tiefste Schicht ist wohl jene des Erlebens auf dem Berg Al Verna, als du dem sechsflügeligen Seraphen begegnetest. Meine Assoziation dazu war die Berührung mit dem Geheimnis der göttlichen Weisheit in der Passion, sodass du die Wundmale empfingst, diese unaussprechliche Nähe in einem Mysterium, die unmittelbarste, innigste Christusbeziehung, welche in die Auferstehungswirklichkeit hineinragen lässt. Darum war in dir auch – so ohne ich – die unsagbare Freude, eine solche Freude! – Und du verstandest die Sprache der Tiere, der Natur – dies weist auf eine erlangte

Einheit mit dem Urgrund des Lebens hin. Dazu könnte noch viel gesagt werden, u. a. die Nähe zu der Art von Einweihung, die ein Baal Shem Tov innehatte. Einweihung, was ist das? Etwas in Vergessenheit Geratenes. Es kann auf eine Art erklärt werden am folgenden Beispiel. Der Baal Shem Tov war der Meister der guten Namen und Begründer der spirituellen Bewegung des Chassidismus im jüdischen Osteuropa des 18. Jahrhunderts. Da ist in jener Erzählung der Legende des Baal Shem Tov von Martin Buber die Rede davon, wie einer die „Vogelsprache" erlernen will vom großen Meister. Endlich gab er zu und sprach zu ihm: *„Du weißt von dem ewigen Wagen, der in der Sphäre der oberen Welt steht. An seinen vier Enden ist je das Haupt einer Kreatur, eines Menschen, eines Stiers, eines Löwen und eines Adlers."* (Muss ich erwähnen, dass diese vier Bilder bekannt sind als den vier Evangelisten zugeordnet? – Den Verkündern des Gottes-Wortes zugeordnet; was weniger oder nicht bekannt ist: Sie gehören dem Tierkreis an, der hohen Sphäre, der schöpferischen Sphäre des Klangraumes, aus der das WORT stammt und aus welcher geschöpft wurde bei der Erschaffung der Welt. Die vier, die dem Tierkreis angehören, dessen erhabene hierarchische Wesen das Geheimnis alles Entstehens in sich bergen ...) – Weiterhin hören wir den Baal Shem Tov: *„Diese vier Geschöpfe bergen in sich Wurzel und Ursprung all dessen, was in den lebenden Wesen unserer Welt sich ereignet, Atem gewinnt und als Wort geboren wird ..."* Und so wird ihm, der die Sprache der Tiere erlernen will, gesagt: *„... und das wisse, Freund: Wer seine Seele so hoch zu spannen vermag, dass sie in jene Sphäre der oberen Welt eindringt, in der der Wagen steht, und wer dann so klar und tief schaut, dass er das Geheimnis der vier Kreaturen des Wagens erkennt, der hat den Sinn offen für alle Laute auf Erden. Er scheidet das falsche Wort von dem wahren und den trügerischen Ton vom herzgebornen. ... So schweigt die Welt ihm nie, sie drängt sich an ihn mit allen Wundern."* (aus: Legende des Baal Shem Tov, Martin Buber, Manesse Verlag, Zürich 1955, S. 276)

Deine Fähigkeit, San Francesco, die Fähigkeit mit den Tieren zu sprechen, ist nichts Oberflächliches, sondern sie ersteht daraus, dass du aus der tiefsten Quelle schöpfen und in höchste

Höhen hinaufreichen konntest. – So ist auch die Nähe zu Rudolf Steiners Ausführungen in seinem Zyklus „Anthroposophie und das menschliche Gemüt" (GA 223) gegeben, wenn es darum geht, die Natur auf eine Weise zu schauen, dass wir eintauchend in Verbindung mit den Elementarwesen kommen und sie so zu einem höheren Dasein befreien, wie bereits beschrieben, und uns selbst damit in einer Erfahrung der tiefsten Freude finden – wiederum ist hier ein Vergleich möglich! Alle Wahrheit findet sich zusammen auf die verschiedenste Weise. Die Worte des Baal Shem Tov können so noch tiefer verstanden werden, und sie treffen eben auf dich zu, Francesco, auch in Verbindung mit Rudolf Steiners Erläuterungen in dem oben genannten Zyklus: vergleichen wir jene Sphäre mit den Worten des Baal Shem Tov „die Welt schweigt ihm nie, sondern drängt sich an ihn mit allen Wundern …!" Dass daraus die pure Freude erwächst im Lauschen auf das Singen des Windes, das Plätschern des Wassers, wesenhaft erschauend alles, was ist …, das lässt sich ahnen.

Die zeitlose Brücke von deinem Geheimnis, San Francesco, aus dem 12. Jahrhundert über das 18. Jahrhundert, nach Osteuropa aus den oberen Sphären in unsere Welt, ist gebaut. Ich muss dich nicht verabschieden, ganz im Gegenteil, du liebster Freund im Himmel!

10 Eine kultische Feier in der Reflexion

Im kultischen Bereich ist der persönliche Erfahrungsraum eigentlich intim, dennoch will ich an einem Beispiel beschreiben, was ich erlebte innerhalb einer katholischen Fronleichnamsfeier 2018: Das Fronleichnamsfest wird ja erst seit einigen Jahrhunderten gefeiert; ein Kirchenbrauch, der im volksfrommen Sinn erfahrbar war. Eine Festlichkeit und Feierlichkeit scheint da herüber aus alten Zeiten; ich selbst habe schöne Kindheitserinnerungen daran – den Brauch gibt es noch, doch ich wage zu sagen, es ist lediglich ein schwacher Abglanz davon übrig, und wer in der Tiefe des Herzens und der Seele noch etwas davon erspürt, mit welcher Innigkeit das einst begangen wurde, bzw. wer erahnt, welch innige Christusliebe des einst gläubigen Volkes einmal da war, der wird doch von Traurigkeit ergriffen ob der Leere und Lauheit, die nun herrscht. Dieser Priester, den ich heute erlebt habe, kämpft noch darum. In ihm ist noch der Funke, und er versucht mit aller Kraft, die er hat aus dem Herzen und der Seele, seine „Schäfchen" mit hineinzunehmen in das größte Geheimnis der Gottesgegenwart unter uns Menschen; es tangiert das größte Geheimnis und man weiß nichts mehr … Eine Hülle ist geblieben, die Substanz ging nach und nach verloren. Die Alten, auch sie knien nicht mehr alle. – Ob sie noch könnten oder nicht aufgrund körperlicher Gebresten, kann ich nicht beurteilen.

Nun sitze ich da im neu restaurierten Gotteshaus, draußen spielt die Blaskapelle, die Schellen werden von den Ministranten geschwungen, die Glocken läuten – eine Mischung für die Ohren … – der Sinn dahinter feierlich, festlich unter dem Aufgebot alles Möglichen.

Nun kommt die Musikkapelle herein, mehr oder weniger stolz in ihrer Tracht. Es ist da noch etwas bei den Leuten, die Mühe des Pfarrers scheint sich zu lohnen; die Gemeinde singt, die Kirche ist voll, die Erstkommunionkinder, tja, sie gehören dazu mit ihren weißen Kleidern oder Gewändern. Die Kinder tragen keine Schuld, sind Kinder unserer Zeit. Eine reine, innige Frömmigkeit, eine innige Andacht dieser kindlichen Seelen, ist nicht mehr möglich wie noch vor 50 Jahren. Es handelt sich natürlich auch um Nostalgie, um ein Nachtrauern, wie es früher war. Natürlich bringt das nichts. Doch die Lage ist ernst. Also sitze ich da in dieser Kirche und erinnere mich an eine Geschichte aus der chassidischen Weisheit, die ich heute Morgen gelesen habe. Sie handelt wiederum vom Baal Shem Tov, der von sich sagte: Wenn ich im Stand des Wissens bin, weiß ich, dass ich nichts weiß.

Und so sitze ich da in dieser Kirche – und muss mir eingestehen, alles ist so groß und erhaben, und gerade dieses Geheimnis, das heute gefeiert wird, ja – das Gottesgeheimnis überhaupt, dass ich realisieren muss, es übersteigt mich. Und es ist noch viel größer und tiefer, als ich erahne und erlebe und wissen kann. Dennoch – es ist die Lage der katholischen Kirche eine sehr ernste. Sie hat versäumt, sich um Wissen und Erkenntnis zu bemühen, und so hat das Aussterben begonnen. Es liegt auch im Schicksal unserer Zeit, dass der Mensch derart auf sich zurückgeworfen ist – und scheinbar von allen guten Geistern verlassen – scheinbar. Es hat sich eine Aushöhlung ausgebreitet – und innen, der Wesenskern des Göttlichen – warum ist er nicht mehr erfahrbar? Warum brennt der Funke nicht mehr, warum glüht das Herz nicht mehr? – Es soll nicht langweilig werden, wenn ich das Frau-Holle-Märchen für alles Mögliche bemühe, um etwas Licht hineinzubringen, um die Dinge etwas besser zu verstehen. Da ist – wie wir gesehen haben – die Goldmarie in die Enge getrieben worden und musste spinnen – bis es nicht mehr ging; die Welt ist unbarmherzig. Sie hat sie durchlitten. – „In der Welt habt ihr Angst, doch siehe, ich habe die Welt überwunden", heißt es im Johannesevangelium des 14. Kapitels. Angst und Enge haben miteinander zu tun.

Eng ist es geworden, im Sinn des Horizonts, in dem wir uns bewegen. Mit uns, meine ich die Gesellschaft – und sie ist ja bei

Weitem nicht homogen, da gibt es alles Mögliche. Doch nun rede ich vom Trend, von jenen, die im materialistischen Zeitalter außer Fernsehen, Sport vielleicht, Freizeitvergnügen aller Art eine kulturelle Aushöhlung erfahren. Die Seele hat nicht mehr viel Nahrung; sie wurde buchstäblich verkauft. Das hat man früher in den Märchen noch ernst genommen, dass der Teufel den Leuten die Seele abgekauft hat gegen irdisches Gut, Gold und dergleichen. Und man ist noch erschrocken darüber. Doch, was ja nur ein Märchen war, hat sich in unserer Zeit im großen Stil lautlos ereignet, ohne dass die Masse der Leute es merkt. Und diese Aushöhlung führt dazu, dass man nur noch die Hülle bewahrt: Die Pechmarie imitiert nur Goldmaries Verhalten; sie springt nicht aus innerer Verzweiflung, nicht aufgrund des erfahrenen Vakuums in der eigenen Seele in den Brunnen, sondern, weil sie Gold will. Goldmarie ist echt in ihrer Seele und geht den Weg, findet in die wahre innere Freiheit und in die echte Freude dort unten auf der Wiese. Pechmarie hat die Seele schon verloren, bleibt buchstäblich an der Oberfläche kleben, wie Pech eben klebt; das ist ihr Schicksal.

Warum bemühe ich wieder und wieder dieses Märchen? – Weil es ein Spiegel ist und unsere Wirklichkeit durchleuchtet. Die Gleichgültigkeit und Oberflächlichkeit der meisten Menschen unserer Gesellschaft, die sich dem Materialismus verschrieben haben, ist doch die Handschrift der Pechmarie bzw. jener Kräfte, die dahinter wirken – und es sind keine guten.

Wenn dann von der Kanzel herunter gepredigt wird – und dieser Pfarrer heute hat das noch gemacht! – da traut sich noch jemand! – über das christliche Geheimnis von Tod und Auferstehung –, was fangen da unten die „Schäfchen" damit an? Mit solch erhabenen Worten, die sie in der Kirche seit Jahrzehnten hören, aber – eben nicht mehr im Geringsten verstehen! Und warum? Wegen des beschriebenen Seelentodes. Wenn ein letztes Zipfelchen Seele noch übrig wäre oder ein Zipfelchen liebender Herzkraft, ich möchte es noch für möglich halten – dann horchen wir vielleicht wieder auf: weil wir gemeint sind – gemeint und ernst genommen –, denn das ist die Passion unserer Tage: Wer weiß denn da herauszufinden, aus dem Schlamm des seelenvernichtenden Materialismus? Die Einflüsse sind stark. Es geht nicht um Moralisieren, wenn das im besten Sinne noch möglich wäre – eine Moral, eine Ethik, ein würdevolles, Wert-volles Leben zu suchen und zu führen. Nein, es geht um Konsequenzen tragen dessen, was der Zeitgeist uns eingebrockt hat. Die Menschen dieser Zeit tragen diese Konsequenzen: die Suppe gilt es auszulöffeln, weil die Kraft, die innere, gefehlt hat, um zu verhindern, dass es so weit hat kommen können. Die Aushöhlung, die Ausdünnung, die wir so kommentarlos und – was noch schlimmer ist – willenlos hinnehmen –, wir Menschen haben dies geschehen lassen, uns selbst rauben lassen. Wer ist denn da am Werk? Lautlos, unmerklich – geschehen diese Prozesse. Man wird mir vielleicht sagen, ach, übertreib es jetzt nicht so! Ich muss leider entgegnen, ich empfinde es als zutiefst schmerzlich.

Wenn schon von Tod und Auferstehung die Rede ist, dann kommt vor der Freude über die Auferstehung die Realisierung, dass man im Sterben lag … Was wurde versäumt? Es ist nicht nur in der Verantwortung des Einzelnen; die Kirche hat auch etwas versäumt – oder ist seit 100 Jahren dabei, etwas zu versäumen. Sie befindet sich ja selbst in einem Sterbe- oder Todesprozess. – Nicht der mystische Leib Christi – aber doch ist es so, dass dieser mystische Leib in dem, was bisher Gefäß war, nicht mehr genügend durchscheint. Wenn wir die Monstranz noch haben und der Lichtleib darin aufscheint, uns durchleuchtet – das Licht des Wesens Christi uns durchleuchtet, können wir von Glück sagen. Fragen wir an Fronleichnam einmal jeden Einzelnen: Spürst und erlebst du das? Diese innige Liebe, dieses Licht – erlebst du es? Ich weiß nicht, welche Antwort wir bekämen. Trauen wir uns einmal, die Frage zu stellen: Was versäumt die Kirche, wer ist die Kirche? Wenn das Volk da unterhalb der Kanzel mit seinem Schicksal nicht mehr zurechtkommt und aussteigt – noch imitierend irgendetwas mitvollzieht, was es innerlich nicht mehr miterleben kann – und darum innerlich ausgestiegen ist, weil's ja nichts mehr bringt …? Was versäumt die Kirche da?

Die Sprache ist ein Spiegel der Erkenntniskraft. Schauen wir die Sprache an. Die liturgischen Texte, die eigentlich noch Gehalt haben, werden nicht mehr verstanden bzw. erlebt – und wenn etwas versucht wird mit neuen Worten, geht dies mehr oder weniger in die Tiefe. Das Problem sind nicht die Worte; die immer neuen. Die Menschheit entwickelt sich; ihr Fassungsvermögen erweitert sich auch. Das gilt es ernst zu nehmen. Die Inhalte, die ich – wenn ich ab und zu mal etwas lese aus katholischer Literatur oder eben in der Kirche zuhöre, sind flach geworden, weil eben das Unvermögen der Erkenntnis geistiger Inhalte vorherrscht.

Auch die Naturwissenschaften forschen weiter und weiter und bringen mit ihrem horizontalen Bemühen bzw. mit dem Umsetzen der Ergebnisse die Menschheit noch an den Rand. Ich will das Gute nicht verpönen, wenn etwas herauskommt. Doch verhältnismäßig wenig ist da zu beobachten, das ist ein anderes Kapitel. Bleiben wir beim Insiderblick: Es geht darum, dass die Kirche Verantwortung hat in der vertikalen Dimension, sich um das Wissen, wirklich erweitertes Wissen in der tieferen, weiteren, höheren Dimension, eben um Erkenntnis geistiger Inhalte zu bemühen.

Die hohen hierarchischen Wesen, die wir in dem einen oder anderen Kirchenlied besingen – die Cherubim, die Seraphim – dies sind ganz hohe Wesen – und noch viele andere, sie warten darauf, dass wir sie erkennen. Das heißt, dass wir uns auf die Socken machen und die ganze hohe geistige Welt erforschen, dass wir uns nicht die Füße lahm laufen, uns zu Tode treten, bis der Atem restlos ausgeht, indem wir im Kreis herumrennen, ohne einen Schritt wirklich weiterzukommen. Der vorletzte Hauch ist aus den müden Priestern mit Burn-out am Ausatmen. Das kann und darf doch nicht wahr sein, dass man daran nicht aufwacht. –

Nun nicht mehr länger in der eigenen Suppe schwimmen, ohne über den Tellerrand zu schauen. Die katholische Kirche darf und kann sich selbst in dieser Form nicht mehr genügen. Die christliche Erkenntnis ist noch lange nicht ausgeschöpft; Christus ist in der Tiefe seines wahren Wesens noch nicht, noch lange nicht erkannt. „… ich habe euch noch viel zu sagen; aber ihr könnt es jetzt noch nicht tragen. Wenn aber jener kommt, der Geist der wahren Erkenntnis, so wird er euch in die umfassende Wahrheit führen." (Joh 16,12 f.) Vielleicht ist dies jetzt allmählich nach 2000 Jahren langsam der Fall. – Die Frage ist doch nun: Soll sich die katholische Kirche endlich – nach 100 Jahren – der Anthroposophie öffnen und sich in die Erkenntnistiefen und -höhen hineinarbeiten? Zugegeben, das geht nicht von heute auf morgen. Sich hineinarbeiten, dass eine andere, erhabene, dem Wesen des Christus und des Vaters und des Heiligen Geistes angemessene Sprache gefunden wird, um überhaupt tiefer in das Gotteswesen einzutauchen und noch viel tiefer – eben nicht nur mit Seelen- und Herzkräften, sondern mit Geist – Erkenntnis ist laut Jesaja 11 ja eine Geistesgabe –, mit Denkkräften in eine Dimension hineinragen – denn dazu ist der Mensch begabt. Wir halten Gott zu klein.

Fronleichnamsgedanken, die wohl etwas ausführlich sind. Gehen wir zurück zu dem wesentlichen Mysterium dieses Tages, das Geheimnis der Eucharistie. Es bedarf einer Einweihung, dies in der Tiefe zu verstehen. Kinder haben eine reine Seele – und können Christus im Brot empfangen; die Mysterien sind allen zugänglich geworden. Das war jedoch nicht immer so – die Katechumenen der Urkirche, die Nicht-Getauften, waren zur Eucharistiefeier nicht zugelassen; das war ein geschützter Raum, ein Raum, den es zu schützen galt. Wer es nicht verstanden hat, wer nicht „eingeweiht" war, durfte nicht teilnehmen.

Wenn heute Menschen, die die Tiefe der Mysterien selbst nicht verstehen – und dies ist in unserer säkularisierten Gesellschaft kein Wunder –, die Kinder vorbereiten, was soll daraus werden? Blinde können keine Blindenführer sein. Man muss sich den Ernst der Lage einmal bewusst machen. Welche Konsequenzen daraus zu ziehen sind, das liegt in der Verantwortung der Verantwortlichen der Kirche. –

So komme ich wieder zurück zu der Beobachtung am heutigen Festtag: Ich sehe manche Menschen im Gotteshaus, die den Zugang zu den Mysterien vermutlich verloren haben, ja, ich vermute, die Mehrzahl der Anwesenden dieser vollen Kirche hier.

Wenige fromme Seelen haben ihn noch und sind vermutlich so nachdenklich wie ich. Da ringt dieser Pfarrer von der Kanzel herab und spricht zu ihnen, dass es um sie geht in der Frage, wie sie, diese unbeteiligten Leute mit den tiefsten Geheimnissen umgehen … – ob sie kommen und nicht mehr wissen, was sie tun, wenn sie den Leib Christi empfangen … Es sind seine „Schäfchen"; er muss sich um sie kümmern und will, dass sie in die Kirche kommen. Er tut es auch, er kümmert sich. Aber er ist in einem furchtbaren Dilemma; er müsste sie ausschließen. Vielleicht müsste er das; vielleicht müsste er sie erinnern, dass, wenn sie nicht das Beichtsakrament empfangen haben seit langer Zeit, es ihnen verwehrt ist, zur Kommunion zu gehen – oder er müsste sich um jeden Einzelnen kümmern, einen Weg gehen, jeden Einzelnen auf freiwilliger Basis wieder vertraut machen mit dem christlichen Mysterium und dann wieder eingliedern in die Gemeinschaft. Das Taufscheinchristentum ist ziemlich verkommen … Es ist zwar so, dass der Kommunionempfang sündenreinigende Wirkung hat, doch wenn auch hierzu kein Verständnis, kein Bedürfnis, kein Empfinden da ist, wie kann das geschehen? Wenn keine lebendige Christusbeziehung, lebendig erfahren, erlebt vorausgesetzt werden kann?

Die Sakramente sind Christusbegegnung. Wer denkt jedoch heute noch darüber nach, dass die Begegnung mit Christus in der Beichte die Seele rein macht, durchleuchtend – strahlend, wie neu das Gotteslicht in ihr aufscheinen lässt – wer kann das erleben?

Die Leute wollen und können es nicht mehr, sie sind entweder überrollt mit materiellen Bedürfnissen und gesättigt mit der Erfüllung derselben oder/und sie haben schlechte Erfahrungen gemacht und wollen sich berechtigterweise nicht mehr dreinreden lassen in das Privatleben; sich nicht mehr von außen bestimmen lassen. Hier haben wir die konkrete Herausforderung der unbewältigten Freiheit. Denn sind die meisten Menschen imstande, ihr Leben zu führen, sich selbst moralisch zu erhalten im zutiefst christlichen Sinn? Das bedarf der Reifung und der Schulung.

Der Pfarrer ist in einem Dilemma, wenn er eine volle Kirche will. In welchem Zustand befinden sich seine „Schäfchen"?

Wie kann er ihnen helfen, wenn sie zugebaut sind, wenn sie sich selbst nicht helfen können? Sie haben vielleicht auch andere Fragen, und vermutlich wollen sie nicht mehr die alten, längst gewohnten Antworten auf Fragen, die sie nicht gestellt haben. Es ist eine Übergangszeit zu einer neuen, selbstständigen, eigenständigen Christuserfahrung – eine sehr, sehr schwere Zeit; es ist eine schwere Zeit, ohne dass die meisten sich dessen bewusst sind. Die Ratlosigkeit geht weit, die Ohnmacht auch – doch dies ist vermutlich nur eine Beobachtung von außen, nicht von innen, nicht wirklich ernsthaft ist dieses Erleben innerhalb der Institution bemerkbar; vielleicht ist das eine Unterstellung, doch ich wage sie, wenn sie hilft, aufzuwecken. Dass es einen neuen Zugang braucht, eine neue Erkenntnisfähigkeit der Christuskraft und ein neues „Schauen" aller hohen Wesen, die da ihre Kräfte zur Verfügung stellen wollen, ist vermutlich dem Kirchenvolk bis in die leitenden Funktionen hinauf nicht bewusst. Es heißt, dass der Vatikan die Anthroposophie verborgen hält – es gelingt mir jedoch bisher nicht, dies zu überprüfen; ich erhalten keine Antworten …

In dieser hoffnungslosen Lage, in der sich die katholische Kirche befindet, dieses Wissen immer noch vorzuenthalten, wäre jedenfalls verantwortungslos. Auch insofern, da so vieles die Menschheit bedrängt, worauf ich versuche, in diesem Buch einzugehen. Doch vielleicht ist es tatsächlich so, dass die Aufgabe der katholischen Kirche gar nicht weiterreicht, dass sie die Verantwortung abzugeben hat, da sie ihre Aufgabe in den vergangenen zwei Jahrtausenden erfüllt hat? Fragen sind das, Fragen!

Es heißt, die katholische Kirche hätte eine Schutzfunktion (gehabt): wenn die Menschen noch nicht dahin gereift seien, dass die notwendigen Erkenntnisse dann noch nicht unters Volk dürfen. Das kann sein. Doch diejenigen, die ein Amt und eine Aufgabe haben, sie sind ja nun einer ständigen Überforderung ausgeliefert, denn jetzt sind die Zeiten wirklich vorbei, in denen man alles belassen kann, wie es nun mal ist. Von außen betrachtet handelt es sich um einen Sterbeprozess, in dem die Menschen in der Übergangszeit noch hinausbegleitet werden im altvertrauten Stil, da es nicht anders geht, ohne dass dies bemerkt würde … Man muss sich auch nicht weiter etwas vormachen, dass es um eine Erneuerung innerhalb der Kirche gehe. Die gibt es auf die hunderterlei Arten, die versucht werden, einfach nicht. Man kann beinahe nicht mehr zusehen oder -hören. Es wird zu viel leeres Stroh gedroschen. – Wenn ich hineinspüre und denke in diese Situation, dann ahne ich: Entweder ist es immer noch nicht Zeit, was ich nicht glaube, oder der Wille, sich für die höheren Geheimnisse zu öffnen, ist nicht da – aufgrund des eigenen Gewordenseins – eben, weil man nicht genügend hineingereift ist, sodass auch die Verantwortlichen dem nicht gewachsen sind. Es ist eine sehr individuelle Entscheidung und somit ein Schicksalsweg, ja – auch ein Berufungsweg, sich mit der Anthroposophie zu beschäftigen und sie als zum eigenen Leben zugehörig zu wählen. Obwohl es um den Menschen im Allgemeinen geht, ist die allgemeine Menschheit noch nicht im Empfangsraum angekommen. Es ist eine Gratwanderung der Zeit, die wir zur Verfügung haben; die Entwicklung überrollt uns … Wir haben sie, die Zeit – und sie rennt uns gleichzeitig davon. Wenn wir das Zugangstor zur Erkenntnis finden, erhalten wir eine weitere Zeitdimension; tun wir es nicht, verschließt sich die Möglichkeit zur weiteren Entwicklung von selbst. Wenn dies alles mit dem Christusmysterium selbst zu tun hat – inwiefern sich der Einzelne und die Kirche als Ganze dem lebendigen Christus hier und heute öffnet, was ich zutiefst ahne, dann ist dies alles eine folgenschwere Angelegenheit.

Das sind meine Fronleichnamsgedanken. Das Drama ist, dass der Mensch in die Sphäre des Materialismus hineingeraten musste und darum den Zugang zum Göttlichen und damit zum eigenen Innern verloren hat. Es ist jeder Einzelne gefragt, die innere Wachheit wiederzufinden, durch das Vakuum oder den Tunnel zu finden mit eigener innerer Kraft, dass er nicht der Todessphäre anhaften bleibt, sondern neu zu sich und damit dem Göttlichen in ihm findet. Es scheint, dass die Verwalterin der kultischen Feier, die katholische Kirche, dies nicht mehr vermitteln kann oder will – jedenfalls ist es, wie beschrieben, nicht mehr selbstverständlich gegeben, das tiefste Mysterium, das in der heiligen Messe gefeiert wird, verständlich bzw. zugänglich zu machen. Das sollte doch zum Nachdenken anregen. Durch die Anthroposophie ist – das erlebe ich persönlich – ein Werkzeug gegeben, dass der Mensch in selbstverantworteter Art den Zugang finden kann zu einer lebendigen Christusoffenbarung. – Wo stehen wir nun also?

Der schon erwähnte Prophet unserer Zeit, Michael Ende, dessen Bücher „Momo" und „Die unendliche Geschichte" weit bekannt sind, schrieb ein Werk mit dem Titel „Spiegel im Spiegel"; Geschichten sind es in einer neuen Sprache, gleichwohl an Skurilität kaum übertreffbar, doch bedenkenswert. Hier ein Ausschnitt, den man auf sich wirken lassen kann – ich will nicht behaupten, dass allein übrig geblieben ist, was im Kommenden geschildert wird – es darf die Grenze der Polemik auch nicht überschritten werden, doch es sind Bilder, die aus sich selbst sprechen:

„… *am Altar, war die die* Wunderbare Geldvermehrung *inzwischen unbeeinträchtigt weitergegangen. (… unendliche Stapel von Papiergeld inmitten unzähliger brennender Kerzen muss man sich vorstellen in einer Art Markthalle) … Auf einer Kanzel zur Linken des Altars stand jetzt ein ausgemergelter Greis. Eine ungeheure Hakennase in seinem Gesicht gab ihm das Aussehen eines Geiers. Er hatte sich eine Art Mitra aus Papier auf den Kopf gesetzt und predigte mit weit ausholenden Armbewegungen. ‚Mysterium aller Mysterien – und selig ist, wer daran teilhat! Geld ist Wahrheit und die einzige Wahrheit. Alle müssen daran glauben! Und euer Glaube sei unverbrüchlich und blindlings! Erst euer Glaube macht es zu dem, was es ist! Denn auch das Wahre ist eine Ware und untersteht dem ewigen Gesetz von Angebot und Nachfrage. Darum ist unser Gott ein eifersüchtiger Gott und duldet keine anderen Götter neben sich. Und doch hat er sich in unsere Hände gegeben und sich zur Ware gemacht, auf dass wir ihn besitzen können und seinen Segen empfangen.‘*

Die Stimme des Predigers war hoch und schrill und im allgemeinen Lärm kaum zu hören. Der Feuerwehrmann kämpfte sich durch die Menge nach vorn. Überall, wo er brennende Kerzen in seiner Reichweite fand, löschte er sie aus. Erstaunte, verstörte und wütende Blicke trafen ihn. Er kümmerte sich nicht darum. Er fuhr in seinem Tun fort, obgleich er wusste, dass es sinnlos war, denn kaum war er vorüber, wurden die Kerzen wieder entzündet. Mehr und mehr bemächtigte sich seiner ein dumpfer Zorn.

‚Das Geld vermag alles!', rief der Prediger, ‚es verbindet die Menschen miteinander durch Geben und Nehmen, es kann alles in alles verwandeln, Geist in Stoff und Stoff in Geist, Steine macht es zu Brot und schafft Werte aus dem Nichts, es zeugt sich selbst in Ewigkeit, es ist allmächtig, es ist die Gestalt, in der Gott unter uns weilt, es ist Gott! Wo alle sich an allen bereichern, da werden am Ende alle reich! Und wo alle auf Kosten aller reich werden, da zahlt keiner die Kosten! Wunder aller Wunder! Und wenn ihr fragt, liebe Gläubige, woher kommt all dieser Reichtum? Dann sage ich euch: Er kommt aus dem zukünftigen Profit seiner selbst! Sein eigener zukünftiger Nutzen ist es, den wir jetzt schon genießen! Je mehr jetzt da ist, desto größer ist der zukünftige Profit, und je größer der zukünftige Profit, desto mehr ist wiederum jetzt da. So sind wir unsere eigenen Gläubiger und unsere eigenen Schuldner in Ewigkeit, und wir vergeben uns unsere Schulden, Amen!' „Aufhören!", schrie der Feuerwehrmann und klomm die Treppe der Kanzel hinauf. „Schluss! Aus! Hört sofort auf! Das alles ist unverantwortlich, was hier los ist. Ich untersage die Fortsetzung der Veranstaltung! Alle Anwesenden werden dringend aufgefordert, das Gebäude zu räumen. Es besteht höchste Lebensgefahr …"

Es war plötzlich totenstill in der riesigen Schalterhalle. „Ein Ungläubiger!", rief einer der Halunken am Altar. „Wie kommt hier ein Ungläubiger herein?" „Haben Sie Aktien?", schrie ihn der Prediger an. „Das ist jetzt vollkommen gleichgültig!", brüllte der Feuerwehrmann zurück, nehmen Sie doch Vernunft an – in Ihrem eigenen Interesse!"

„Ein Ungläubiger!", heulte die Menge los. „Ein Lästerer! Schlagt ihn tot!"[19]

Die Frankfurter Allgemeine Zeitung schreibt darüber: „… *Ende sucht das Bild jenseits des Bildes und stellt damit sinnstiftende Bezüge her. Wenn Bildern erlaubt wird, ihr Eigenleben zu entwickeln,*

---

19 „Spiegel im Spiegel" von Michael Ende, S. 40 ff., dtv Verlag, 1984.

so muss man auch ihrer autonomen Wirklichkeit folgen und die inne-
re Gesetzmäßigkeit eines Bildes erkennen. … *eine Sphäre, die sich der*
Realität entzieht und doch nicht einfach von ihr gelöst ist.“ (ebd., S.
1) Die heutige Welt und Zeit braucht eine angemessene Sprache. Eine Sprache, die weckt. Dies vermag Michael Ende, dieser Prophet – ja, ich nenne ihn so. Diese Sprache ist nicht angenehm und ungeeignet für Bequemlichkeit. Propheten hatten
ja immer das Problem, nicht genehm zu sein, nicht angenehm.
Dafür sind sie ja auch getötet worden. In Christus selbst geschah
die Kulmination, ohne damit zu behaupten, Er wäre lediglich
ein Prophet gewesen. Wenn heute von Missbrauch die Rede ist,
so ist das, was damit gemeint ist, noch nicht alles. Christus selbst
wurde durch zwei Jahrtausende hindurch missbraucht. Die hei-
le Welt ist vorbei, oder besser: Es gab sie nie. Und doch: Es muss
ein Ende haben – es kündigt sich an, dieses Ende … Der Reichtum der Kirche, den sie angesammelt hat und verwaltet, ist eine
Realität mit eigener Wirkung. Er ist mit der Christusbotschaft
unvereinbar. Diese Kritik muss sich die Institution gefallen lassen – wer mit dem Mammon einen Bund eingeht, muss die Konsequenzen tragen. – Das ist eigentlich die Beweisführung, die
gegen die Institution spricht. Aus diesem möglicherweise uner-
kannten (?) Wahnsinn findet man nicht heraus; nicht als die Institution, die diesen Weg seit Jahrhunderten gewählt hat. Ein jeder
muss alleine gehen, und die, die es dann tun, finden sich wieder.

„Wir tragen den Schatz in zerbrechlichen Gefäßen“ (Pau-
lusbrief) – das entschuldigt nichts, zeigt jedoch eine Wirklichkeit auf, die es neben allem Unheilvollen gibt; nichts soll be-
schönigt werden, kann es auch nicht – dennoch ist da ein Trost,
wenn ich spreche:

„Vater unser, der du bist …“

Das kommende kleine Kapitel ist wie ein Wechselbad aus der
Skurrilität heraus. Und alles ist wahr.

11 Muss i denn zum Städtele hinaus – nicht nur eine nostalgische Erinnerung

Mit Worten kann ich nicht beschreiben, welch tief innige Liebe mich erfüllt, welchen inneren Reichtum ich zu verdanken habe aus der Zeit, da ich nichts anderes kannte als die katholische Welt und Tradition. Von jung auf war ich erfüllt von reiner, inniger Liebe zu Christus. Die alten Bräuche waren richtig, das Gebet – es erfüllt mich noch immer; sie sind ein Reichtum; sie sind ein großer Reichtum, das erschließt sich immer mehr. Wie ein warmer, goldener Strom durchdringt das Gebet des Rosenkranzes meine Seele – die Kraft des Gebetes überhaupt ist da. Die Kostbarkeit ist nicht verloren, im Gegenteil – sie wächst.

Nun ist es aber so, als ob ein mittelalterlicher Wanderbursche seine Heimat verlassen muss und sich auf den Weg macht in die weite Welt, um mehr zu lernen. Vater und Mutter, dem Erbe, verdankt er die Liebe zur Heimat, und sie ist kostbar. Doch er würde nicht weiterkommen, wenn er nicht ginge.

Man muss zum Städtele hinaus, wenn man nicht stehen bleiben will. Man muss mehr wagen, als was man gewohnt ist. Die alten Gewohnheiten binden auch. Es braucht Mut, Neues zu suchen und zu finden. Es braucht auch den Mut, zu durchschauen, was sich hinter der alten Form verbirgt; dies ist vordergründig nicht erkennbar. Man kann naiv stehen bleiben, mit kindlichem Vertrauen alles sein und gelten lassen, ohne sich die Mühe zu machen, selbstständig zu denken bzw. sich ein Urteil zu bilden über manche Fragwürdigkeit, die sich hinter der Institution der katholischen Kirche verbirgt. Schaut man in die Geschichte, in welcher Zeit sich das Christentum gebildet hat, so findet man das römische Imperium. Rudolf Steiner sagt dazu:

„... die römische Kirche (ist) der Schatten des alten Römischen Reiches. ... (Es muss) unterschieden werden der Schatten, der ausgedrückt ist in dem fortwirkenden Lateinerreich in der katholischen Kirche, in den

Kirchen überhaupt, von dem Lichte. (Es muss) unterschieden werden der Schatten von dem Licht, das im Christentum leuchtet … Wird (etwas) antiquiert weitergetragen, dann wird es der Schatten seiner selbst und der Schatten ist nicht das Licht, er kann in das Gegenteil des Wesens umschlagen. … man sollte nicht hinhören auf diejenigen, die – je nach dem Platze, auf den sie gestellt sind – nur irgendeinen alten Schatten verteidigen wollen, sondern auf sein Eigenes, das deutlich genug sprechen muss, wenn man es nur nicht übertönen will durch das, was aus den äußeren Schattenbehauptungen heraustönt. Man wird sich … überzeugen können, wenn man hinblickt, teilnahms-, mitleidsvoll hinblickt auf dasjenige, was geschehen ist, was geschieht, was geschehen wird –, man wird schon sehen, dass eine merkwürdige, das rechte Menschliche verzerrende Gestalt vor den Menschen steht, eine Gestalt, welche an sich trägt jene Gewänder, die aus den Schatten gewoben sind … Wer aber sich geeignet macht, den Blick hinzuwenden auf diese Gestalt, deren Gewand aus den Schatten gewoben ist, der bereitet sich auch in der richtigen Weise vor, nach anderem hinzuschauen: … mit reinem Herzen auf dasjenige, was leuchten will in der Finsternis … Das möchte Geisteswissenschaft, anthroposophisch orientiert, letzten Endes tun: das Weihnachtslicht suchen … in bescheidener Weise beleuchten das Größte der Ereignisse im Erdendasein. … Man wird nicht verstehen dieses Licht, das diese Geisteswissenschaft anerkennen will als ihr Weihnachtslicht, wenn man nicht den Willen hat, die Zeiten ernst zu nehmen …" (Rudolf Steiner, GA 187, S. 38 ff. am 24. Dezember 1918)

Am Ende dieser Ansprache kann empfunden werden die Innigkeit und Frömmigkeit dieses Menschen, der diese Worte gefunden hat, das Heilige im Herzen erspürend, den Ernst der Zeit gleichzeitig wahrnehmend, sowie die Wirklichkeit hinter den Schatten. Dass hinter der katholischen Institution sich Schattenhaftes verbirgt, kann ja nicht mehr übersehen werden. Dies jedoch wirklich sehen zu wollen und sich als eigenständiger Mensch souverän dazu zu stellen, braucht Mut.

An anderer Stelle derselben Vortragsreihe (GA 187) wird dieses „Schattenhafte" an einem Beispiel deutlich: „*… das Trinitätsdogma oder andere Dogmen werden herübergenommen aus gnostischen Anschauungen und … verabstrahiert, in Begriffshülsen gebracht.*" *(a. a. O.)*

Diese folgenreiche Tat ist bereits in den ersten Jahrhunderten geschehen – … nur einige wenige, begnadete Menschen haben etwas
durch die beiden Jahrtausende herübergerettet – Christus selbst hat
sich hindurchgetragen durch die liebenden Seelen einiger weniger –
und durch die Volksfrömmigkeit hindurch – trotz der Ungeheu-
erlichkeiten, die durch die katholische Kirche geschehen sind …

*„Aber das eigentlich Lebendige ist das, dass im Kampfe liegt eine …
geniale gnostische Auffassung des Mysteriums von Golgatha … dieses
(wird) beleuchtet mit dem Lichte der übersinnlichen Welt. … Dann aber
bildet sich die Notwendigkeit heraus, die zum Fanatismus wird, dieses
zurückzuweisen … – Die Gnosis ist mit Stumpf und Stil ausgerottet
worden … Zum Fanatismus führte eine primitive Auffassung des Mysteriums von Golgatha, eine Auffassung, die wütig darauf war, nur wenige Begriffe zu verwenden. … Es wird gewissermaßen herausgeworfen
aus der christlichen Weltanschauung, überhaupt aus der Weltanschauung das übersinnliche Denken, das verglimmt, das aufhört. … Überall
reißen … die Fäden der Begriffe ab. Das ist sehr interessant, wie sich
dieses von Jahrhundert zu Jahrhundert mehr zeigt, wie endlich ein Tief-
stand im Spinnen von Begriffsfäden im 15. Jahrhundert eintritt. … Auf
der einen Seite ist das Mysterium von Golgatha da, … auf das man sich
hinwendet mit dem Gemüt, von dem man aber erklärt: es ist nicht zu
verstehen. … Die damals wirkende Scholastik hat auf der einen Seite die
religiöse Offenbarung, aber sie kann keine Begriffe aus der Zeitbildung
heraus gewinnen, um diese religiöse Offenbarung zu verarbeiten … Das
ist etwas, was man berücksichtigen muss, wenn man so recht den Impuls
in sich aufnehmen will für das neu sich entwickeln müssende Mensch-
heitsbewusstsein. … Wir müssen wiederum zu einer Art von Erkenntnis kommen, die sich auf das Übersinnliche bezieht. Dazu müssen wir
das in das Menschenwesen hereinwirkende Übersinnliche durchschau-
en, damit wir es erweitern können in das Kosmische hinaus. Wir müssen Anthroposophie, Menschenweisheit erringen, die kosmisches Empfinden wiederum erzeugen kann. … Im Menschen muss die Erkenntnis
des Kosmos geboren werden."* (a. a. O., S. 60–64)

Für die katholische Auffassung ist der kosmische Christus
keine Realität. Was jedoch meint man dann mit Himmel? Versteht man Kosmos lediglich auf naturwissenschaftliche Art, ist

dies wiederum ein Beweis für rein materialistisches Denken, das den Geist im Weltenall nicht annimmt? „Zum Städtele hinaus" soll die Reise gehen; der Raum reicht ins Unendliche, in den Kosmos hinein.

12 Neuer Wein in neuen Schläuchen …

In der Evangelienbetrachtung (Matthäusevangelium 9,9–17) kam mir dieses Wort vom neuen Wein in neuen Schläuchen entgegen. Es ist ein ernstes Ringen darum, was das Neue bedeutet. – In einer Ahnung kam mir der Titel für diese Schrift „Neumond" in den Sinn, da mir doch auf eine Art klar ist, dass etwas Neues aufscheinen will. Immer dasselbe Drama hat sich abgespielt in allen Zeiten bisher, wenn Altes abgelöst werden sollte, alte Traditionen durch neue Erkenntnisse und Erfahrungen aufbrechen wollten …

Da war zum Beispiel im alten Ägypten Echnaton, jener Pharao, der das Sonnenmysterium ins Bewusstsein brachte und damit altgewohnte heilige Tradition durchbrach, vor allem die herkömmliche Auffassungsgabe der damaligen Kultur.

Es gäbe vieles aufzuzählen, wo dieses Phänomen auftaucht – durch die Entwicklungsphasen der Menschheit hindurch. Was wir noch geschichtlich erinnern können, ist nachzuvollziehen: z. B. hundert Jahre zurück: Welches Chaos brach aus in der Zeit, als das Ende der Monarchie nahte: der Erste Weltkrieg brach aus … – das ist eine Erklärung, wenngleich die Ursachen dafür selbstverständlich komplexer waren. Oder im 16. Jahrhundert, der Umbruch, den Martin Luther brachte mit seinen ernsten Fragen und kritischen Thesen der katholischen Kirche gegenüber. Alles hat seine Zeit – der Mensch hat sich damals im 16. Jahrhundert bereits vorbereitet, die Freiheit des Urteilens auf neue Weise zu üben, ohne der Kirche den gewohnten Gehorsam mehr zu leisten; es hat sich die Reformationsbewegung ausgebreitet und war nicht aufzuhalten. Man kann diesen Versuch anschauen und sich selbst ein Urteil bilden – es war eine verzweifelte Art, Kritik zu üben, doch sie wurde überrollt mit Gewalt, mit Krieg – der Dreißigjährige Krieg beweist es; die Verbrennung Johannes Hus', die

Bekämpfung aller Reformbewegungen in Frankreich und überall, wo etwas sich bewegt hat außerhalb der katholischen Kirche. Vor Gewalt und maßloser Unbarmherzigkeit und Rohheit hat man nicht zurückgeschreckt, ja sogar noch Gewinn daraus geschlagen: Die Institution hat sich enorm bereichert während der Inquisition – (selbstverständlich nicht nur dann!), indem sie das Vermögen der sogenannten „Ketzer" eingeheimst hat … – Das Überkommene erkennen und die Entwicklungsnotwendigkeit anerkennen, darum geht es. Wenn wir die Geschichte der Menschheit betrachten, müsste es uns von vornherein einleuchten, dass nichts bleibt, wie es war, und es müsste dies deutlich werden aus dem Phänomen, dass selbst die Menschheit als Ganze dem Prinzip der Entwicklung nicht entgeht. Es gab in verschiedenen Zeiten Kulturen, die jeweils von anderen abgelöst wurden. So wächst die Menschheit in ihrem Erfahrungsraum heran, und selbst hierin geschieht das Wunder der Verwandlung, das wir ernst zu nehmen eingeladen sind. – Es ist, als ob man das ganz Einfache wieder von vorn und ganz neu durchbuchstabieren müsste. – Es ist eine Art Notstand ausgebrochen dadurch, dass man die lebendigen Prozesse allmählich nicht mehr versteht; es gilt, sie auf neue Weise abzulauschen mit der Wahrnehmung des Herzens anstelle des puren intellektuellen Erforschens. Die transhumanistische Verrücktheit, von der bereits die Rede war, macht deutlich, dass eine Wahrnehmung für Ethik und Moral nicht mehr möglich ist, ja, sie endet in der Unfähigkeit, überhaupt empfinden zu können. Es scheint mir sowieso, dass das Empfinden neu gelernt sein will … und dass dies nötig ist, ist eine ernste Angelegenheit. Es droht uns, zu verschwinden … Wenn ich mit meiner Mutter rede, so tauschen wir uns darin aus, dass das Gebet wichtig ist und die Freude an der Natur einen Lebenssinn ergibt. Doch wie lange noch empfinden wir Freude an der Natur? – Solange es noch möglich ist, sind es Überlebensanker, dem Abgrund zu entkommen. Ja, so ernst ist es, obwohl vieles so einfach wäre. – „Gott sei Dank" gibt es noch viele Menschen, die das Einfache suchen – das Schöne, Gute, Wahre und Edle noch suchen und pflegen:

„Das Schöne bewundern,
das Wahre behüten,
das Edle verehren,
das Gute beschließen,
es führet den Menschen im Leben zu Zielen,
im Handeln zum Rechten,
im Fühlen zum Frieden,
im Denken zum Lichte,
und lehrt ihn vertrauen auf göttliches Walten in allem, was ist,
im Weltenall, im Seelengrund."
(GA 40, S. 234)

Zwei Fragen bleiben: Reicht es aus, das Gute, Wahre, Schöne, Edle zu pflegen, ohne innerlich weiterzustreben, in unserer Zeit? Denn: Was fordert sie uns heraus? Was haben wir zu lernen aus den Zeichen der Zeit? Es geht nicht mehr an, dass wir hilflos stehen bleiben und nicht mehr weiterwissen und uns damit zufriedengeben, weil wir keine Idee mehr haben. – Beziehungsweise aus falscher Anpassung der Entwicklung ohne Besinnung den Lauf lassen und damit in die Todessphäre geraten … An dieser Stelle brauche ich mich nicht zu wiederholen, was mein innerstes Anliegen ist. Die zweite Frage:

Ist die katholische Kirche überhaupt imstande, den Raum und die Möglichkeit zu bieten, den Zeitfragen auf eine effektive Weise gerecht zu werden? Das wage ich zu bezweifeln – aufgrund meiner Beobachtung; es wird u. a. zu viel Energie verbraucht, unangenehme Vergangenheit zu bearbeiten; natürlich ist dies auch bitter nötig. Dennoch adressiere ich wiederum die Verantwortlichen der katholischen Kirche, die (hohen) „Würdenträger": Die Zukunft fordert ihren Zoll; es kann nicht sein, dass es weithin allein um Selbstbeschäftigung geht. Es ist auch nicht vorrangig die Aufgabe der Christenheit, sich um Weltpolitik zu bemühen; das Reich des Christus ist nicht von dieser Welt. Die Welt soll uns kümmern, ja – d. h. aber nicht, auf diplomatische Art Weltpolitik betreiben – zu welchem Zweck? Die Widersachermächte und -kräfte haben ein leichtes Spiel, wenn man sich nicht kümmert um die innere

Kraft, die nötig ist, damit das Böse sich nicht ungehindert ereignen kann. Die herkömmliche Art, wenngleich noch so gut, die karitative, bleibt in der Horizontalen – doch auch dies ist Symptombehandlung und reicht nicht aus …

Nun könnte ich ja noch einmal versuchen zu fragen, wie eine neuzeitliche katholische Antwort aussehen würde auf die Frage, wie der neue Wein in neue Schläuche zu fassen wäre. Die alten Schläuche, die mit dem jungen Wein zerreißen – dieses Motiv wurde ja von der jungen Kirche und der sogenannten „Kirche von unten" auf verschiedenste Weise gedeutet. Ich war als Studentin in den 80er-Jahren begeistert mit dabei. „Füllt den jungen Wein nicht in die alten Schläuche, zwängt die junge Kirche nicht in alte Bräuche …" – so lautete das Lied, das wir sangen. Doch die Kirche von unten, gleichwohl sie berechtigte Ansätze hat, reicht nach meinem heutigen Erleben eben nicht aus, da die Antworten auch hier auf der horizontalen Ebene bleiben. Neue Methoden, neue Strukturen, Erneuerungsbewegungen, Pfingstgemeinden, „Abenteuerkirchen" usw. reichen nicht aus, da sie keine Antworten bieten auf die wirkliche Not unserer Tage – im Gegenteil, sie lenken ab …

Am Anfang meiner Auseinandersetzung habe ich bereits die These aufgestellt, dass das Problem nicht auf der methodischen Ebene liegt; sondern dass Inhalte nottun, ja, sogar das Verständnis der Bibel ist ausbaufähig. Den Uranfang der Bibel habe ich beim Studium folgender „Lektüre" jedenfalls ganz neu verstanden. (GA 122, „Die Geheimnisse der biblischen Schöpfungsgeschichte"). – Darauf einzugehen, führte nun zu weit. Doch wer sich darauf einließe, hätte vermutlich einen Gewinn; es wäre jedenfalls ein sinnvoller Anfang. Ich habe bei diesem Studium erlebt, und ich wiederhole mich nun bewusst: dass die Ehrfurcht wächst, und ich erahne, dass alles noch viel größer ist, als ich bisher wahrgenommen habe – das Wunder erschließt sich und kann verwortet und verstanden werden.

Um einen Bogen zu schließen zu einer Äußerung am Anfang des Kapitels: Es handelt sich um eine neue Auffassungsgabe im Vergleich zu der herkömmlichen und – sie führt in eine neue Kultur. Diese neue „Auffassungsgabe", die neue Wahrnehmung ist jene des wiederkommenden Christus.

13 „Neumondzeit"

Neumondstimmung. Es ist Nacht; wir sehen am samtschwarzen Himmel nur eine feine Sichel aus Licht. Die Nacht gehört zum Rhythmus unseres Lebens, immer wieder und wieder. Durch die Äonen der Menschheitsgeschichte hindurch gab es schon viele Nächte; sie gehören zum Ganzen. In der sanften Neumondstimmung kommt uns dieser Hauch von Licht nun tröstend entgegen. Das heißt nicht, dass wir uns zurücklehnen können und uns ohne inneres Tun dem Schicksal überlassen; wenn wir innerlich nichts tun, fallen wir heraus aus der lebendigen Ganzheit. Es ist eine gesunde Spannung, dieses sich Öffnen einem Neuen, völlig Unbekannten gegenüber.

Neubeginn – kurz bevor etwas zu Ende geht, das Alte sich zum Abschied neigt, sich zum Gehen bereitet, ist diese Besinnung angebracht. Das Bild auf der Titelseite zeigt keinen Neumond, sondern einen abnehmenden – Johannes der Täufer sagte: „Er muss wachsen – ich muss abnehmen" – das Alte muss abnehmen – die katholische Kirche muss abnehmen … Christus als der Wiederkommende taucht am Horizont auf – die katholische Kirche hat sich nicht entsprechend vorbereitet bzw. es nicht zugelassen, dieses große Geschehen erfassen zu können … – das ist so tragisch, dass ich keine Worte dafür finde …!

Es hilft nichts – man kommt nicht umhin, ob wir wollen oder nicht; bei den Entwicklungen im Laufe der Zeit, wird man nicht mehr gefragt, ob wir damit einverstanden sind – die Vorsehung, die weise Vorsehung nimmt keine Rücksicht auf Bequemlichkeiten oder Wunschvorstellungen. Und doch gebührt dem Vergangenen der nötige Respekt, sodass es in Würde verabschiedet werden kann … Ohne Sentimentalität, doch nicht ohne verdiente Achtung, mag man das Große und Viele, das Gewordene, einmal stark Gewesene, einmal feierlich Glänzende, das Jubelverklingende, das Seelensingende so begleiten aus der Zeit heraus, dass der Ewigkeitswert verbleibe!

Die römisch-katholische Kirchenzeit klingt aus, sie hatte ihren Raum und die Gelegenheit, sich zu entfalten. Es wird noch dauern; wie lange, weiß ich nicht. Doch es ist wahrnehmbar: Die letzten Bemühungen halten nicht stand, werden immer komplizierter, verwehen an der Peripherie, kaum, dass es die Betroffenen selbst merken … – strukturell lässt sich nicht lösen oder auflösen, was an Herausforderungen auf der Hand liegt …

Es ist allerdings noch nicht aller Tage Abend. Der Weg zum wachsenden Licht, das Neue hat begonnen – das Durchbrechende, das aus der Zukunft entgegenkommt. Es will der Menschheit die Steigbügel reichen, dass sie wagt aufzusteigen, auf das Ross, das sie – selbst die Zügel haltend – davontragen soll in neue Welten hinein. – Wer von der katholischen Bevölkerung den Mut dazu hat, wird sich weisen; es handelt sich um Erkenntnismut … Es sind Übergänge – und das Geheimnisvolle am Zeiterleben ist, dass beides gleichzeitig sein kann: Es sollte vorwärts gehen, es gibt nicht mehr viel Zeit – und doch darf nichts erhastet werden. Eile mit Weile, wie das Sprichwort sagt. Wir haben Zeit, um zu reifen, das ist das Privileg auf unserem Planeten. Es kann sonst nichts entstehen und gedeihen. Doch die Zeichen der Zeit zu verstehen, ist die Kunst; das Neue erkennen und tun.

Nach der Übersetzung Emil Bocks, eines Christengemeinschaftpriesters, von dem noch zu berichten sein wird, lauten die letzten Worte im Evangelium nach Johannes wie folgt – zu Petrus sprechend, sagt Christus: *„Folge mir nach! Da wandte sich Petrus um und sah, wie der Jünger, den Jesus lieb hatte, ihm nachfolgte. Es war der, der beim Mahle an seiner Brust gelegen hatte … Als Petrus ihn sah, sprach er zu Jesus: Herr, welches ist seine Aufgabe? Jesus antwortete: Wenn ich ihn dazu bestimme, den Geist hindurch zu tragen bis zu meiner Wiederkunft, so stört das deine Wege nicht. Folge du mir nach!“* (Joh 21,20–23)

Petrus ist interessiert, er wendet sich um und sieht, wie der Jünger, den Jesus lieb hatte, ihm nachfolgte. Sieht er es wirklich? Welche Umwendung ist hier gemeint – bzw. ist sie vorausgedeutet, dass sie nottut? Endlich?! All die Petrusnachfolger – sind sie Christusnachfolger gewesen? Wie oft hat die Verleugnung Christi sich ereignet, wie oft schon krähte drei Mal der Hahn? Die Kirchengeschichte ist kein rühmliches Blatt – und die Frage bleibt, wozu wir gerufen sind. Eine Umwendung und ein Hinschauen, wie der Jünger, den Jesus lieb hatte, Ihm nachfolgte, das wäre nach mehr als 2000 Jahren nicht zu früh ... – Jedenfalls geschieht es auf eine besondere Weise. Emil Bock übersetzt diese Weise so, dass er, Johannes, dazu bestimmt ist, „*den Geist hindurch zu tragen*". Es handelt sich hier um das sogenannte esoterische Christentun, welches das Gralsmysterium (vgl. u. a. GA 204, S. 87), genannt wird, das all die vergangene Zeit hindurch in einem verborgenen Strom anwesend war im Vergleich zum exoterischen der katholischen Kirche. Die „petrinische" Kirche hatte ihre Zeit. Die Pforten der Unterwelt zerstören die Kirche nicht, doch die Form, in welcher sie weiterbestehen wird, ist nicht vorhergesagt. Es ist keine biblische Vorhersage, dass die Kirche katholisch sein und bleiben muss; wäre sie wirklich katholisch geworden, im Sinne von allumfassend, ganz – wirklich heil, sie hätte andere Chancen gehabt. Doch diese hat sie nie wirklich ergriffen; es gab immer sehr viel Unheilvolles in ihr, auch wenn sie von sich selbst anderes behauptet, ja sogar arrogant behauptet, außerhalb ihrer gäbe es kein Heil ... – Es wird mehr und mehr deutlich, wie fragwürdig und wenig glaubwürdig es in ihr zugeht. Und nicht nur deshalb, ist es irgendwie keine Frage mehr, dass die johanneische Zeit nun ihren Raum fordert:

Nennen wir den zukünftigen Menschen mit Rudolf Steiner den „Geistesmenschen": Ihm die Entwicklungschance zu geben, hat seit geraumer Zeit eine Berechtigung. Die Umwendung, von der die Rede war, zu einer Entwicklung hin, wie der Geist hindurch getragen wurde seit 2000 Jahren – was wäre das? Wer versteht das Johannesevangelium, diese großen Worte wirklich? (Ja – auch die andern drei Evangelien werden noch nicht in ihrer Tiefe und ihrer wahren Aussage nach erkannt.) Wenn die Christuswesenheit nicht erkannt werden kann, wie Paulus es erlebte und eben Johannes, sondern man nur bei einer historischen Jesusforschung stehen bleibt und dies als das Nonplusultra ansieht, dann kann keine geistige Entwicklung geschehen. Die Verantwortlichen, auch die meisten Laientheologen in der katholischen Kirche, wage ich zu behaupten, drehen sich im Kreis und rennen wie der Hamster im Rad oder werden langweilig und fad, gleichgültig und müde oder selbstgefällig ... – trostlos ist das; man hat sich vielfach abgefunden mit der Situation – da gibt es keinen Ausweg. Ohne die Mutprobe für das Neue – wird alles so bleiben, wie es ist – wie die „100 Katholiken" es wollen. Sie bekommen, was sie wollen – es endet in einer Sackgasse.

Eine Kostprobe, wie neues Denken der christlichen Inhalte aus der Sicht eines mit Anthroposophie durchdrungenen Priestergeistes möglich ist, kann durch Emil Bock, den erwähnten Priester geschehen. Er hat sehr viel geschrieben, und es ist möglich, mit ihm einzutauchen in eine neue Wahrnehmung der gewohnten christlichen Themen, sodass sie anders lebendig werden.

Ein Beispiel ist das Geheimnis der Himmelfahrt und der Wiederkunft Christi – es kann ja nicht sein, dass wir diese verpassen; man kann die schönste Neumondnacht auch verschlafen; doch man stelle sich vor, die Wiederkunft Christi zu verpassen!

Also lauschen wir einmal diesen inneren Bildern, die Emil Bock[*] uns malt zum Geheimnis der Himmelfahrt und – ja, der **Wiederkunft Christi**:

„Ein weltverwandelndes Ereignis leuchtete 40 Tage nach Ostern in die Seelen der Jünger herein. ... Die Gestalt des Auferstandenen, wie sie sich ihnen jetzt zeigte, war so seltsam anders, so ganz neu; sie war in einem Wachstum begriffen und erhob sich in steigender Licht-Größe vor ihren Seelen.

Der Auferstandene im Reich der Elemente: etwas Unerhörtes. Die Welt umher, Luft und Atmosphäre von Pflanzenwachstum und Blütenduft erfüllt, das drängende neue Leben stimmte so seltsam zusammen mit dem Licht und der Wärme, die von seiner Gestalt ausgingen."

Wenn wir in diese Sphäre eintauchen und uns in die alte Tradition der Flurprozession an Christi Himmelfahrt einstimmen bzw. erinnern, das Hinausgehen in die Frühlingsnatur in ihrer kraftvollen Lebendigkeit und Schönheit, dann ist es doch so, dass wir wie neu empfinden können, welche tiefe Ahnung in diesen alten Traditionen verborgen lag! Die Empfindung dessen zusammen mit neuem Erkennen des unendlich großen Christusgeheimnisses, das uns umgibt und durchdringt, könnte ein Weg sein, der weiterhilft. Lauschen wir weiter, um noch tiefer dieses Geheimnis verstehen zu lernen – die elementare, lebendige Kraft der Natur als ein Bild für das tiefere Geheimnis zu erahnen:

„… Was war das für ein bestürzendes neues Geheimnis: Christus der Herr der Elemente? – Aber kaum hatten sie ihn mit schauender Seele recht wahrgenommen, da war es eben jenes Reich der Elemente, die Atmosphäre der Erdenluft, das ihn vor ihren Augen hinweg nahm. Nun war er ihnen erst wirklich entschwunden. Auch die Begnadung, die sich im Innenraum, in der Sammlung des Coenaculums, 40 Tage lang zugetragen hatte, wiederholte sich nicht mehr. Er war in einen anderen Daseinszustand übergegangen Nur einen Augenblick lang, als er in die große Verwandlung eintrat, war es den Jüngern möglich gewesen, ihn zu erleben. Jetzt mussten sie ihn neu suchen; vergeblich sehnten sie sich nach ihm. Tiefe, ernste Traurigkeit war der Inhalt der zehn Tage, die folgten. Das Rätsel blieb offen. … Wann würde sich das fortsetzen, was sie auf dem Ölberg erlebten; der Auferstandene, wie ein König in Gloria aufgenommen von der Kreatur im Reich der Elemente?*

Zur Zeit des Himmelfahrtsfestes sind wir von dem Blütenmeer der Frühlingsnatur umgeben. Üppiger, prächtiger als sonst blüht alles. Das Geheimnis der Blüte gehört auf das innigste mit dem Geheimnis der Himmelfahrt zusammen. Im Blühen kommt eine Himmelfahrt der Erdenseele an ihr Ziel. … Der Himmel, zu dem sie emporstrebt, ist ja kein blasses Jenseits. Er ist die übersinnliche Sphäre, die all unser Erdensein trägt und durchdringt und dennoch nur da nahe ist, wo Aufschwungskräfte walten, die den Bann der bloßen Diesseitigkeit brechen. In jedem Frühling bringt unsere Erde solche Aufschwungskräfte hervor. Zeigt das nicht die ganze Natur in tausend wunderbaren Gleichnissen an? – Und wenn dann die Blüten so bald schon wieder anfangen, zu Boden zu rieseln, hat dann nur unser furchtsames Erschauern vor der schnellen Vergänglichkeit Recht? Es war ja fast nur ein Augenblick, der uns den Himmelsglanz schauen ließ. Ein leiser Schatten des Verlustes ist da über uns gekommen, den die Jünger so schnell nach dem Aufglänzen des Himmel-

*fahrtslichtes erlitten. Was ist nun eigentlich 40 Tage nach Ostern gesche-
hen? ... Was war es, das wie eine große kosmische Ahnung und doch
zugleich wie eine ungelöste Frage vor den Jüngern auf dem Ölberggipfel
aufleuchtete? – Der Auferstandene trat in ein neues Stadium seines eigenen Werdens ein. ... Das Ereignis, das die Jünger 40 Tage nach Ostern erlebt haben, ist der Anfang der Offenbarung. Wie sollen wir das
verstehen? Der Himmel, in den sich der Auferstandene damals erhob,
ist die Sphäre, aus der uns seine Offenbarung zuströmen kann. Worte wie „Offenbarung" müssen und können heute wieder in ihrem vollen
Gewicht genommen werden. Sie sind, wenn man sie recht bedenkt, so
unerhört, dass man sie gar nicht ohne eine Atembeklemmung hören oder
aussprechen dürfte. Man muss sich von ihnen aus dem Schlaf rütteln lassen. Was ist Offenbarung? Lassen wir einmal die Szene auf dem Ölberggipfel an uns vorüberziehen, wie die Apostelgeschichte sie beschreibt:
„Da er solches gesagt hatte, wurde er aufgehoben zusehends" – er
wuchs, seine Gestalt wurde größer, die Jünger mussten sozusagen empor-
schauen, um ihm noch folgen zu können. „Und eine Wolke nahm ihn
vor ihren Augen weg." Damit ist nicht eine Wolke gemeint, die plötzlich dicht über dem Erdboden erscheint, um eine Gestalt, die vorher auf
der Erde stand, unsichtbar zu machen. Die Wolke ist die ganze Atmosphäre, der ganze Kräftebereich, wo unter dem Einfluss der Wärme das
Wässrige emporsteigt, um sich zur Wolke zu verdichten und als Regen
oder Tau wiederzukehren. Das Reich der Elemente nimmt ihn hinweg.
Wie kann das sein?* **Nicht, dass er nun nicht mehr da ist; er wächst
in eine andere Sphäre hinein. Die Jünger konnten ihn gerade noch
schauen, als er in diese Sphäre eintrat; aber als er sie voll erfüll-
te, war er so mächtig geworden, dass ihr Auge ihm nicht mehr zu
folgen vermochte. Sie sahen ihn nicht mehr, weil ihr Sehvermögen für ihn nicht mehr ausreichte.** *Wie wunderbar ist es, die Sonne anzuschauen, wenn sie morgens aufgeht. Wenn sie aber höher steigt,
gewinnt sie allmählich so viel Licht, dass wir nicht mehr in sie hinein-
schauen können. Dann sehen wir buchstäblich die Sonne vor lauter Licht
nicht mehr. Und schauen wir dennoch weiter hinein, so werden wir von
dem Licht geblendet. So ist es den Jüngern ergangen, als sie ihm nachsa-
hen.* **Die Himmelfahrt war kein Entschwinden in ein nicht zu er-
reichendes Jenseits. Der Himmel, der ihn aufnahm, ist die Sphä-**

re des Übersinnlichen in unserer Sinneswelt. „*Da standen bei ihnen zwei Männer in weißen Kleidern.*"

Vorher waren die beiden Gestalten den Frauen am Grab erschienen. Sie sprechen: „Ihr Männer von Galiläa, was steht ihr da und sehet gen Himmel? Dieser Jesus, welcher von euch ist aufgenommen gen Himmel, wird kommen, wie ihr ihn gesehen habt gen Himmel fahren."

Was soll das heißen? Er ist nicht weg und kann deshalb nicht eigentlich wiederkommen. **Er kommt dann wieder, wenn ihm sozusagen die innere Kraft und das seelische Sehvermögen der Menschen nachgewachsen sind.** *Es muss nun also in der Menschheit auch ein Wachstum vor sich gehen.* **Das Bewusstsein der Menschen muss erweitert werden.** *Was heißt es denn, dass er kommen wird, wie er entschwunden ist? Ein Bogen spannt sich zwischen Himmelfahrt und „Wiederkunft". Die Wolke hat ihn in sich aufgenommen.*

Und in den Evangelien heißt es: „Er wird kommen auf den Wolken des Himmels." Im Licht der Himmelfahrtsstunde heißt dies Evangelienwort, dass wir Christus suchen dürfen im Reich der Elemente, da wo im Irdischen das Wässrige, das Luftförmige und das Wärmeförmige sich verbinden, um das Wachsen und Steigen und Fallen, den wunderbaren

*Kreislauf der Kräfte zu bewirken. **Er entschwand aus der Sichtbarkeit, weil die Menschenseelen es nicht vermochten, ihm zu folgen.** **Durch die Kraft des Christus darf und muss die innere Kraft in uns wachsen, bis wir ihn wieder wahrnehmen oder seine Nähe wenigstens wieder spüren können.** ... **Die Wolke ist die Sphäre der Offenbarung. Wir müssen heute noch bescheiden sagen: sie wird es sein. Aber wir dürfen wissen: wenn wir auch noch blind sind von dorther, wohin er entschwand, wird er sich uns offenbaren.** Zu eben dieser Sphäre hin lernen wir den Himmelfahrtsaufschwung der wahren Anbetung zu lenken.* ... *Wie der Frühlingshimmel in der blühenden Erden-Natur ein Echo von himmlischem Leuchten erweckt,* **so schafft sich die Welt der Offenbarung Christi einen Lichtspiegel überall da, wo im Menschen und in der Kreatur das Leuchten der Verklärung anhebt.*** (aus: Emil Bock, Der Kreis der Jahresfeste, Verlag Urachhaus, 1981, S. 92–103)

Hier kann die Elementarwesenhaftigkeit, von der bereits die Rede war, in der Verbindung mit der Christuskraft erweitert verstanden werden. Wo ist der Himmel? Wohin weg sollte Christus entschwunden sein? Eben überhaupt nicht, nur der Sehkraft der Jünger vor 2000 Jahren.

Nun ist die Sehkraft oder die Fähigkeit des Schauens eine erweiterte, jedenfalls der Möglichkeit nach. Das Elementarwesenhafte, die verklärte Natur – wenn wir sehen und dahinterschauen, wenn wir die Geistigkeit der Natur in eben dem Wesenhaften erschauen – ist dies ein Tor der Christuserfahrung geworden. Christus ist es, der die Erdensphäre nach wie vor durchdringt. Kann es nun neu verstanden werden? – Es gilt, ein „Sehorgan" dafür zu bilden ...

Aus derselben Quelle hören wir Emil Bock noch einmal zu diesem Thema.

„Christus offenbart sich neu. Die Sphäre, die sein Reich ist, drängt heran, wie, wenn die Ebbe vorbei ist, bei der Flut der Ozean über die Ufer ins Land hereinbraust. Über unseren Häuptern bewegen sich die Sphären. Aber wir sehen und erkennen die Welt nicht, in der das eigentliche Geschehen unserer Tage vor sich geht. Wir rätseln immer nur an den Schattenrissen herum, an den merkwürdigen Dunkelheiten, die hereinfallen, und sehen das Licht nicht, das hinter den Wolken aufgeht und diese Schatten wirft. Wie können wir den dunklen Bann sprengen, der unser Erkennen, Schauen und Wahrnehmen auf die Welt der Sinne beschränkt und uns das eigentliche Geschehen der Zeit verschlafen lässt? Als vor 2000 Jahren das erste Christusereignis *eintrat, hatte das höchste Wesen, das wir Christus nennen, in seiner Menschwerdung die unendliche Gnade und Güte, sich in irdische Sichtbarkeit einzukleiden. So sahen die Zeitgenossen mit ihren irdischen Augen in dem Menschen Jesus von Nazareth den Christus. Nur wenige erkannten ihn und sahen durch die menschliche Leiblichkeit hindurch in sein wahres Antlitz. Sie konnten das, weil zu ihrem Sehen das Vertrauen hinzukam. Kraft ihres Vertrauens, des Glaubens in ihren Herzen, ahnten sie in dem Menschen Jesus den Christus. Und als die Golgathastunde vorüber war, gab es einige wenige, bei denen die Knospe des*

Glaubens zur Blume des Schauens aufging. 40 Tage lang sahen sie ihn in ihrer Mitte. Sie schauten ihn, als wäre er eine irdisch sichtbare Gestalt, die er ja aber nicht mehr war. Dann nach 40 Tagen erlosch diese besondere Begnadung. Bei dem Himmelfahrtsereignis war es jedoch nicht so, dass der Auferstandene den Menschen entschwand. Nur wuchs er an Kraft und innerer Stärke über ihre Wahrnehmungsfähigkeit hinaus. Die Wolke nahm ihn hinweg. **Die Wolke des Sinnenscheins herrschte nunmehr über die Jüngerseelen. In den Jahrtausenden, die seitdem vergangen sind, ist das geheime Wachstum des Auferstandenen im Umkreis unseres Erdendaseins weitergegangen.** *Immer mehr ist die Christussphäre mit der Erdensphäre eins geworden. Bis einmal ein Zeitpunkt heranreift, der durch einen Naturvorgang veranschaulicht werden kann. Wenn die Atmosphäre mit Feuchtigkeit gesättigt ist, bilden sich die Wolken, und wenn diese sich noch weiter mit Feuchtigkeit sättigen, fällt der Regen, der die Erde feuchtet.* **Doch kommt im inneren Wachstum des Auferstandenen einmal eine Zeit, in der sich das Geist-Wesenhafte an die Ebene der menschlichen Wahrnehmung herandrängt. Dann aber muss das Bewusstsein der Menschen auch herangewachsen sein. Die Seelen müssen fähig werden, ihn da zu schauen, wohin ihn einmal die Wolke hinwegnahm. Es heißt ja „Er wird kommen, wie er gegangen ist", „Er wird kommen auf den Wolken des Himmels". Einmal kam er im Sein. Das war das Weihnachtsereignis vor 2000 Jahren. Dann aber wird er kommen im Bewusstsein; das ist das Weihnachtsereignis, das unserem Zeitalter zugedacht ist."** (a. a. O., S. 11 f.) [20]

---

20 Emil Bock erlitt im Ersten Weltkrieg einen Bauchschuss, den er überlebte und womit er eine Grenzerfahrung machte, die sein Wesen prägte. Als relativ junger protestantischer Priester kam er zu der Erneuerungsbewegung der Christengemeinschaft, die sich auf Anfrage mehrerer protestantischer Theologen neu zur sogenannten Christengemeinschaft formierte und Anregungen zur Gestaltung eines neuen Kultus durch Rudolf Steiner empfing. Rudolf Steiner spricht von einer Offenbarung aus der geistigen Welt in diesem Zusammenhang; es war nicht Rudolf Steiners persönliche Angelegenheit; er hat die Inhalte „empfangen"; er hat keine neue Kirche gestiftet, sondern einer Umwandlung auf den Weg geholfen.

Aus aktuellem Erleben sei hier noch etwas angefügt. 10. Februar 2020. „Sabine" wütet, ein Orkan, der den Zug- und teilweise Flugverkehr u. a. in ganz Deutschland lahmlegt … Die Tsunamis waren noch weit weg, wir haben sie nur auf den Bildschirmen „erlebt"; das Wetter, die Naturkräfte in all ihrer Wucht kommen näher, „rücken uns auf den Leib"… – ich sehe die zwei Wanderer vor mir, von denen gestern in den Nachrichten die Rede war, wie sie vom Sturm buchstäblich umgehauen und fortgejagt wurden …

Menschen finden sich, tauschen sich aus und bemerken verstehend, was los ist: Wir Menschen haben nun alle die Verantwortung; doch die meisten haben nicht gelernt, damit umzugehen. Wir „wollten" es nicht wissen, haben uns dem Strom der Zeit hingegeben und den Gewohnheiten … Die Elementarwesen waren bisher durch die Engel geführt und wurden so in Bann gehalten. Das Herannahen des Christus immer tiefer in die Erdensphäre hinein bewirkt, dass nun nicht mehr die Engel diese Aufgabe übernehmen können, sondern, dass sie uns Menschen übertragen ist. Die Geisteswissenschaft lehrt das, „weiß" das – Menschen können es erkennen … Dann gilt es, das Fach zu beherrschen; der Zauberlehrling ist hilflos den Kräften ausgeliefert, die er entfacht hat – man darf nicht denken, dieses „Wetter" sei nicht durch Menschen verursacht; das weiß man inzwischen. Und die Zusammenhänge sind noch viel größer, weiter, als man sie zu denken wagt … – das ist allmählich auch der herkömmlichen Wissenschaft klar, dass die Klima- und auch Wetterveränderung durch die Auswirkungen des materialistischen Zeitalters – ich muss da nun nicht in Details gehen – ausgelöst sind. Und nun: Wer ist der Meister, der weiß, wie man den Hebel zum Abstellen bedient? – Die Menschen sind wie hilflose Kinder und wissen nun in der ganzen Panik nicht mehr weiter … Der „Herr der Himmelskräfte auf Erden" ist der Meister; das bestreiten auch die Katholiken nicht, dass Christus der Meister ist. Nur nehmen sie nicht ernst, dass Er, Christus, uns Menschen ernst nimmt und nicht anders wirken kann als durch uns hindurch und nicht „automatisch", nicht von außen mehr … –

die Sprache der Natur ist deutlich, wer sie hören und verstehen kann – „wer Ohren hat zu hören, höre" (Apk und Lk 8). – Nun – mir ist durch meine erlernte Kunst der Eurythmie ein Instrument in die Hand gegeben, wie ich etwas tun kann, und ich kann sie „anwenden", diese Kunst – kann in Verbindung gehen mit den Elementarwesen … und … – das Wetterfähnchen auf unserem Kirchturm flattert nicht mehr so wild – der Wind ist noch hörbar, doch die Sonne scheint bereits friedlich herein, der Sturm hat sich gelegt … – Christus hat dem Wind geboten auf dem See – man erinnert sich an die Stillung des Sturms (Mk 4,35, Mt 8,23–27, Lk 8,22–25, Mk 6,51). Wer nun sagt, es sei vermessen, so zu reden und zu handeln …, hat den Ernst der Lage nicht begriffen. Es bedarf der äußersten Demut, doch das ist bekanntlich der Mut zur Wahrheit; es bedarf des Erkenntnismutes … und des Mutes zu handeln.

13.1 Das Problem der katholischen Kirche mit der „abgeschlossenen" Offenbarung – Weg aus der Sackgasse

Mit dem Begriff einer neuen „Offenbarung" gibt es ein Problem innerhalb der katholischen Vorstellung und Lehre; sie wird nicht zugelassen. Und genau hier liegt der Hase begraben. Genau hier ist der Schlüssel zu finden, der eine neue Welt eröffnet, um aus der Sackgasse herauszukommen, in die man hineingeraten ist. Es ist irgendwie nicht mehr zu leugnen anhand der Beobachtung, wie um das kirchliche Leben gerungen wird, dass wir stecken geblieben sind. Niemand scheint richtig zu wissen, warum. Es ist darum vielleicht bitter nötig, sich von einer Vorstellung zu verabschieden, die als unumstößlich galt – eben jenes Phänomen der sogenannten abgeschlossenen" Offenbarung. Wie kann man das denn nur für möglich halten?! – Etwas für abgeschlossen halten bedeutet ja Tod, Erstarrung. Es gibt einzelne Menschen, nicht unbedeutende Persönlichkeiten, die ein Gespür dafür haben bzw. hatten, doch wird ihnen Aufmerksamkeit geschenkt? Vielleicht hilft zu einem Verständnis das Folgende mit Worten von Rudolf Steiner, der in diesem Zusammenhang u. a. etwas über den bekannten Kardinal John Henry Newman berichtet: (Ich gebe zu, dass ich hier eine hoffentlich wirksame Taktik anwende, indem ich hinweise auf jemanden aus den „eigenen" Reihen – einen Kardinal, der zwar vor mehr als 100 Jahren lebte ...) Nun die Worte Rudolf Steiners:

„... *es liegt in gewissen Bedingungen der Menschennatur, dass der Mensch sich zunächst sträubt gegen die Anerkennung eines hereinbrechenden Geisteselementes. Der Mensch will namentlich in der Gegenwart nicht eingehen auf ein solches Hereinbrechen eines geistigen Elementes. Nun müssen wir zweierlei unterscheiden, gerade wenn wir diese gegenwärtige neue Offenbarung ins Auge fassen. Um mich deutlicher zu machen, möchte ich das Folgende sagen.*

Der berühmte Kardinal Newman (John Henry Newman, 1801–1890) *sagte, als er eingekleidet wurde in Rom, ein merkwürdiges Wort. Er sagte bei seiner Einkleidung, dass er kein anderes Heil für die Kirche sähe als eine neue Offenbarung. Das ist nun schon Jahrzehnte her* (Rudolf Steiner hielt den Vortrag, aus dem zitiert wird, am 1. Januar 1919), *und Verschiedenes ist in der Welt da oder dort über diese merkwürdige Anschauung des Kardinals Newman gesprochen worden. Wenn man aber hinblickt auf das, was von kirchlicher Seite und von solcher Seite, die dem kirchlichen Bekenntnis verwandt ist, darüber gesagt worden ist, so ist es überall ein Hinweis darauf gewesen, dass man nicht von einer neuen Offenbarung sprechen soll, dass vielmehr an der alten Offenbarung festzuhalten sei. Und vor allen Dingen, wenn irgendetwas notwendig sei, so sei es nur das, dass man die alte Offenbarung besser verstünde, als man sie bisher verstanden hat.*

In diesen Einwänden, die von allen möglichen Seiten gegen den Ausspruch des Kardinals gemacht worden sind, der also eine Intuition hatte von dem Hereinbrechen einer neuen Offenbarung, sieht man, wie sich die Menschheit sträubt gegen eine solche Offenbarung. ... diese Offenbarung ergießt sich (jedoch) *wie eine neue Geisteswelle durch das Geschehen, in das der Mensch eingespannt ist. Der Mensch kann diese Welle nicht etwa*

von der Erde zurückstoßen. Sie ergießt sich über die Erde. Das ist eine Tatsache." (GA 187, S. 165 f.) Doch „... *die Menschheit schickt sich zu etwas ganz anderem an, als dazu, wirklich einmal Ernst zu machen mit der Anerkennung der Tatsache, dass zum Heil der Menschheit die geistige Welt anerkannt werden muss.* ... *Aber wenigstens einige Menschen sollten wissen, dass es sich darum handelt, heute ins unmittelbare Bewusstsein das Geistige herein spielen zu lassen."* (a. a. O., S. 180 f.)
„*Jetzt steht der Mensch dieser Welt gegenüber, bringt nichts mit, muss mit* ... *primitiven Begriffen arbeiten wie denen, mit welchen etwa die heutige Naturanschauung arbeitet. Aber er muss sich wiederum hinaufarbeiten, er muss jetzt vom Menschen ausgehen, um vom Menschen zum Kosmos aufzusteigen. Im Menschen muss die Erkenntnis des Kosmos geboren werden."* (a. a. O., S. 64) „*Das wird* ... *dem heutigen Menschen ungeheuer schwierig, sich vorzustellen, dass von einem gewissen Punkte des Erkenntnisweges aus der Mensch* ... *aus Raum und Zeit herauskommt, dass erst dann eigentlich das wirklich Übersinnliche beginnt, wenn man nicht nur die Sinneseindrücke und ihre zeitlichen Prozesse verlässt, sondern Raum und Zeit selbst, wenn man in ganz andere Daseinsbedingungen eintritt als in die Daseinsbedingungen, die Raum und Zeit umschließen.* ... *Sie werden sich fragen: Wie soll ich das nun machen, um aus Raum und Zeit mit meiner Vorstellung hinauszugehen?* – (a. a. O., S. 74 f.)
„*Früher brauchte man die Furcht, heute braucht man das Überschreiten jenes Abgrundes, der dem Menschen vorkommt wie das Stehen ohne einen Schwerpunkt im Weltenall. Aber durch das muss durchgegangen werden, damit nicht mehr auf Begriffe geschworen wird, sondern damit Begriffe als etwas angesehen werden, was die Dinge von verschiedenen Seiten beleuchtet* ... (a. a. O., S. 90)
Das muss zunächst genügen. Es kann in dieser Schrift kein Rezept gegeben werden auf schnelle Tour, wie man etwas erreichen kann, das auf einem Weg erreicht werden muss, der nicht bequem zu haben ist. Man muss sich selbst auf den Weg machen – es geht nicht von heute auf morgen. Und man muss es wollen. Wer sich mit dem Althergebrachten begnügt, soll sich eben begnügen, sich aber dann nicht wundern, wenn er – unzufrieden oder nicht – stehen bleibt. Wie man jedoch lernen kann, wenn

man willig ist, das zeigt – um nicht nur von der Anthroposophie her zu argumentieren, eine chassidische Geschichte:

„*Die Schüler fragten Rabbi Baruch* (im 19. Jahrhundert – Anmerkung des Verfassers): *wie kann wohl ein Mensch zulänglich im Talmud lernen? Da heißt es: Abaji sagte dies, Raba sagte jenes*★*! Es ist, als wäre Abaji aus einer Welt und Raba aus einer andern. Wie soll man beide zusammen aufnehmen und lernen?*

Der Zaddik gab zur Antwort: Wer Abajis Worte aufnehmen will, muss erst seine Seele an Abajis Seele binden, dann wird er die Worte in ihrer Wahrheit lernen, wie Abaji selber sie spricht. Und will er dann Rabas Worte aufnehmen, muss er seine Seele an Rabas Seele binden. Das ist gemeint, wenn es im Talmud heißt: Wer ein Wort im Namen seines Sprechers spricht, dessen Lippen regen sich im Grabe. – Wie die Lippen des toten Meisters regen sich seine Lippen. (★*Abaji und Raba: Meister des Talmuds aus der ersten Hälfte des 4 Jahrhunderts)* "[21]

So jedenfalls kann es gehen; es braucht eine Annäherung an den Lehrer oder Meister; man muss sich mit seinem Wesen verbinden. Das ist den Pharisäern und Schriftgelehrten vor 2000 Jahren nicht gelungen. Nun will sich Christus in unserer Zeit neu offenbaren. Weil wir das nicht ohne Hilfe verstehen, hat die Vorsehung einen „Lehrer" geschickt, an dessen Seele man sich binden muss, um das Neue zu verstehen. Nochmals: Rudolf Steiner ist kein Guru; es ist tief ernst zu nehmen, was uns durch die Anthroposophie begegnet. Man darf sich nicht selbst betrügen durch Vorurteile, die einen hindern, in die lebendige Christussphäre, die sich offenbaren will, hineinzufinden. – Und doch ist es nochmals anders – oder auch nicht:

Würde man sich blind einem Lehrer anvertrauen – was in den obigen Worten überhaupt nicht gemeint ist, sondern ungefähr das Gegenteil –, würde man das von ihm Empfangene nicht innerlich prüfen, kann es auch gefährlich werden. Innerlich prüfend erschließt sich anthroposophisches Gedankengut, sodass es

---

21 Martin Buber, Die Erzählungen der Chassidim, Manesse Verlag, Zürich 1949, S. 184.

als wahr erkannt werden kann. Es ist mehr als ein Gedankengut, es ist – wie bereits gesagt – ein Erkenntnisweg. Die geistige Welt, die Welt des Wahren und Guten, offenbart sich, das ist ein Erfahrungswert, mein Erfahrungswert, wenn ich so sagen darf. Es ist nicht „nur" Menschenwort, es ist ein „Himmelstor", das sich öffnet in unendliche Weiten, und es liegt in der Natur der Sache, da Gott Mensch geworden ist, das Christuswesen in eine menschliche Gestalt, in die Gestalt des Jesus von Nazaret, eingezogen ist, dass uns durch die Geistsendung ermöglicht wurde, Zugang zur geistigen Welt zu haben – ja mehr noch: in ihr zu leben, zu weben, zu sein … So sind wir selbst Träger des Geistes – in der Möglichkeit jedenfalls. Und dass das Geistige sich aus unendlichen Weiten offenbart, kann nicht anders sein, sonst wäre der Himmel selbst begrenzt oder gar erstarrt. Offenbarung kann also nicht „abgeschlossen" sein.

Es wird wirklich auf drastische Weise klar, dass das Sich-Verschließen, welches durch ein Sich-Versagen göttlicher Offenbarung verursacht ist, ein Sich-Selbst-Richten ist, ein Todesurteil, das man zwar nicht will, aber durch Versagen doch über sich verhängt. Aber – Gott sei Dank – ist noch nicht aller Tage Abend. Der Institution der katholischen Kirche ist vermutlich nicht mehr zu helfen, wenn sie sich dem Geist so nachdrücklich und widerspenstig verschließt (ich höre schon: Aber das ist doch eine Unterstellung! – Doch es kommt eben darauf an, wie weit der Geist gehen darf … – dazu mehr im folgenden Kapitel), den Menschen darin mag man aber noch viele Gelegenheiten gönnen, dass sich das Leben neu auftut.

Dass dasselbe in immer neuen Worten gesagt wird, rührt daher, dass eine unbedingte Dringlichkeit in der ganzen Angelegenheit liegt, und eine gewisse Verpflichtung der ganzen Wahrheit zu dienen, dieses Vorgehen erfordert.

14 Die Frage nach dem Geist

Aus dem Vergangenen ist das Folgende notwendig. – Und: Es ist ein richtig heißes Eisen, ein heikles Unternehmen; es wird nun sehr darauf ankommen, sorgfältig damit umzugehen, dass ich mir die Finger nicht verbrenne. Man kann bemerken, dass die Brisanz der Thematik wächst … Jedenfalls gibt es eine starke Unstimmigkeit zwischen dem anthroposophischen und dem katholischen Lager im Hinblick auf die Frage nach dem Geist. Ich habe keine Ahnung, wie sehr dies in der katholischen Welt „ankommt" und bewusst ist, da ich eher davon ausgehe, dass die katholische Welt sich nicht für Anthroposophie interessiert und darum auch nicht weiß, was in anthroposophischen Kreisen über sie gedacht und gesprochen wird. Jedenfalls nicht im Fußvolk. Jedoch, ich kann letztlich nicht beurteilen, ob das so stimmt. Nun gilt es zu wagen, nicht länger wie eine Katze um den heißen Brei zu kreisen, sondern mitten hineinzugehen in die Höhle des Löwen, damit vielleicht etwas gebannt werden kann, was ungut in der Luft herumschwebt nach meiner Wahrnehmung.

Es handelt sich darum, dass ein starker Vorwurf herrscht von anthroposophischer Seite der katholischen Kirche gegenüber, und zwar der Ausdruck, die katholische Kirche habe den Geist *„abgeschafft"* … Das ist natürlich eine ungeheure Behauptung, der man auf den Grund gehen muss, um herauszufinden, was dahintersteckt. Noch bin ich nicht ausgetreten aus der katholischen Kirche (inzwischen schreiben wir das Jahr 2020, Anfang Februar – ich weiß momentan nicht, wie sich das weiter entwickelt in mir – es kann sich die Lage auch ändern) und habe sie darum auch auf gewisse Weise noch zu verteidigen, auf gewisse Weise. Das kann ich jedoch nur tun, wenn ich Wahrheit von Unwahrheit versuche zu unterscheiden, denn das ist es, worauf es immer ankommt. Fehler oder gar kriminelles Verhalten bzw.

Verlogenheit in der Haltung gutheißen, kann und will ich nicht.

(Hier muss ich einfügen, dass ich es als eine bodenlose Unverschämtheit, Verlogenheit, Respekt- und Gefühllosigkeit empfinde, wenn von der Institution Alimente bezahlt werden für Priesterkinder, die Frauen und Kinder im Regen stehen gelassen und die „Würdenträger" ungeschoren im Amt gehalten und gleichzeitig aus Laientheologenkreisen haufenweise Betroffene entlassen werden, weil sie sich ehrlich zu einem geschiedenen Partner bekennen und heiraten, obwohl sie nichts mit der Scheidung selbst zu tun hatten.)

Außerdem habe ich bereits mitgeteilt, dass ich bekennende Anthroposophin bin – und darum befinde ich mich mitten zwischen den beiden „Lagern" – doch es wäre auch eine Möglichkeit, dies als Brücke zu verstehen; im Zusammenhang mit dem Thema ist es mir ein echtes Anliegen, hier ein wenig Licht hineinzubringen.

Zunächst will ich aufgrund eigener Erfahrung sagen, dass, bevor ich überhaupt etwas von Anthroposophie vernommen habe, ich meine behaupten zu können, dass ich die Kraft des Heiligen Geistes erleben durfte; ja – nun, da ich diese Worte schreibe, ist Freitag vor Pfingsten – und wenn ich die altvertrauten Pfingsthymnen bete, mir da ein inneres Licht erfahrbar wird, das ich von „früher" kenne, und dies nun ebenso noch in mir lebt wie eh – dieses innere Licht ist jedoch im Laufe meiner Lebenszeit auch auf eine Art „gewachsen", so wie der innere Mensch eben wie der äußere auch wächst, wenn man sich darum bemüht. Aus diesem Grund habe ich, als ich zum ersten Mal die obige Äußerung hörte, die katholische Kirche hätte den Geist „abgeschafft", ausgerufen: Das kann ja nicht wahr sein! – Der Geist lässt sich doch nicht abschaffen! Einige Zeit habe ich nichts unternommen und immer innerlich den Kopf geschüttelt, wenn mir das entgegenkam. Dann musste ich natürlich dem Ganzen irgendwann nachgehen, woher dieser Vorwurf stammt. Dies will ich nun im Folgenden mitteilen.

Bevor ich damit beginne, muss ich vorwegschicken, dass ich ahne, damit wirklich in eine Sphäre einzudringen, die äußerst brisant ist, da man es hier auch mit Widersachermächten und damit mit Kräften zu tun bekommt, die einem ordentlich Mühe machen können. Umso mehr ist es über die Maßen wichtig, der Wahrheit so offen und so gut wie möglich zu dienen. Dazu ist es nötig, in der Kirchengeschichte zurückzugehen, um einen Weg nachzuvollziehen, der sich im Lauf der Zeit ereignet hat. Das wird eine Reise durch mehrere Jahrhunderte sein – eigentlich zurückgehend an den Anfang – und es liegt in der Übernatur der Sache, dass es sich um das trinitarische Geheimnis handelt; es beginnt mit entscheidenden Eckpunkten ab dem 3. Jahrhundert. Die folgenden Äußerungen können gemacht werden aufgrund eines Studiums über die Kirchengeschichte nach Renate Riemeck.[22]

14.1 Der arianische Streit

Im Osten liegen die Ursprünge des Christentums; im Osten gab es große christliche Denker und theologische Schulen, mit denen der Westen sich nicht messen konnte. Bis zum 2. Jahrhundert wurde griechisch gesprochen und gelehrt, was kulturgeschichtlich eine geistige Überlegenheit bedeutete. Durch die Latinisierung konnte der Osten sich nicht mühelos mit dem Westen verständigen. Irenäus, Hippolyt, Klemens von Alexandrien und Origenes haben sich des Griechisch bedient, und somit lebte in ihnen auch noch der griechische Geist. Tertullian als erster Kirchenvater schrieb in Latein. So entstanden allmählich Unterschiede zum Westen auch in den kultischen Handlungen.

---

22 Renate Riemeck, „Glaube, Dogma, Macht – Geschichte der Konzilien", Verlag Urachhaus, 1985.

Im Osten:

„Taufe und Abendmahl wurden als ein Mysterium erlebt, das ewiges göttliches Sein in das irdische Dasein einströmen lässt und durchdringt." (Renate Riemeck, a. a. O. – sowie die folgenden Zitate)

Im Westen:

„Die Sakramente waren kirchliche Gnadengaben, durch die der Mensch von Sünden gereinigt werden und die Gnade Gottes erfahren werden kann. Ungehorsamen wurde sie entzogen."
Die Subordination beginnt wirksam zu werden; die Kirche wird zur Gnadenvermittlerin. (Subordination – Unterordnung: Bischöfe, Priester, Diakone …)

Im Osten:

„… kreiste das Denken der griechisch sprechenden Christen um das Geheimnis der Menschwerdung Christi: Herabkunft, Tod und Auferstehung des Gottessohnes. … Mit dem Erscheinen des Logos auf der Erde hebt im kosmischen Prozess die Erlösung der gefallenen Menschheit an."

Im Westen:

… handelt es sich allmählich um „Leistungen", die bis in das Rechtswesen hinein wirksam wurden. Gedanken kreisen um Schuld und Vergebung; Vergehen und Strafe, Sühne und Gnadenerweis. Auch das römische Staatsdenken findet in der Kirche seinen Niederschlag. (Hier wird schon deutlich, wie die Denkweise sich spaltet – vergleichend Osten und Westen. Anm. des Verfassers)

Zustandekommen des arianischen Streites:
Bischof Alexander (gest. 328) und sein Presbyter* Arius (um 260–336) geraten aneinander. Sie waren durch unterschiedliche Schulen großer christlicher Denker gegangen, in denen auf verschiedene Weise über das Wesen des Gottessohnes nachgesonnen worden war. (*Presbyter ist eine aus den judenchristlichen Gemeinden stammende Bezeichnung für Älteste, die Autorität hatten.)

Bischof Alexander
lehnte das Eindringen philosophischer Gedanken in die christliche Lehre ab. Für ihn war das Verhältnis des Christus zum Vatergott bereits entschieden:
Gottvater und der Sohnesgott sind von Ewigkeit her existent; alles Weitere ist Spekulation.

Arius
widersprach seinem Bischof. Arius war Schüler des Lucian, der 312 den Märtyrertod erlitten und einst in Antiochien eine große Katechetenschule gegründet hatte.

Als Bischof Alexander erklärte, die Schöpfung gehe auf den Vater zurück und Christus habe von Ewigkeit her mit dem Vater gelebt und gewirkt, hielt Arius entgegen, der Vater sei vor aller Zeit gewesen, Christus aber sei aus dem Vater hervorgegangen, zeitlich gesehen also nach ihm geworden; er sei doch sein Sohn. Arius hat das Weltschöpfertum dem Sohne zugeschrieben gemäß Joh 1,1–3.

Rudolf Steiner charakterisierte die Auffassung des Arius einmal so:
„Arius war der Meinung, dass man nur sagen könne, es gäbe einen überragenden Gott, den Vater-Gott, und der Sohn-Gott, also der Christus, sei von dem Vater zwar vor der Zeit, aber eben doch geschaffen. Also sei er nicht gleicher Natur und Wesenheit, sondern etwas, was sich aus dem Vater-Gott erst entwickelt hat … als etwas, das gewissermaßen die Vermittlung bildet zwischen dem in Höhen schwebenden Vater-Gotte, der zunächst für die menschlichen Erkenntniskräfte nicht zu erreichen ist, und dem, was der Mensch in sich selber findet.“ (GA 185, 3. November 1918)
(Persönliche Einfügung: Logos und Sophia waren in der urchristlichen Zeit außerdem Begriffe, die ineinanderragten; nimmt man hier die Weisheitsliteratur des Ersten Testamentes hinzu, so hören wir dort, dass die Weisheit am Anfang aller Wege durch Gott *„geschaffen“* wurde … Sprichwörter 8.22 f.) Im katholischen Glaubensbekenntnis, das ja auf das nicäanische Konzil zurückgeht, von dem noch die Rede sein wird, heißt es ja dann im Gegensatz dazu: Der Gottessohn sei *gezeugt,* nicht *geschaffen.*

Im Westen fragte man nur nach dem Willen und den Werken Gottes, nicht nach Sein und Wesen der Gottheit.

Rudolf Steiner: „... *der Arianismus" (der ja später aus der Geschichte schwand) „ist gewissermaßen der letzte Ausläufer, die letzte Ranke derjenigen Weltanschauungen, die, wenn sie hinaufblicken wollten zum Göttlichen, noch versuchten, einen Zusammenhang zu finden zwischen der*
äußeren sinnenfälligen Welt und
dem spirituell Göttlichen;
die noch ein Bedürfnis hatten, wirklich
das Sinnenfällige nach oben anzuknüpfen an das Spirituell-Göttliche."
(ebd.)

Der arianische Streit führt zum

14.2 Konzil von Nicäa (325)

welches von Kaiser Konstantin, der eine Einigung um der Einheitlichkeit in seinem Imperium willen wollte, eröffnet und eingeleitet wurde. Er selbst fügte noch ein Wort hinzu:

„homo usios" – wesensgleich, wesenseins,
das bei Alexander und Arius gar nicht vorgekommen war.

Zwei Glaubensbekenntnisse wurden vorgeführt – dem Kaiser gefiel eines besser (!), eben nicht das, welches von Bischof Eusebius von Cäsarea, dem Freund und Beschützer des Arius, kam.

Mit dem Begriff „homo usios" hoffte Konstantin den Streit beendet zu haben.

Für Konstantin waren sowieso die Glaubensbekenntnisse nicht das Entscheidende; ihm galten die Kirchengesetze (canones) als Hauptsache, denen die Konzilsväter zuzustimmen hatten. Provinzialsynoden sollten die Einheit der Kirche herstellen.

(Eigene Anmerkung: Der sklerotisierende Intellekt und Organisationssinn greift spaltend ein in die noch in einer Einheit seiende Sphäre.)
Arius wurde zunächst verbannt, dann jedoch ließ sich Konstantin kurz vor seinem Tod arianisch (!) taufen, nachdem ein

Folgekonzil 327
stattgefunden hatte, indem der Entschluss von 325 aufgehoben wurde!
Das neue Glaubensbekenntnis von 325 löste Verwirren, Befremden und Unruhe in den Gemeinden aus. Selbst am Hof des Kaisers stieß es auf Unverständnis und Widerspruch, worüber Konstantin erschrak.

Arius wird aus der Verbannung zurückgerufen, wieder in Amt und Würde eingesetzt und kann frei und furchtlos sein Glaubensbekenntnis auf dem Folgekonzil vortragen. Es wird als gültig angenommen!
Doch Athanasius, ein alexandrinischer Diakon und Begleiter des Bischofs Alexander, der beim Konzil 325 nicht die wichtige Rolle besaß, die man ihm beimaß, gab keine Ruhe.

Er verfasste viele Schriften mit den immer gleichen Grundgedanken in polemisierender Form, schreckte vor Diffamierungen nicht zurück und liebte es, seine Feinde verächtlich zu machen.

Arianer und Athanasier bekämpften sich ohne Unterlass.

Der Gotenbischof Wulfila (Ulfilas; die Goten waren mit der arianischen Richtung vertraut gemacht worden), ein sprachbegabter, junger Mann, beherrschte Griechisch und Latein, kam an den Kaiserhof, wo er Eusebius von Nikomedien, dem Freund des Arius begegnete, und wurde von ihm zum Missionsbischof geweiht; er übersetzte die Bibel ins Westgotische.

Dennoch hat sich die athanasische Weise durchgesetzt, als ob es das Konzil 327 nicht gegeben hätte; diese historische Tatsache blieb unbeachtet – das Nicäum 325 scheint unangefochten gültig geblieben zu sein; das Arianertum wurde im 4. Jahrhundert mehr und mehr zurückgewiesen.

„Man lebte nicht mehr in der Helligkeit österlicher Auferstehungsfreude, wie sie den vorangegangenen Generationen noch gegeben war. Befreit von Unterdrückung und Verfolgung, angeregt zur Teilnahme am staatlich geförderten Aufstieg und eingeordnet in die gesellschaftlichen Bezüge des kaiserlichen Herrschaftssystems wurden die Christen wie von einem sich verdunkelnden Horizont überschattet. Wer sich die alten christlichen Freiheiten bewahren wollte und *sich auf die Fortwirkung* **unmittelbarer Geistesoffenbarung** *berief, wurde als Häretiker (Ketzer) exkommuniziert.*

381 wurde das Konzil von 325 unter dem Antiarianer und Despoten Theodosius erneuert; ebenso das nicäanische Glaubensbekenntnis

„... und an den einen Herrn Jesus Christus, den eingeborenen Sohn Gottes, aus dem Vater geboren vor aller Zeit, Gott von Gott, Licht vom Licht, wahrer Gott vom wahren Gott, gezeugt, nicht geschaffen, eines Wesens mit dem Vater, durch welchen alle Dinge gemacht sind ..."

Hier wird auch vom Heiligen Geist gesprochen:

„... der da ist Herr und macht lebendig, der vom Vater ausgeht, der mit dem Vater und dem Sohne zugleich angebetet und verherrlicht und geehrt wird und durch die Propheten geredet hat."

Und von der Kirche:

„... an die eine heilige, allgemeine und apostolische Kirche".

An die Kirche soll nun geglaubt werden ...! Hier beginnt die Verkirchlichung des Denkens.

Es ging immer auch um eine politische Maxime (den Westgoten gestattete Theodosius jedoch die Beibehaltung des Arianertums!): ein Glaube, eine Lehre, eine Einheitsmacht. Theodosius wollte das Arianertum eliminieren und hat darum die Arianer verdammt.

Ende des 4. Jahrhunderts verdüstert sich der geistige Horizont; Gewalt, Roheit, Zynismus und Verhärtung überschatteten die westliche, christliche Welt.

Theodosius ließ weiterhin alle Tempel schließen und das Tempelgut konfizieren; verrohte Mönchshaufen setzten hemmungslos zum Tempelsturm an; die Priester wurden vertrieben oder erschlagen. Theodosius hatte Angst und Schrecken hinterlassen und das Christentum zur Staatsreligion erhoben, was durch Konstantin ja bereits eingeleitet war. Später unter Justinian wurden Schriften des Origenes als Irrlehren gebrandmarkt, alles Griechentum verbannt.

14.3 Das (entscheidende) achte ökumenische Konzil von Konstantinopel 869

Der römischen Kirche kommt eine bislang nicht gekannte Machtfülle zu; nicht zuletzt aufgrund *einer der kühnsten Fälschungen der Geschichte der Kirche:*
Die „pseudo-isidorischen Dekretalien" (entstanden Mitte des 9. Jahrhunderts), das Werk eines westfälischen Geistlichen, das unter dem Namen eines gewissen „Isidorus Mercatur" bekannt wurde. Die Verfasser setzten all ihre Hoffnungen auf ein starkes Papsttum. Die Kirche mit Hilfe des Papstes unabhängig zu machen, war ihr Ziel.

In einem Kloster (vermutlich in der Diözese Reims) stellten sie echte, verfälschte und unechte Papstbriefe, Erlasse und Konzilsbeschlüsse zusammen, aus denen die politische Herrschaftsgewalt des Papstes über *alle Reiche der Welt!* (vgl. Lukas 4,5) hervorgehen sollte ...

Darunter befand sich auch eine angebliche Urkunde Konstantin des Großen, „Donatio Constantini", in der er der Papst Silvester (314–335) die Herrschaft über Rom und alle abendländischen Provinzen übertragen haben soll. Eine solche „Urkunde" Kaiser Konstantins hat es nie gegeben. Sie wurde im 8. Jahrhundert angefertigt, vermutlich als Erfindung der päpstlichen Kanzlei; sie lag also schon als unechte Urkunde vor. Erst Laurentius Valla hat 1440 die Unechtheit nachgewiesen. Dass Martin Luther später das Papsttum zu Rom als vom Teufel gestiftet bezeichnet, hat dadurch eine gewisse Berechtigung.

(Eigene Anmerkung: Diese Ausführungen gehören natürlich nicht direkt zum Thema, scheinen mir jedoch wichtig, insofern die Wahrheit ans Licht gebracht und der damals herrschende „Geist" aufgezeigt werden soll …)
Das Konzil von Konstantinopel 869 wird die entscheidende Wende aufzeigen, die zu der Bemerkung „die katholische Kirche hat den Geist abgeschafft" geführt hat.
Nun sei wiederum die Vorgeschichte aufgezeigt, aus der sich alles erst verständlich macht.

Photios, die Slawen und der Papst

858, Nikolaus I. ist Papst – Photius wird Patriarch in Konstantinopel, ein führender Geist in der christlich literarischen Welt mit hohem Bildungsgrad; u. a. hat er spätantike Schriften beurteilt und auch über
die Mystagogie des Heiligen Geistes
nachgedacht. Er begann, neben Cyrill und Methodius außerdem mit der Missionierung der Slawen.
867, Hadrian II. wird Papst.

Photios beschuldigt Rom, vorsätzlich die christliche Wahrheit zu verdunkeln: die Verfälschung des Credo durch das filio*que* (… der Heilige Geist, der vom Vater *und* vom Sohne ausgeht).

Noch im nicäanischen Credo kommt zum Ausdruck, dass der Heilige Geist vom Vater ausgeht. Beunruhigt stellte Photius fest, dass es in der römischen Kirche Kräfte gab, die von dieser altgeheiligten Formel abrückten. Man versah sie mit einem Zusatz, demzufolge der Ausgang des Heiligen Geistes vom Vater als auch vom Sohne aufzufassen sei. Dagegen verwahrt sich Photius.
Tatsächlich war bisher keine Wesensbestimmung des Heiligen Geistes versucht worden. Doch war bereits in der Synode von Toledo* die Formulierung aufgetaucht, als der Westgotenkönig Rekkared vom Arianertum zur römischen Kirche übertrat und

deren Bekenntnis sprechen musste. Von den Westgoten hatten dann die Franken das „filioque" übernommen.[23] Karl der Große ließ dieses Bekenntnis auf einer Synode (809) ausdrücklich bestätigen, nachdem zwei fränkische Mönche auf einer Wallfahrt nach Jerusalem mit griechischen Mönchen darüber in Streit geraten waren. Die Fränkischen behaupteten, in Aachen, am Hof Karls des Großen, würde im Credo immer das „filioque" gesungen; sie baten den Papst um eine Entscheidung in dieser Sache. Der Papst in seiner Abhängigkeit vom Kaiser wagte es nicht, sie zu fällen, und gab die Frage an Karl den Großen weiter, der von seiner Aachener Synode das „filioque" schlichtweg für rechtgläubig erklären ließ. Papst Leo III., der Karl zum Kaiser gekrönt hatte, ließ es geschehen, was sein Schutzherr wollte. Furchtsam widersprach er dem Gebrauch des „filioque" nicht. Er ließ zwei silberne Täfelchen mit dem unveränderten Credo, also ohne das „filioque", in der Peterskirche aufhängen, als ließe sich dadurch die altgeheiligte Tradition retten.

Die Griechen empfanden die Veränderung im Credo als Verletzung seiner Substanz, als Verrat an der Wahrheit. Photios war gewiss, dass der Heilige Geist seinen Ursprung hat im ewigen Sein des Vatergottes, dem Urgrund des Universums. Nach Photius' Trinitätsverständnis ist zwischen dem „ewigen Ausgang" des Heiligen Geistes aus dem Vater und der „zeitlichen Aussendung" durch den Sohn zu unterscheiden.

(Vgl. auch Joachim von Fiore: „… der Vatergott spricht zum Menschen aus den Tiefen der Vergangenheit, den Sohnesgott

---

23 „Die Synode/das Konzil von Toledo fand nach dem Übertritt des Westgotenkönigs Rekkard I. vom arianischen zum katholischen Glauben statt. Er regelte den Übergang der Westgoten vom Arianismus zum Katholizismus und gestattete den arianischen Bischöfen, ihre kirchlichen Ämter zu behalten. … Der Zusatz *filioque* wurde eingeführt, um sich gegen den Arianismus abzugrenzen, der die Ansicht vertrat, dass Jesus Christus weniger ist als Gott, der Vater; der Zusatz sollte deutlich machen, dass Jesus Christus mit Gott dem Vater gleichberechtigt ist." (Wikipedia, 17.8.2018)

erlebt der Christ in der Gegenwart (Mt 28,20: ‚... ich bin bei euch alle Tage ...'), der Heilige Geist spricht aus der Zukunft".

Nach Wechseln in der weltlichen und geistlichen Herrschaft kam es zur Verbannung Photius'. Der Hauptgrund war Photios' vertretene Auffassung von der „Trichotomie", der **Dreiheit des Menschenwesens, das aus Leib, Seele und Geist besteht.**

Diese seine Auffassung hing eng mit dem ostkirchlichen Trinitätsverständnis zusammen und stützte sich auf die paulinische Lehre vom psychischen und pneumatischen Menschen. Photios soll gelehrt haben, dass der Mensch aus

Leib, einer niederen und einer höheren Seele
bestehe. Photios soll dabei die Sündlosigkeit der höheren Seele vertreten haben.

Seine Lehre erscheint als eine deutliche Nachwirkung der älteren griechischen Anschauung, für die sich dann auch ganz selbstverständlich die Ablösung der höheren Seele vom Leib und ihr Aufstieg zu spirituellen Erfahrungen als eine menschliche Möglichkeit ergaben. In unserem Sprachgebrauch würden wir heute – statt höhere Seele – Geist oder geistiger Wesenskern sagen.

Das wahre Selbst des Menschen ist ein solcher Geist. Es war ein Irrtum, diese Auffassung für unchristlich zu halten.

Photius wird also im Konzil 869 vorgeworfen:

„... auf die Erfindung des Bösen eingehend, sind einige zu solcher Frevelhaftigkeit herabgesunken, unverschämterweise den Lehrsatz vorzutragen, der Mensch habe zwei Seelen, und behaupten aufgrund gewisser unwissenschaftlicher Untersuchungen, es werde durch die Weisheit, welche zur Torheit geworden ist, ihre eigene Ketzerei bestätigt." (11. Bestimmung – Canones – des Konzils 869)

Damit wurde die Trichotomie als „Erfindung des Bösen" verworfen und die Dichotomie als wahre Lehre postuliert:

Der Mensch besteht aus Leib und Seele; dem Geist wird keine Selbständigkeit zugemessen; der Geist wird sozusagen „abgeschafft".

Auf diesen Vorgang bei den Beratungen des 8. ökumenischen Konzils hat Rudolf Steiner wiederholt aufmerksam gemacht und auch darauf hingewiesen, dass die Vertreter des *historischen Materialismus* im 19. Jahrhundert *„die direkten unmittelbaren Nachkommen der Väter vom 8. ökumenischen Konzil sind"*. (GA 175, 8. Mai 1917) Das Verständnis für die dreifache Menschenwesenheit verlor sich im Mittelalter immer mehr. In Wirklichkeit wurde nicht nur Photios einer „verdammten" Seelenlehre verurteilt, und die griechische Christenheit getroffen, sondern auch das Denken des Abendlandes bis in unsere Zeit. ... vielleicht aber, um in erneuertem Bewusstsein wieder zum Geist zu finden. Die Ostkirche hat das 8. ökumenische Konzil nie anerkannt. **Bezeichnend ist jedoch, dass 879 unter Papst Johannes VIII. (872–882) in einem Folgekonzil durch Photios, der *rehabilitiert* wurde (!), das 8. Konzil von 869 *annulliert* wurde (!) und alle Entstellungen des Credo durch Zusätze („filioque") verboten wurden. Die päpstlichen Legaten stimmten zu. Es wurde später jedoch gesagt, dass sie kein Griechisch konnten ... Diese letzte Stufe ließ sich nicht halten, obwohl sie ihre Gültigkeit hatte ...**

Unter Papst Leo IX. gab es nochmals Auseinandersetzungen mit der Ostkirche, verbunden mit grässlichen Intrigen, Verdrehungen und Machtausübungen; es kam zu Schmähungen der griechischen Kirche. Den Griechen wurde vorgeworfen, sie hätten das „filioque" aus dem Credo gestrichen ... Es wurden grobschlächtige Debatten geführt; das Schisma wurde endgültig, als die Legaten in der Hagia Sophia während der eucharistischen Feier die mitgebrachte päpstliche Bannbulle auf den Altar warfen ... Sie hatten damit sogar den Altar zu entweihen gewagt. Das Schisma wurde 1054 definitiv vollzogen.

So weit die Ausführungen nach Renate Riemeck; nun möge man sich besinnen und selbst ein Urteil bilden.

14.4 Reflexion

Der Schauplatz der Geschichte ist der Schauplatz der menschlichen Seele, in der sich der Kampf abspielt durch die Zeiten hindurch; es war immer schon ein Drama – das ist nicht „nur" ein katholisches Phänomen. Eigentlich hat sich der Kampf der Geister im Himmel abgespielt vor der Zeit – und die Erde ist der Schauplatz, auf dem er durch die Zeit hindurch sichtbar wird. Der Mensch ist dazu aufgefordert, diesen Kampf zu bestehen und der Wahrheit zu dienen, sich nicht von Schein und barer Lüge oder Verdrehung täuschen zu lassen, die Liebe zu erlernen in Reinheit und Lauterkeit und vor allem in Freiheit und – zu wachsen, d.h. sich zu entwickeln aus dem Chaos heraus zu immer mehr Moralität, mit einer – wie Rudolf Steiner in der „Philosophie der Freiheit" erwähnt – „*moralischen Intuition*". Was meint er? – Eine innere, aus der Freiheit geborene Erkenntnis des Guten und Wahren.

Doch zurück zu den eben geschilderten Vorgängen: Was hat sich da abgespielt in der Kirchengeschichte und ihrem Streit: Vor lauter Diskussionen um den Heiligen Geist hat man das größte Mysterium, das Himmel und Erde in einer heiligen Hochzeit verbindet, verraten. Der Himmel hat aber keinen Sinn ohne die Erde; selbst Gott hat keinen Sinn ohne den Menschen. Ja, Heilige sollen wir werden, „vollkommen, wie auch der Vater im Himmel vollkommen ist." (Mt 5,48), Durchdrungenseiende, vom Heiligen Geist Bewegte als vom innersten Wesen Bewegte, so wie es geschildert wurde im Zusammenhang mit der sogenannten „Trichotomie", der Dreiheit des Menschenwesens, da es um den **Geist oder geistigen Wesenskern IM Menschen** geht, um Christus IN uns. Die Moralität kann völlig neu verstanden werden. Hören wir Rudolf Steiner selbst, wie der Mensch sich dahin entwickeln kann. Mit seinen Worten lautet es so: „*Die Ziele unseres Handelns müssen. aus der menschlichen Intuition stammen. … Der Mensch macht nicht die Zwecke eines objektiven (jenseitigen) Urwesens zu seinen individuellen Zwecken, sondern er verfolgt seine eigenen, ihm von seiner moralischen Phantasie gegebenen.*" (GA 4, S. 252) – Sich nur mit äußerer Sitte und Moral zu beschäftigen, mit immer mehr Gesetzen, es kann nicht genug gesagt werden – ist nicht mehr zeitgemäß. Den Grund dazu, anzunehmen, dass der Mensch die Würde und die Fähigkeit besitzt, die Moral, also das Wahre und Gute in sich zu finden, liegt in dem geistigen Wesenskern. Dies ist allerdings eine den Menschen im positiven auch streng herausfordernde Tatsache: Die Annahme, die innere Größe des Menschenwesens zu erkennen in großem Ernst. Das innere Licht auszuhalten, kann die noch größere Herausforderung sein, als nur mit dem Dunkel und Schatten zu ringen. Vielleicht ist es das größte Missverständnis, die Christlichkeit ausschließlich als Überwindung des Bösen zu sehen und damit immer mit äußeren Anstrengungen überfordert zu sein, da das kein Mensch „leisten" kann, anstatt das Licht, die innerste Mitte des menschlichen Wesens, den Geistkern als die Quelle zu erkennen, aus der das Gute – auch das gute Handeln kommt. Der Grund, weshalb Christus Jesus gekreuzigt wurde, war kein moralisches Verbrechen, da er als Gotteswesen dazu ja gar nicht imstande war – nein, es war diese starke innere Größe, die dieses Gotteswesen ausstrahlte, das Licht, das nicht ausgehalten wurde ... Es wird Nelson Mandela der folgende Ausspruch zugeschrieben:

„Unsere tiefste Angst ist es nicht, ungenügend zu sein. Unsere tiefste Angst ist es, dass wir über alle Maßen kraftvoll sind. Es ist unser **Licht**, nicht unsere Dunkelheit, das wir am meisten fürchten ... Indem wir unser eigenes Licht scheinen lassen, geben wir anderen Menschen unbewusst die Erlaubnis, das Gleiche zu tun ..." (aus der Antrittsrede Nelson Mandelas; der Text stammt von Marianne Williamson)

Es kann ein perfides Ablenkungsmanöver der Gegenseite, der Gegenkräfte sein (und ein Durchschauen kann befreiend wirken), über 2000 Jahre lang die exoterische Christenheit in dem Missverständnis gefangen zu halten und sich mit der Überwindung des Bösen zu beschäftigen; eine Befreiung zur Gutheit hin kann also gar nicht anders als von innen kommen – und dies ist Geistkraft, Heiliger Geist *im* **innersten** **Wesen des Menschen.**
„Christus in uns" – das kann größer nicht gedacht werden.

Wenn man noch genauer hinschaut, hat es eigentlich damit angefangen, als die Kirche als Vermittlerin auftrat, Vermittlerin der Gnadengaben (s. o. in Renate Riemecks Ausführungen), denn zuvor war das unmittelbare Erlebnis des Mysteriums – und damit innerlich wahrnehmbar – noch möglich. Bis zum zweiten Jahrhundert wurden „Taufe und Abendmahl als ein Mysterium erlebt, das ewiges göttliches Sein in das irdische Dasein einströmen lässt und durchdringt." (s. o., a. a. O.) – Natürlich ist das Mysterium innerlich wahrnehmbar, auch wenn man Mitglied der katholischen Kirche ist – ich würde sonst meine eigene Biografie verleugnen … Dennoch hat es auch mit einem Verfügen über Macht zu tun, dass Vergebung gewährt werden muss durch die Vermittlung der Kirche – und ohne die Beschäftigung, mit der Sünde, bräuchte es den „Dienst" der Kirche nicht in dieser Form. Gehen wir darum zurück zu der Frage, was spielt sich ab in der Welt, was hat sich abgespielt in der „katholischen Welt" bis heute, und was gilt es ehrlich daraus zu erkennen? Die Frage nach dem Geist – an ihr scheiden sich die Geister …

Es kann um der Wahrheit willen nicht anders sein, als dass darum gerungen wird, herauszufinden, was der Sinn des ganzen Dramas ist, und den Mut zu haben, den vorgehaltenen Spiegel auszuhalten. Auf der Bühne des Dramas sehen wir nur die Außengestalten; die dahinter wirkenden Kräfte „sieht" man nicht oder will man nicht sehen. Doch können Blinde Blinde führen? Können unfreie Menschen, sogenannte „Würdenträger" in die Freiheit führen, d. h. eigene Autorität besitzen, wenn sie innerlich nicht frei sind? Wer im Innern Würde hat, braucht sie äußerlich nicht zu „tragen". Wenn der Mensch sich nicht von innen selbst führen lernt, wird er selbst enden wie der Zauberlehrling, der die Kräfte nicht mehr beherrschen kann, die er hervorgerufen hat. *Der eigentliche Grund für die Misere ist die (innere) „Geistlosigkeit", die in den Materialismus geführt hat.* Und frappanterweise hat das mit der Weichenstellung der katholischen Kirche innerhalb ihrer Geschichte zu tun, weil auf diese Weise die Trennung zwischen Materie und Geist geschaffen wurde – u. a. durch die bestimmende Mittlerfunktion, aber auch dadurch, dass nicht nur der geistige Wesenskern dem Menschen abgesprochen wurde, sondern damit jegliche Geistigkeit in allem – auch der sichtbaren Welt. Die sichtbare und die unsichtbare Welt sind auf diese Weise getrennte Welten – und das ist nicht wahr. In allem wirkt und west Geist. Doch wenn man diese Auffassung zulässt, kann kein „Machtapparat" mehr darüber „verfügen" – auch wenn man es Gnadenvermittlung nennt. – Gnade kommt immer unmittelbar von Gott – und kann nicht „vermittelt" werden durch Menschen – doch das Göttliche wirkt und west in jedem Menschen – nicht nur in „Würdenträgern" … – Dies alles hat bis in die Gegenwart unbeschreibliche Konsequenzen, weil unsere Denkweise so imprägniert ist, dass wir diese Trennung für so selbstverständlich halten, weil wir gar nichts anderes kennen. Dass wir damit aber einer existenziellen Lüge aufliegen und damit auch ausgeliefert sind, den Kräften, die uns haushoch überfordern, realisiert kaum jemand … Die Herausforderungen unserer Zeit übersteigen deswegen logischerweise auch schon lange die Machtbefugnis und das Vermögen der katholischen Institution – (oder es ist „gesteuert" …). In einer „geistlosen" Sphäre kann es nicht anders sein, als dass eine Leere entsteht … Man sieht es sogar an der teilweise gleichgültigen, müden Haltung selbst junger Priester (wenn sie sich nicht dem Fanatismus verschrieben haben), weil nichts mehr erwartet wird; man hat sich an die Monotonie gewöhnt und an die zwei bis fünf alten Frauen, die abends die heilige Messe noch besuchen, obwohl darin doch das tiefste Mysterium noch immer gefeiert wird und eigentlich höchste Einweihung in heiligste Sphären geschieht. Es ist irgendwie Verrat am Heiligsten. Und „sie wissen nicht, was sie tun!" (Lukas 23,34) – oder doch? Was noch alles geschieht hinter den Kulissen; man will es vielleicht lieber nicht wissen. Das „Fußvolk" ist daran nicht unbedingt beteiligt; jenes fragt sich nur ständig, was eigentlich los ist. Doch eine Antwort wird ihnen nicht zuteil … Eines jedoch ist sicher:

Der freie, liebende Mensch wird nach dem Durchgestandenhaben der Apokalypse die zehnte Hierarchie bilden unter allen geistigen Wesen. Die Erde wird leuchten als ein liebestrahlender Stern im Weltenall; alles Gut-Gewirkte wird hervorstrahlen in einer anderen, übersinnlichen Sphäre, in der Sphäre der Verklärung, die drei der Jünger schauen konnten. Das ist „Geisteswirksamkeit" im durchdringensten und ja vollkommensten Sinne. – Von welchen Zeiten spreche ich? – Vielleicht liegt das eigentliche Mysterium jenseits von Raum und Zeit.

15 Was ist Freiheit?

Es braucht ein eigenes Kapitel, dieses Thema, das bereits immer wieder vorkommt – das Phänomen der Freiheit. Wie kann Freiheit richtig verstanden werden? – Gehen wir zunächst zurück in das 13. Jahrhundert zu der Erfahrung einer bekannten Mystikerin, Gertrud der Großen von Helfta; sie bringt eine interessante Auffassung – und wie ich meine – nach wie vor vom Inhalt her sehr aktuell. Sie lässt Christus in ihrer Seele sprechen:

„… ich habe immer mehr die Weisheit der Güte als die Macht der Majestät walten lassen. Ich ertrage die Unvollkommenheit so lange, bis ich sie durch ihren eigenen freien Willen zur Vollendung führe; und durch dieses Ertragen erstrahlt die Güte meiner Weisheit am hellsten.“[24] In diesen altgewordenen Worten liegt – so meine ich – eine interessante Auffassung verborgen. Und nun, 750 Jahre später, könnte der Mensch auch wirklich dahin gereift sein. Aber wie? Die Auffassung über das Geheimnis der freien Willensentscheidung ist die größte Herausforderung unserer Zeit, wenn wir nicht einer stumpfen, verblödeten Willkür verfallen in dem Sinne, dass man damit meint, frei zu sein. Diese Haltung ist keine Freiheit, sondern hat mit Dummheit zu tun und ignoriert den Ernst des Lebens. Das Mysterium der Freiheit, wer es echt zu ergreifen vermag, wird dazu beitragen, dass wir weiterkommen und nicht stehen bleiben. Die wieder und wieder erwähnte Notwendigkeit der Freiheit als Voraussetzung der weiteren Entfaltung des menschlichen als individuellem Wesen hat ihren tiefen Grund. Rudolf Steiners philosophische Arbeit

---

24 „Erhebe dich, meine Seele. Mystische Texte des Mittelalters", Reclam Verlag, 1988, S. 160.

„Die Philosophie der Freiheit"[25], die er als junger Mensch verfasst und nach 24 Jahren bearbeitet hatte, ist eine Fundierung anthroposophischer Denkart. Es ist von der inneren Haltung her ungefähr ein Gegensatz zu Kants kategorischem Imperativ und fordert ein Umdenken voraus, da unsere intellektuell geprägte Gesellschaft und das doch noch sehr religiös pflichtgemäß geformte Bewusstsein tiefe Spuren in uns hinterlassen haben, sodass die Freiheit, die dem Menschen angemessen ist, nur sehr mühsam errungen werden kann. Es ist darum zunächst gut, den so gewohnten kategorischen Imperativ in seiner negativen Auswirkung einmal genauer anzuschauen, um später die Notwendigkeit des Umdenkens deutlich zu machen. Wie lautet der kategorische Imperativ nach Immanuel Kant, einem sehr das Denken und Handeln der nachfolgenden Gesellschaft prägenden Philosophen des 18./19. Jahrhunderts?

„Handle so, dass die Maxime deines Willens jederzeit zugleich als Prinzip einer allgemeinen Gesetzgebung gelten könnte."[26]Im selben Kontext steht Kants Pflichtbegriff: *„Pflicht! Du erhabener großer Name, der du nichts Beliebtes, was Einschmeichelung bei sich führt, in dir fassest, sondern Unterwerfung verlangst, doch auch nichts drohest, was natürliche Abneigung im natürlichen Gemüte erregte und schreckte, um den Willen zu bewegen, sondern bloß ein Gesetz aufstellst, welches von selbst im Gemüte Eingang findet, und doch sich selbst wider Willen Verehrung (wenngleich nicht immer Befolgung) erwirbt, vor dem alle Neigungen verstummen, wenn sie gleich insgeheim ihm entgegenwirken, welches ist der deiner würdige Ursprung, und wo findet man die Wurzel deiner edlen Abkunft, welche alle Verwandtschaft mit Neigungen stolz ausschlägt, und von welcher Wurzel abzustammen die unnachlässliche*

---

25 „Rudolf Steiner, Philosophie der Freiheit – Grundzüge einer modernen Weltanschauung/Seelische Beobachtungsresultate nach naturwissenschaftlicher Methode" (Rudolf-Steiner-Nachlassverwaltung, Dornach, CH).

26 Immanuel Kant, Kritik der praktischen Vernunft, 1. Teil, 1. Buch, 1. Hauptstück, §7.

Bedingung desjenigen Werts ist, den sich Menschen allein selbst geben können?" (Kritik der praktischen Vernunft, 17. Kapitel)

Friedwart Husemann (anthroposophischer Arzt) schreibt dazu[27]: *„Schon Goethe und Schiller dachten anders. Sie waren nicht dafür, dass man Neigungen unterdrücken soll, um das Gute zu tun. Goethe: ,Pflicht, wo man liebt, was man sich selbst befiehlt!'"* (Sprüche in Prosa, Nr. 604 in der Ausgabe Rudolf Steiners) Und eine durchaus bemerkenswerte Äußerung Friedrich Nietzsches bringt Friedwart Husemann in diesem Zusammenhang: *„Eine Tugend muss unsere Erfindung sein, ... in jedem anderen Sinn ist sie eine bloße Gefahr ... Nichts ruiniert tiefer, innerlicher, als jede unpersönliche Pflicht, jede Opferung vor dem Moloch der Abstraktion. Dass man den kategorischen Imperativ nicht als lebensgefährlich empfunden hat! Was zerstört schneller als ohne innere Notwendigkeit, ohne tief persönliche Wahl, ohne Lust (zu) arbeiten, denken, fühlen? Als Automat der Pflicht? Es ist geradezu das Rezept zur décadence, selbst zum Idiotismus ..."*[28]

Und daraus folgernd kann dann leichter verstanden werden, welchen Ansatz Rudolf Steiner verfolgt:

„Dieser Satz (vom kategorischen Imperativ) ist der Tod aller individueller Antriebe des Handelns. Nicht wie alle Menschen handeln würden, ist für mich maßgebend, sondern was für mich in dem individuellen Falle zu tun ist." (Kapitel 9, Philosophie der Freiheit).

Welch verheerende Auswirkung ein kantischer kategorischer Imperativ haben kann, zeigt Husemann auf am Beispiel Adolf Eichmanns, des SS-Obersturmbannführers, welcher die Organisation der gesamten Judenvernichtung zu verantworten hatte. – Hanna Ahrendt (israelische Autorin) beschreibt in ihrem Buch „Eichmann in Jerusalem – ein Bericht von der Banalität des Bösen" im VIII. Kapitel *„Von den Pflichten eines gesetzestreuen*

---

27 Friedwart Husemann, Nachrichtenblatt *Initiative Entwicklungsrichtung Anthroposophie*, 2019, Nr. 12.

28 Friedrich Nietzsche, Der Antichrist, §11, Band 6 der Ausgabe von Colli und Montinari – nach Angabe von Friedrich Husemann, s. o.

Bürgers"[29], dass Eichmann immer und immer wieder davon gesprochen hat, dass er seine Pflicht getan habe, ja, dass er ein Leben lang den Moralvorschriften Kants gefolgt sei. Der Richter
Raveh fragte dann Eichmann, was er darunter verstehe. Da antwortete Eichmann: *„Da verstand ich darunter, dass das Prinzip meines Strebens so sein muss, dass es jederzeit zum Prinzip einer allgemeinen Gesetzgebung werden könnte."* *„Immer wieder betonte Eichmann,
dass niemand in seiner Umgebung gesagt habe, dass es falsch sei, was er
tue oder dass jemand sein Gewissen aufgerüttelt habe."* (S. 220) *„Auch
sei es ihm nie eingefallen, ‚sich in die Nesseln einer eigenen Entscheidung
zu setzen'."* (S. 250) „ Eichmann sagte: *„Bei einer guten Staatsfüh-
rung hat der Untergebene Glück, bei einer schlechten hat er Unglück.
Ich hatte kein Glück."* (S. 279) Friedwart Husemann dazu weiter:
*„Wenn Sie daraufhin das 9. Kapitel der Philosophie der Freiheit le-
sen, merken Sie den krassen Unterschied, wie wichtig es ist, eine individuelle Moral zu begründen, die im Innersten des Ich das Wahre, Schöne
und Gute finden will und sich nicht darauf verlässt, was die Umgebung
tut oder sagt."* (Friedrich Husemann, a. a. O.)

So ist meine Frage: Warum empfinden religiöse Menschen,
Gott suchende Menschen, das Gute wollende und strebende
Menschen es nicht als das Notwendigste, als das Wichtigste, das
man sich denken kann, aus der eigenen, individuellen Moral zu
handeln? Warum scheint es so wichtig, sich von oben bestimmen zu lassen? Dass der Autoritätswahn furchtbare Konsequenzen hatte in der nahen Vergangenheit, hindert offensichtlich auch
nicht, dass die rechte Szene in Politik und Gesellschaft so viel
Anklang findet. Diese innere Bequemlichkeit und das seltsame
Bedürfnis, sich abzusichern und abzuschotten von allem Fremden, Unbekanntem, führt zu einem neuen Wahn und zu neuem
Fanatismus, der erschreckend ist. Wenn die katholische Kirche
eine Verantwortung haben will, in diesem (ehemals) christli-

---

29 Nach Angabe Friedrich Husemanns im angeführten Artikel, s. o.
Hanna Ahrendt, Die Banalität des Bösen, S. 232, 4. Auflage, München 2009.

chen Europa, dann meine ich, muss sie sich eingestehen: sie hat in der Aufgabe versagt, die Gesellschaft dahingehend zu prägen mit wirklich christlichen Werten, und das zeigt sich gerade darin, dass sie der neuen Zeit nicht gewachsen ist – mit allen bereits beschriebenen Phänomenen, mit denen die Menschen von heute umzugehen haben. Die rechte Szene ist nur eines davon, doch gerade sie bekommt Nahrung durch das ungesunde Obrigkeitsempfinden, das ja eine katholische Note hat – dies wird noch ausgiebiger im Kapitel Jesuitismus behandelt werden. – Doch man muss auch dazu sagen, dass die Dinge sehr komplex sind – und eine aufrichtige Selbsterkenntnis innerhalb der Institution in weiten Teilen noch aussteht … Wirkliche Freiheit zu erlernen, ist schon ungeheuer schwer. Der anthroposophische Impuls hätte auf gesunde Weise wirken können, die christlichen Werte hätten in ihrer ursprünglichen Bedeutung ans Licht gebracht werden können; wenn man sich nicht als Gegner empfunden hätte, sondern die notwendige Richtungsänderung hätte aufgreifen können. Aber das wurde nicht gewollt, im Gegenteil. Doch wer weiß denn das? – Es ist schon erschütternd, dass auf so sublime Weise der Mensch sich gutgläubig derart irreführen lässt und nicht realisiert, dass die eigene innere Haltung um 180 Grad verkehrt ist! Jeder kann nur von Glück sagen, dass ihn das Schicksal nicht in Umstände geführt hat, wo diese Haltung verhängnisvoll geworden wäre, so wie es in der Zeit des Nationalsozialismus oder unter anderen despotischen Systemen war und ist. Man kann einfach von Glück sagen und ist sich vermutlich dessen nicht bewusst, auf welch dünnem Eis man sich befindet. – Neben den großen Fragen, die sich da auftun, ist meine immer drängendere Frage an die katholische Welt: Warum kommt man nicht darauf, sich für das Wunder des Menschen mehr zu interessieren? Warum lässt man sich so derart von außen bestimmen und findet es nicht nötig, den innersten Ursprung des Menschseins zu suchen als das Größte? Das ist nicht Größenwahn, sondern entspricht der Würde, die uns eigen ist aufgrund unseres göttlichen Ursprungs. Das verhindert jedoch auch den Machtzugriff von oben oder außen, da der Mensch sich des eigenen Werts bewusst wird und nicht abhängig bleibt von oben oder außen. Ja, es ist sogar so, dass die sogenannte Gutgläubigkeit noch radikaler hinterfragt werden muss. In meiner Recherche über Adolf Eichmann hat sich ergeben, dass die Flucht von Naziverbrechern via die sogenannten *„Rattenlinien"* oder *„Klosterrouten"* von katholischer Seite mit ermöglicht wurden, was die katholische Institution wiederum von einer anderen Seite überaus fragwürdig macht. Welche Kräfte sind am Werk? Das ist eine meiner bleibenden Fragen! Auf dem Hintergrund der mehr und mehr auftauchenden Fragwürdigkeit der Institution wird es auch einleuchtend deutlich, dass sie, die Institution, die Freiheit des Menschen gar nicht wollen kann! – Auch wenn innerhalb der Institution von Wahrheit die Rede ist, wirkt es allmählich absurd. Ich stelle nicht in Abrede, dass einzelnen Menschen der Wert der Wahrheit etwas gilt, doch es braucht ziemlich viel Mut und Initiative, dieser wirklich auf den Grund zu gehen und dabei festzustellen, dass in manchen Bereichen alles andere als die Wahrheit zu finden ist. Als innerer Wert mag sie für einzelne Menschen innerhalb der katholischen Welt als kostbares Gut gelten, doch äußerlich in der Geschichte verankert, bleibt nicht viel Wahrhaftiges, Glaubwürdiges mehr übrig. Und schon gar nichts Freies. Auch hier ist ein sich „Frei-Strampeln" notwendig. Hier ist ein Freiwerden „von etwas" angebracht: frei werden aus einer Art Co-Abhängigkeit, welche die Loyalität mit einem unsauberen System aufzuheben erlaubt oder gar notwendig macht. Das ist hart, doch es hilft nichts. Die Schuppen auf den Augen bleiben, wenn dieser Mut nicht aufgebracht wird. Das Frappante an der Sache ist, dass die katholische Institution sich mit den moralischen Fragen abgibt und die edelsten Werte zum Inhalt hat; doch es ist nicht tragbar, da die echte Moralität weder wirklich verstanden, noch gewollt wird; das wage ich auf dem Hintergrund der Geschichte zu behaupten. Gerade an der heiklen Grenze der höchsten Ideale können diese, die Ideale, als ein Vorwand gebraucht werden, um das Gegenteil vorzutäuschen von dem, was gelebt wird; ein fantastisches Alibi, um von sich selbst bis in die Kriminalität hinein abzulenken …

Allerdings ist es bei dem überschriebenen Thema nicht der Sinn der Sache, bei der Kritik allein stehen zu bleiben. Es ist vielmehr sinnvoll, die eigentliche Bedeutung der Freiheit herauszufinden, ihr auf den Grund zu gehen. Da das Phänomen der Freiheit eben mit der Moralität überhaupt im Innersten zu tun hat, kommen wir auch in den Bereich der Erziehung. Wie wird ein Menschenkind so begleitet, dass es heranwachsen kann zu einem Wesen, das das Edelste in sich hervorzubringen vermag? Wie muss eine Erziehung gestaltet sein? Das ist ein weites Gebiet, das ich nur ansatzweise streifen kann, da es sonst zu weit führt. So viel kann gesagt werden: Die Haltung und Einstellung eines Lehrers seinen Schützlingen gegenüber ist die, dass er „weiß", alles ist schon im Menschenkinde vorhanden; es geht darum, die Kinder und später Jugendlichen so in der Entwicklung zu begleiten, dass es sich offenbart, was in ihnen liegt; ja, dass sie es selbst finden, entdecken. Es geht darum, Bedingungen zu schaffen, Räume zu geben, in der diese Entfaltung möglich ist – auch auf kreative, schöpferische, künstlerische Weise – und dass jedes Kind sich als werdendes Individuum erlebt, das eine Stimme hat, welche einmalig ist in der Welt, dass jeder Mensch ein Wesen ist, das mehr als nur die äußere Sichtbarkeit ausmacht.

Ein bedeutender Ansatz, der an den Grund der gesamten Problematik heranführt, lässt sich auch im heilpädagogischen Kurs Rudolf Steiners ablesen, in dem er beschreibt, was der Mensch *„sich aufgebaut hat aus dem wirklichen lebendigen Gedankenleben heraus. Daraus ersehen Sie"*, sagt er, *„dass es sich eigentlich ungeheuer stark darum handeln wird, dass wir von der Bewusstheit ausgehen: an den Gedankeninhalt selber, an die eigentlichen Gedanken können wir gar nicht herankommen, denn die sind ja im Weltenäther in ihrer absoluten Richtigkeit vorhanden."* – Das klingt vielleicht sonderbar, zeigt jedoch auf, wie groß die Wirklichkeit ist, in der wir uns befinden; jeglich falsches Begrenzen und Einengen auf eine ungesunde Weise ist darum dem Menschen schädlich. Und dabei handelt es sich nicht um Willkür, sondern um das Gegenteil: um die Ermöglichung höchster Moral. Das sind vermutlich völlig neue Einsichten, wenn es denn solche werden; es tun sich hier ganz neue

Räume auf. Es kann auch nicht sein, dass wir, wenn wir uns mit der Erziehung, also mit der Zukunft des Menschen beschäftigen, uns mit einer rein horizontalen Ebene zufriedengeben. Also wiederum geht es darum, sich der kosmischen, geistigen Wirklichkeit anzunähern. Rudolf Steiner bezeichnet deshalb die Tatsache, dass *„die allrichtig waltende Gedankenlebendigkeit, enthalten im Weltenäther" eine „kosmisch religiöse Einstellung"* ist. So groß ist das Ganze, man kann es nicht groß genug denken, das Geheimnis des Menschen. In dem bereits genannten Grundwerk Steiners, der „Philosophie der Freiheit" (s. o.) finden wir den Ansatz, der weiterhilft im Verständnis des subtilen Unterschieds in der inneren Haltung, die zur wirklichen Freiheit und damit der höchsten Moralität führt; es handelt sich meiner Wahrnehmung nach um das Substanziellste, wenn wir uns mit dem Thema Freiheit beschäftigen. Er entwickelt es so: *„Will man erfassen, wodurch eine Handlung des Menschen dessen sittlichem Wollen entspringt, so muss man zunächst auf das Verhältnis dieses Wollens zu der Handlung sehen. Man muss zunächst Handlungen ins Auge fassen, bei denen dieses Verhältnis das Bestimmende ist. Wenn ich oder ein anderer später über eine solche Handlung nachdenken, kann es herauskommen, welche Sittlichkeitsmaximen bei derselben in Betracht kommen. Während ich handle, bewegt mich die Sittlichkeitsmaxime, insofern sie intuitiv in mir leben kann; sie ist verbunden mit der Liebe zum Objekt, das ich durch meine Handlung verwirklichen will. Ich frage keinen Menschen und auch keine Regel: soll ich diese Handlung ausführen? – sondern ich führe sie aus, sobald ich die Idee davon gefasst habe."* (a. a. O., GA 4, S. 161) Bevor ich weiter zitiere, will ich innehalten bei dieser Ausdrucksweise: „sobald ich die Idee davon gefasst habe." – Wann habe ich die Idee von etwas erfasst? Allmählich wird mir mehr und mehr deutlich, dass dies dann der Fall ist, wenn ich das Wesen von etwas erkannt habe, und dies kann nur geschehen, wenn ich bereit bin, innerlich mich damit zu verbinden. Wir erkennen wieder das oben beschriebene Phänomen der „Wesenhaftigkeit". Also handelt es sich um etwas zutiefst Lebendiges. Es kann mit reiner Intelligenz oder reinem Pragmatismus nichts zu tun haben, schon gar nicht mit äußerer Gesetzmäßigkeit. Nun geht es hier ans Eingemachte: Es ist deutlich, die altgewohnte Gesetzeserfüllung führt in die Unfreiheit, wenn sie nicht von innen her erkannt wird. Da kommen wir an die Sphäre des existenziellen Ringens um die wahre Gesetzeserfüllung. – Jesus hat mit den damaligen Führern der Religion darum gerungen; er wollte diese innerste Wirklichkeit aufzeigen – und wurde nicht verstanden. Saulus, der überaus strenge „Gesetzeserfüller", der bis aufs Blut die Feinde verfolgt hat, greift nach dem Damaskuserlebnis dieses auf und holt weit aus, indem er von der Unfreiheit spricht, die das Gesetz in sich birgt. Das nicht vom Wesen her erkannte Gesetz wird zum existenziellsten Problem und ist 2000 Jahre später noch nicht gelöst, sondern kulminiert in der Geschichte des Nationalsozialismus. *„Warum rühmst du dich des Gesetzes, verachtest aber die Gottheit, indem du das Gesetz übertrittst?"* (Paulus, aus dem Brief an die Römer 2,23) *„… du … verlässest dich auf das Gesetz und rühmest dich Gottes … Du glaubst, im Gesetz den Zauberstab der Erkenntnis und Wahrheit zu besitzen. Warum aber belehrst du, der du die anderen belehrst, nicht dich selbst?"* (Röm 2,17–22) *„Wir wissen: Was das Gesetz spricht, das spricht es zu denen, die der Gesetzesströmung angehören. Der Sinn seines Sprechens aber ist, dass jeder Mund davon verstummen und die ganze Welt sich vor Gott im Unrecht fühlen soll. Daraus ergibt sich, dass durch die Werke der Gesetzesbefolgung kein irdisch verkörperter Mensch vor Gott zum wahren Sein gelangen kann. Durch das Gesetz entsteht nur das Bewusstsein von der Sünde."* (Röm 3,19 f. – alle Stellen nach der Übersetzung von Emil Bock) – Sind wir hier nicht haarscharf an der Grenze dessen, dass etwas berührt wird, das noch nicht wirklich erfasst ist? Ein nicht bis auf den Grund verstandenes Geheimnis wird mit den eigenen Mitteln bekämpft: Die Juden werden vernichtet, weil es das von den Deutschen selbst gemachte Gesetz vorschreibt (vgl. die Wannseekonferenz, auf der die gesamte Judenvernichtung beschlossen wurde). Das jüdische Volk war das Opfer im letzten Jahrhundert, die eigentlichen „Gesetzesvertreter" … – das ist schon sehr eigenartig. Es handelt sich um etwas zutiefst Mysteriöses hier. Und die katholische Kirche „hilft" dabei mit, das Verbrechen zu vertuschen – Würdenträger – Religionsführer loyalisierten sich auf eine Art mit den „Tätern", schützten sie … (s. o. Rattenlinien, Klosterrouten) – warum?! Berührt man hier nicht höchste Ebenen? Licht- und Dunkelsphären miteinander im Kampf mit irgendwie denselben Mitteln – der Kampf spielt sich vermutlich nicht nur hier unten ab. Doch er geht durch uns hindurch – es geht nicht anders –, wir Spezies auf diesem Planeten sind da, um diese Prüfung zu bestehen. Wie findet man heraus aus diesem Dilemma? Darüber kann man gründlich nachdenken. Darum zurück zu dem Pfad, den Rudolf Steiner beschreibt in seiner genannten ‚Philosophie der Freiheit': Er sprach über die „Liebe zu dem Objekt", die das Handeln bestimmt, und von der Ausführung der Handlung, sobald die Idee davon gefasst ist. Das setzt eben jene Intuition voraus, das Wesen der Dinge zu erkennen; eben sich so damit zu verbinden, sich so zu „interessieren" – (vgl. Inter-esse: Dazwischen-Sein), ein warmes Interesse zu entwickeln, eine Liebe zu eben jenem, das ich gerade tun will, dass ich hingezogen bin, um eine Handlung zu vollbringen. Diese Wärme, dieses Gemüt entwickeln, hilft, dem sich zu nähern, worauf es ankommt. Erinnert diese Haltung nicht wiederum an Goldmarie, die den Apfelbaum schüttelt, das Brot aus dem Ofen holt, den sprechenden Dingen antwortet, da sie ihr wesenhaft begegnen? Weil sie sich natürlicherweise mit allem verbindet, was ihre „Gutheit" ausmacht? Da hat kalte Gesetzhaftigkeit keine Chance.

Die innere Verbindung mit der Kultur und der Frömmigkeit des Judentums, wie ich es in der genannten Spiritualität der osteuropäischen Tradition des Chassidismus kennengelernt habe, der jiddischen Lieder, der Innigkeit und Liebe, dem „lebn mit harts un gefil", das mir daraus entgegenkommt, würde es unmöglich gemacht haben, diese Menschen der Vernichtung auszuliefern. Sich der kalten, brutalen Pflichtanordnung unterzuordnen, und ohne selbst zu denken zu wagen, die entsetzlichsten Befehle auszuführen, geht nur, wenn das Herz und das Gemüt ausgeschaltet sind; wenn man sich in die Sphäre der radikalen Lieblosigkeit und Unbarmherzigkeit, in die Sphäre des Bösen bewegt hat, ohne es zu merken? Wirklich – ohne es zu merken? Wie war das möglich! Wenn Pflicht das oberste Gesetz ist, braucht man nicht mehr weiterzudenken oder zu empfinden (s. o. Adolf Eichmann). Weiter im O-Ton Rudolf Steiners: *„… ich führe [die Handlung] aus, sobald ich die Idee davon gefasst habe. Nur dadurch ist sie meine Handlung. Wer nur handelt, weil er bestimmte sittliche Normen anerkennt, dessen Handlung ist das Ergebnis der in seinem Moralkodex stehenden Prinzipien. Er ist bloß der Vollstrecker. Er ist ein höherer Automat."* (a. a. O.) Der Automatismus, die abstrakte Organisation der Durchführung bis ins akribische Detail mit dem Ziel, die Juden zu vernichten, sprechen aus sich auf diesem Hintergrund. *„Werfet einen Anlass zum Handeln in sein Bewusstsein, und alsbald setzt sich das Räderwerk seiner Moralprinzipien in Bewegung und läuft in gesetzesmäßiger Weise ab, um eine christliche, humane, ihm selbstlos geltende, oder eine Handlung des kulturgeschichtlichen Fortschritts zu vollbringen."* (a. a. O.) Hier wieder die Wirkung bis ins Absurde hinein: Man versteht etwas als christlich, was zutiefst unchristlich ist …

Und nun in unserem Jahrhundert, im neuen Millennium? Die Automatismen, die Leblosigkeit der künstlichen Intelligenz, die Rädchen, die ineinanderwirken, und die Abhängigkeiten, in die die meisten Erdenbewohner eingefangen sind, ist die Wirkung des Ganzen unserer Zeit. Ethik ist gar keine Frage mehr; es geht noch weiter – man kann nicht mehr ethisch denken, empfinden; man kann überhaupt nicht mehr empfinden … Der Abgrund, der sich im letzten Jahrhundert aufgetan hat – auch im Archipel Gulag der Sowjetunion – wird ad absurdum geführt, lautlos, unmerklich – im System unserer Zeit. Umso notwendiger, zu begreifen, um so notwendiger, sich anzustrengen, wie der schmale Pfad durch uns hindurch zu finden ist, solange wir *noch ein Herz im Leibe haben:*

„Nur wenn ich meiner Liebe zu dem Objekte folge, dann bin ich es selbst, der handelt. Ich handle auf dieser Stufe der Sittlichkeit nicht, weil ich einen Herrn über mir anerkenne, nicht die äußere Autorität, nicht eine sogenannte innere Stimme. Ich erkenne kein äußeres Prinzip meines Handelns an, weil ich in mir selbst den Grund des Handelns, die Liebe zur Handlung gefunden habe. Ich prüfe nicht verstandesmäßig, ob meine Handlung gut oder

böse ist, ich vollziehe sie, weil ich sie liebe. Sie wird „gut", wenn meine in Liebe getauchte Intuition in der rechten Art in dem intuitiv zu erlebenden Weltzusammenhang drinnen steht; „böse", wenn das nicht der Fall ist." (a. a. O.) „*Intuition*" erklärt Steiner an anderer Stelle: „*... ist das im rein Geistigen verlaufende bewusste Erleben eines rein geistigen Inhalts."* (a. a. O., S. 146) Pilatus fragt: „*Was ist Wahrheit?"* (Joh 18,36) – er bekommt keine Antwort – doch Jesus sagte ihm zuvor: „*Mein Reich ist nicht von dieser Welt ...*" (Joh 18,36) Weiter aus der Philosophie der Freiheit: „*Ich frage mich auch nicht: wie würde ein anderer Mensch in meinem Falle handeln? – sondern ich handle, wie ich, diese besondere Individualität, zu wollen mich veranlasst sehe. Nicht das allgemein Übliche, die allgemeine Sitte, eine allgemein-menschliche Maxime, eine sittliche Norm leitet mich in unmittelbarer Art, sondern meine Liebe zur Tat. Ich fühle keinen Zwang, nicht den Zwang der Natur, die mich bei meinen Trieben leitet, nicht den Zwang der sittlichen Gebote, sondern ich will einfach ausführen, was in mir liegt.*

Die Verteidiger der allgemeinen sittlichen Normen könnten etwa zu diesen Ausführungen sagen: Wenn jeder Mensch nur danach strebt, sich auszuleben und zu tun, was ihm beliebt, dann ist kein Unterschied zwischen guter Handlung und Verbrechen; jede Gaunerei, die in mir liegt, hat gleichen Anspruch sich auszuleben, wie die Intention, dem allgemeinen Besten zu dienen. Nicht der Umstand, dass ich eine Handlung der Idee nach ins Auge gefasst habe, kann für mich als sittlichen Menschen maßgebend sein, sondern die Prüfung, ob sie gut oder böse ist. Nur im ersteren Falle werde ich sie ausführen.

*Meine Entgegnung auf diesen naheliegenden und doch nur aus einer Verkennung des hier Gemeinten entspringenden Einwand ist diese: Wer das Wesen des menschlichen Wollens erkennen will, der muss unterscheiden zwischen dem Weg, der dieses Wollen bis zu einem bestimmten Grad der Entwickelung bringt, und der Eigenart, welche das Wollen annimmt, indem es sich diesem Ziele annähert. Auf dem Wege zu diesem Ziele spielen Normen ihre berechtigte Rolle. Das Ziel besteht in der Verwirklichung rein intuitiv erfasster Sittlichkeitsziele. **Der Mensch erreicht solche Ziele in dem Maße, in dem er die Fähigkeit besitzt, sich überhaupt zum intuitiven Ideengehalte der Welt zu er-***

heben." (Intuition – s. o.) *„Im einzelnen Wollen wird zumeist anderes als Triebfeder oder Motiv solchen Zielen beigemischt sein. Aber Intuitives kann im menschlichen Wollen doch bestimmend oder mitbestimmend sein. Was man soll, das tut man; man gibt den Schauplatz ab, auf dem das Sollen zum Tun wird; eigene Handlung ist, was man als solche aus sich entspringen lässt. Der Antrieb kann da nur ein ganz individueller sein. Und in Wahrheit kann nur eine aus der Intuition entspringende Willenshandlung eine individuelle sein. Dass die Tat des Verbrechers, dass das Böse in gleichem Sinne ein Ausleben der Individualität genannt wird wie die Verkörperung reiner Intuition, ist nur möglich, wenn die blinden Triebe zur menschlichen Individualität gezählt werden. Aber* **der blinde Trieb, der zum Verbrechen treibt, stammt nicht aus Intuitivem, und gehört nicht zum Individuellen des Menschen, sondern zum Allgemeinsten in ihm,** *zu dem, was bei allen Individuen in gleichem Maße ist und aus dem sich der Mensch durch sein Individuelles heraus arbeitet. Das Individuelle in mir ist nicht mein Organismus mit seinen Trieben und Gefühlen, sondern das ist die einige Ideenwelt, die in diesem Organismus aufleuchtet. … * **Frei ist nur der Mensch, insofern er in jedem Augenblicke seines Lebens sich selbst zu folgen in der Lage ist.**" (a. a. O.)

Und das erfordert eben ein waches Bewusstsein von sich selbst, das es nicht zu verlieren gilt. Wenn es gelingt, ist es jedoch auch erfüllend und sinngebend, es macht das Leben lebenswert. „Sei stets einig mit dir selbst", sagte schon der Philosoph Johann Gottlieb Fichte. Diese Haltung aus der innersten Mitte heraus gibt auch den inneren Frieden, der entsteht aus der inneren Ruhe und Kraft. Das ist ein freier Mensch, der aus seiner innersten Mitte heraus lebt. Steiners Philosophie der Freiheit gibt weitere hilfreiche Impulse – und ich will sagen, das alles sind Gedanken, die das Christliche in seinem tiefsten Sinn, in seiner tiefsten Bedeutung erfasst haben wie noch nicht bisher – und wer ist imstande, es zu verstehen und zu leben?:

„Eine sittliche Tat ist nur meine Tat, wenn sie in dieser Auffassung eine freie genannt werden kann. … Die Handlung aus Freiheit schließt die sittlichen Gesetze nicht etwa aus, sondern ein" – hören wir da nicht folgende Stimme?

„Ihr sollt nicht denken, ich sei gekommen, um das Gesetz oder die Propheten aufzulösen. Meine Aufgabe ist nicht, aufzulösen, sondern zu erfüllen. Ja, ich sage euch: bis zum Untergang des Himmels und der Erde wird kein Buchstabe und kein Strichelchen aus dem Gesetz seine Geltung verlieren. Es muss erst alles erfüllt werden.“ (Matthäusevangelium 5,17 f. nach Emil Bock) Steiners „Philosophie der Freiheit" ist endlich eine hilfreiche Deutung dieser Christusworte und hilft, sie dem Sinn nach wirklich zu erfassen: *„Sie (die Handlung) erweist sich nur als höherstehend gegenüber derjenigen, die nur von diesen Gesetzen diktiert ist. Warum sollte meine Handlung denn weniger dem Gesamtwohle dienen, wenn ich sie aus Liebe getan habe, als dann, wenn ich sie nur aus dem Grunde vollbracht habe, weil dem Gesamtwohle zu dienen, ich als Pflicht empfinde? Der bloße Pflichtbegriff schließt die Freiheit aus, weil er das Individuelle nicht anerkennen will, sondern Unterwerfung des Letztern unter eine allgemeine Norm fordert. Die Freiheit des Handelns ist nur denkbar vom Standpunkte des ethischen Individualismus aus.*

*Wie ist aber ein Zusammenleben der Menschen möglich, wenn jeder nur bestrebt ist, seine Individualität zur Geltung zu bringen? Damit ist ein Einwand des falsch verstandenen Moralismus gekennzeichnet. Dieser glaubt, eine Gemeinschaft von Menschen sei nur möglich, wenn sie alle vereinigt sind durch eine gemeinsam festgelegte sittliche Ordnung. Dieser Moralismus versteht eben die Einigkeit der Ideenwelt nicht. Er begreift nicht, dass **die Ideenwelt, die in mir tätig ist, keine andere ist, als die in meinem Mitmenschen. Diese Einheit ist allerdings bloß ein Ergebnis der Welterfahrung. Allein sie muss ein solches sein. ... Wenn wir beide wirklich aus der Idee schöpfen und keinen äußeren (...) Antrieben folgen, so können wir uns nur in dem gleichen Streben, in denselben Intentionen begegnen. Ein sittliches Missverstehen, ein Aufeinanderprallen ist bei sittlich freien Menschen ausgeschlossen. Nur der sittlich Unfreie, der dem Naturtrieb oder einem angenommenen Pflichtgebot folgt, stößt den Nebenmenschen zurück, wenn er nicht dem gleichen Instinkt und dem gleichen Gebot folgt.***

Leben in der Liebe zum Handeln und Lebenlassen im Verständnis des fremden Wollens ist die Grundmaxime der freien Menschen.

Sie kennen kein anderes Sollen als dasjenige, mit dem sich ihr Wollen in intuitiven Einklang versetzt … Der Freie lebt in dem Vertrauen darauf, dass der andere Freie mit ihm einer geistigen Welt angehört und sich in seinen Intentionen mit ihm begegnen wird. **Der Freie verlangt von seinen Mitmenschen keine Übereinstimmung, aber er erwartet sie, weil sie in der menschlichen Natur liegt.** *Damit ist … auf die Gesinnung hingedeutet, auf die Seelenverfassung, durch die der Mensch in seinem Sich-Erleben unter von ihm geschätzten Mitmenschen der menschlichen Würde am meisten gerecht wird.*

… Das ist ein Ideal, werden viele sagen. Ohne Zweifel, aber ein solches, das sich in unserer Wesenheit als reales Element an die Oberfläche arbeitet." (aus: „Philosophie der Freiheit, a. a. O., S. 161–168)

Es war mir wert, so viel zu zitieren, da dieses richtig zu verstehen, mir als sehr wichtig erscheint. Es stellt sich in alledem, im Ringen um die Freiheit die Frage nach dem Menschen- und Gottesbild. Wird der Anthroposophie vorgeworfen, die höchste Autorität und damit Gott zu verwerfen? Muss ich daraufhin fragen, welche Gottesvorstellung herrscht da vor? Weiß der Pfarrer eigentlich, wovon er predigt, wenn er Gott im Munde führt? Oder missbraucht er das höchste Geheimnis, dem alles zugrunde liegt für etwas, das er nicht versteht oder verstehen will? Es ist bequemer, die Chiffre „Gott" als höchstes Wesen zu benützen, anstelle sich zu bemühen um mehr Verständnis für das eigene Wesen, das menschliche Wesen. So will ich behaupten, die Anthroposophie ist dem Menschenbild des „Menschensohnes", der da sagte „Ihr seid das Licht der Welt" (Matthäus 5,14) näher als das Menschenbild des Katholizismus. Und wie nähert man sich einem angemesseneren Gottesbild? Wenn Rudolf Steiner über die Idee spricht und damit etwas meint, das der rein geistigen Sphäre angehört, dann ist damit das Höchste gemeint, mit dem sich der Mensch verbinden kann. So gesehen ist die Intuition, von der er spricht, ebenso eine Fähigkeit, die man sich erst erwerben kann, wenn man „die Idee gefasst hat". Gleichzeitig so schwierig und so einfach ist es. Aber deutlich – es ist Zukunftsmusik, die schon herüberklingt, wenn wir uns auf den Weg machen, freie

Menschen zu werden. Es ist erlebbar. Es gibt hier einen Bogen zu spannen zum Thema der Frage nach dem Geist: es handelt sich in alledem um individualisierten Geist – ich behaupte, dass Christus keine abhängigen, unfreien Menschen wollte, im Gegenteil. In Joh 15 spricht er uns an als Freunde, nicht mehr Knechte oder Sklaven. Ein Sklave weiß nicht, was sein Herr tut … Er – der „Menschensohn" – hat das Bild des Menschen, des zukünftigen verkörpert. Sein Wort aus dem Johannesevangelium „Ich bin der Weg, die Wahrheit und das Leben" (Joh 14,6) wir können es auf uns anwenden; bedarf es der Wiederholung? „Christus in uns" (Gal 2.20) geht in uns den individuellen Weg, der nur ein freier sein kann.

16 Jesuitismus und dessen folgenschwere Auswirkung für die Welt

Es wird noch brisanter. Die Notwendigkeit, restlos alle heißen Eisen anzufassen, lässt sich nicht mehr vermeiden. Vielleicht mutet es manchen fremd an, warum die folgende Frage auftaucht – doch nach dem Lesen des Artikels wird es deutlich geworden sein. Die Frage lautet: Wer sind die Jesuiten? Diese Auseinandersetzung gehört maßgeblich dazu, eine Handschrift innerhalb der katholischen Institution entziffern zu lernen. Je mehr man dies wagt, desto mehr Fragen werden auch gelöst, die bisher im sehr verworrenen Dunkel der Geschichte nicht bzw. noch nicht gestellt werden konnten, deren Wirkungen jedoch schon lange verhängnisvoll sind …

Es führt zu weit, die Geschichte seit dem Beginn des Jesuitenordens aufzuzeigen. Es genügt zunächst, eine äußerst fragwürdige Haltung zu umschreiben, welche dem Missbrauch des menschlichen Willens auf den Grund gehen soll – interessanterweise vergleichbar dem Phänomen des fragwürdigen Pflichtbewusstseins während der Nazizeit. Dort begegnet man dem Ausdruck des „blinden Gehorsams". Woher kommt dieser Begriff? Er führt zu dem folgenden, dem sogenannten „Kadavergehorsam".

*„Als **Kadavergehorsam** bezeichnet man einen Gehorsam, bei dem der Gehorchende sich einem fremden Willen uneingeschränkt, wie ein willenloser Kadaver, unterwirft. Verwandt ist der Begriff ‚**blinder Gehorsam'**, dem zufolge der Gehorchende sich von einem fremden Willen wie ein Blinder von einem Sehenden führen lässt.*

Das deutsche Wort ‚Kadavergehorsam' geht in der sprachlichen Gestalt zurück auf die Satzung des Jesuiten-Ordens. Der Ordensgründer Ignatius von Loyola erarbeitete den Text auf Spanisch und ließ ihn von seinem Sekretär Juan Alfonso de Polanco ins Lateinische übertragen. In der 1558 von der Ordenskongregation veröffentlichten Fassung heißt es: ‚Et sibi quisque persuadeat, quòd qui sub Obedientia vivunt, se ferri ac regi a divina Providentia per Superiores suos sinere debent perinde, ac si cadaver essent, quod quoquoversus ferri, et quacunque ratione tractari se sinit; vel similiter, atque senis baculus, qui, ubicunque, et quacunque in re velit eo uti, qui eum manu tenet, ei inservit.'

‚Wir sollen uns dessen bewusst sein, dass ein jeder von denen, die im Gehorsam leben, sich von der göttlichen Vorsehung mittels des Oberen führen und leiten lassen muss, als sei er ein toter Körper, der sich wohin auch immer bringen und auf welche Weise auch immer behandeln lässt, oder wie ein Stab eines alten Mannes, der dient, wo und wozu auch immer ihn der benutzen will.'"

Deutsche Übersetzung von Peter Knauer (1998)[30]

„Wenn die Kirche, was unserem Auge weiß erscheint, als schwarz definiert, so sind wir verpflichtet, es für schwarz zu erklären.", schrieb Ignatius an einen Freund." (a. a. O.)

Blinder Gehorsam und Autoritätshörigkeit hat zu dem Entsetzen der Shoa, der Vernichtung jüdischer Menschen geführt; insofern ist hier, wie gesagt, eine Verbindung zu erkennen zwischen dem unheilvollen kantischen kategorischen Imperativ – wie es am Beispiel Adolf Eichmanns während der Nazizeit schon aufgezeigt wurde – und der radikalen Forderung zu absolutem Gehorsam, den die Jesuiten pflegen. Dass diese indoktrinierende Wirkung und das entwürdigende Menschenbild, das dahintersteht, solche Folgen hatten und kaum bemerkt in unser Jahrhundert hinein weiterhin geduldet, weil nicht genügend reflektiert werden, dass eine gesellschaftliche Prägung im vorigen Jahrhundert, aufgrund der Erziehung, die jedoch weit zurückreicht – und zwar vierhundert Jahre zurückreicht – solche Folgen hatte und dann während des Naziregimes in die Kulmination geführt hat, ist so erschütternd, dass ich keine Worte finde. – Um den Ursachen noch mehr auf den Grund zu gehen, werde ich ausführlicher der mehr oder weniger bekannten Aussage auf den Grund

---

30 So die Erklärung bei Wikipedia am 9. Juli 2019, 16.51 Uhr mitteleuropäischer Zeit – https://de.wikipedia.org/wiki/Kadavergehorsam.

gehen, und zwar der Aussage „der Zweck heilige die Mittel". Diese Auffassung erlaubt Lügen, ja selbst Mord, wenn es irgendeinem selbst gemachten „heiligen" Zweck diene. Es geht nicht an, diese Dunkelsphäre unbeachtet zu lassen. Darum seien hier einige Beispiele aufgeführt, worauf sich die Aussage stützt und die deren Ursprung sind[31]:

(Es gibt sicher noch mehr Quellen – ich kann mich selbst noch leise erinnern, dass ich diese Dinge im Moraltheologiestudium der 80er-Jahre in Freiburg gehört habe ...)

„... Probabilismus: Das nach eigenem Wissen absolut Richtige darf um eines Vorteils willen durch etwas andres ,Wahrscheinliches' ersetzt werden, wenn dieses ,Wahrscheinliche durch eine Autorität beglaubigt' ist.

Auch gestattet der Probabilismus, trotz Gewissensbedenken eine Handlung zu vollziehen, ,wenn eine Autorität namhaft gemacht werden kann, welche deren Vollzug erlaubt.'

,Daraus geht hervor, dass wir völlige Gewissensfreiheit haben, der Meinung zu folgen, die uns die angenehmste ist.'

Leitung der Absicht (methodus dirigendi intentionem): Sündiges Tun ist erlaubt, ,wenn man nur nicht die Absicht hat, dadurch gerade zu sündigen, sondern vielmehr einen beliebigen erlaubten Zweck zu erreichen.'

Diebstahl: nicht um des Stehlens willen, sondern um sich mit dem ,Gestohlenen elegant zu kleiden, anständig zu leben, oder eine Lustreise zu machen.'

Rache: Vater Lessius (1554–1623) lehrt: ,Wer einen Backenstreich erhalten hat, kann sogleich wieder schlagen, auch mit dem Schwert, nicht zwar in der Absicht, Rache zu nehmen (das ist verboten), sondern um der Infamie und Schande zu entgehen, eine Maulschelle auf sich sitzen zu lassen.'

---

31 Die folgenden Zitate sind entnommen einer Veröffentlichung in „Gegenwart", der Monatsschrift für freies Geistesleben und soziale Dreigliederung". Separatdruck o.J., 1973, S. 1–58. Anlass der Veröffentlichung war die anstehende Entscheidung darüber, ob das Verbot des Jesuitenordens in der Schweiz aufgehoben werden soll. Durch seine Studie wollte der Anthroposoph Professor F. Eymann der Öffentlichkeit Materialien zur Beurteilung der jesuitischen ,Moral' vorlegen.

Dem Feind den Tod wünschen: Doctor P. Escobar bezeichnet dies als erlaubt, ‚nicht zwar aus Hass, (das wäre unchristlich), sondern in der Absicht, um … eigenem Schaden zu entgehen.'

Geheimer Vorbehalt (reservatio mentalis, restrictio mentalis): Nach Vater Sanchez, der als ‚gewichtiger Doktor' des Ordens gilt, ist es erlaubt, von vornherein zweideutige Redensweisen zu gebrauchen und dann den Sinn geltend zu machen, der vorteilhaft ist. Ist eine solche Zweideutigkeit nicht möglich, so darf man für sich in Gedanken einen anderen Sinn unterschieben, den der Angesprochene nicht wissen kann, ‚ohne eine Lüge zu begehen', mit einem praktischen Beispiel: ‚Wenn jemand, der eines Mordes schuldig ist, den er an einem Pater verübt hat, … und deshalb befragt wird, so darf er antworten: er habe den Pater N. N. nicht getötet, indem er dabei an einen anderen Pater dieses Namens denkt: oder … er darf antworten: Ich habe ihn nicht getötet (in geheimer Restriktion hinzugedacht), vor seiner Geburt nämlich.' ‚Eine solche Feinheit … ist von großem Nutzen, vorab, um vieles zu verbergen, was verborgen bleiben muss, und was noch nicht ohne Lüge und Meineid verborgen werden könnte, wenn es nicht auf diese Weise geschehen dürfte.'

Jesuiteneid: Nach Anleitung des Vaters Filliuccius ist es auch unter Eid erlaubt, einen geheimen Vorbehalt, der den Inhalt des Eides verändert, leise einzuschieben; z. B. wenn jemand eine Tat leugnen will, die er vor längerer Zeit begangen hat, ‚so würde der Eid lauten: Ich schwöre, dass ich (nun kommt die „'leise Einschiebung", z. B. „heute") das oder jenes nicht getan habe.'

… Alle diese Moralprinzipien haben einen gemeinsamen Hintergrund: Anstelle der Verantwortung vor dem eigenen Gewissen und der Wahrheit wird eine Methode des spitzfindigen Denkens in formalen Prinzipien geübt, die auf dem Weg über den blinden Gehorsam gegenüber Autoritäten schließlich dazu verleitet, jede im Dienst des Ordens vollbrachte Tat zu rechtfertigen, solange sie den Zielen des Ordens dient. Der Volksmund hat diese Haltung charakterisiert mit der Bezeichnung: ‚Der Zweck heiligt die Mittel'.

Den Höhepunkt der Auswirkungen dieser das Gewissen abtötenden Moralprinzipien darf man wohl in den Ereignissen der vom Jesuitenorden besonders geförderten Inquisition sehen, in der schließlich der ‚heilige' Zweck, Seelen vor der Hölle zu retten, alle Mittel von Verfolgung, Folter und Hinrichtung rechtfertigen sollte."

Soweit die erschütternden Ausführungen – ich muss mich selber fragen, was hat uns als junge Theologiestudenten gehindert, hier massive Fragen zu stellen, das einfach hinzunehmen und einen Beruf in der katholischen Seelsorge zu ergreifen? – Waren wir mit Blindheit und Taubheit geschlagen? – Alles wurde auch so nicht mitgeteilt ... – da werden offensichtlich schon Auswahlen getroffen, dass es erträglich bleibt und die Sache nicht ganz durchschaubar werden lässt ... Es lässt jedenfalls aufhorchen, und die Frage stellt sich, wozu diese Ordensgruppe sich erdreistet und mit wem wir es hier zu tun haben! Es ist notwendig, hierüber mehr zu erfahren [32] „... *dieser Orden...* (der Jesuiten) *bildete die Form, in die sich eine ganze okkulte Strömung hinein ergoss ...*" (S. 216) – Was meint Lazarides? – Es tauchen in diesem Zusammenhang Namen auf, Namen „... *einer Gruppe ganz besonderer französischer Okkultisten ...: Eliphas Levi, Papus, Péladan, Guaita und einige andere. ... Bei gründlichem Studium der esoterischen Strömungen Frankreichs kann man feststellen, dass gerade diese Gruppe ... ganz offensichtlich eine besondere zeremonielle Magie repräsentiert ...*" (S. 223) „*Bei Eliphas Levi, ... dem Inaugurator dieser Strömung, kann man eine ... zwar nicht formelle, aber doch zumindest okkulte Verbindung mit dem jesuitischen Egregor feststellen. Das reicht weit über die Tatsache hinaus, dass er katholischer Priester gewesen war (Abbé Alphonse-Louis-Constant) oder eine okkulte Metamorphose davon darstellt. So spricht er beispielsweise in ,Der Schlüssel zu den großen Mysterien' (1861) aus, wo die Autorität zu finden sei, die über jede geistige Schwelle wacht: ,Dazu braucht es die unbedingte, unveränderliche Bekräftigung durch ein von einer autorisierten Hierarchie gehütetes Dogma. Es braucht einen wirksamen Kultus, der mit absolutem Vertrauen den Zeichen des Glaubens substantielle Realität verleiht.*

---

32 Die folgenden Ausführungen entnehme ich dem Anhang, der Antwort auf Reaktionen nach dem Erscheinen eines Buches mit dem Titel „Der Fall Tomberg – Anthroposophie oder Jesuitismus" von Sergej O. Prokofjeff und Christian Lazarides, Verlag am Goetheanum Dornach, 1995 – wohlgemerkt aus dem Anhang, der darauf folgte; die zunächst folgenden Äußerungen sind von Christian Lazarides.

Da allein die so verstandene Religion das natürliche Bedürfnis nach Re-
ligion befriedigt, kann nur sie die wahrhaft natürliche genannt werden.'"
Das ist absurd. Als ob es um das „Bedürfnis nach Religion" ginge, worauf sich der Kultus der heiligen Messe stützt – das ist eine
Untergrabung des christlichen Glaubens und der Christusbin-
dung überhaupt – völlig losgelöst vom Christusgeschehen! – Der
Kultus um seiner selbst willen, um das Bedürfnis nach Religion
zu befriedigen …! Weiter heißt es: „*… Da das Priestertum die mo-*
ralische Autorität repräsentiert und sie durch die Wirksamkeit des Am-
tes realisiert, ist es ebenso heilig und unfehlbar, wie die Menschheit den
Lastern und dem Irrtum unterworfen ist." Als ob das Priestertum die
moralische Autorität repräsentieren könnte …! Die mehr und
mehr an die Oberfläche tauchenden skandalösen Berichte pädo-
philer Priester und die ganzen Missbrauchsgeschehnisse strafen
dies Lügen. Außerdem handelt es sich hier um ein unglaublich
degradierendes, entwürdigendes Menschenbild neben einem unendlich überhöhten Priesterbild, wie gleich noch deutlich werden wird: „*… Wenn der Priester als Priester handelt, ist er immer Stell-*
vertreter Gottes. Die Schwächen, ja selbst die Verbrechen des Menschen
ändern nichts daran. Wenn Alexander VI. eine Weihe vornahm, dann
war es nicht der Giftmischer, der den Bischöfen die Hand auflegte, son-
dern der Papst …" So einfach ist das! (Anmerkungen des Verf. in
nicht kursiver Schrift) – (Weiter Lazarides:) „*Man kann die jesui-*
tisch spitzfindige Argumentation, um eine vom Individuum vollständig
abgelöste Moral zu rechtfertigen, kaum weiter treiben. Und das schreibt
nun nicht ein dogmatischer Theologe, sondern Eliphas Levi, der ‚Magi-
er und Okkultist par excellence' des 19. Jahrhunderts in Frankreich." –
Von Eliphas Levi stammen auch die Worte: „*… außerhalb des*
Schiffes Kirche ist nur der Abgrund." – Weiter Lazarides über Lephi:
„*Oder diese Art uneingeschränkter Huldigung an die Jesuiten und den*
Jesuitismus: ‚Lest aufmerksam das Buch – Die Exerzitien des hl. Igna-
tius – und erkennt, mit welch magischer Macht dieser geniale Mensch den
Glauben verwirklicht.' …" Weiter Lazarides: „*Aus der Einleitung zu*
Levis ‚Geschichte der Magie' (1860) lässt sich erkennen, wie diese Un-
terwerfung unter die hierarchische Ordnung als mit der magischen Pra-
xis selbst, der zeremoniellen Magie verbunden gesehen wird." (S. 224 f.)

Aus einer Recherche, die Sergej O. Prokofjeff über Eliphas Levi machte, geht hervor, dass er, Levi, überhaupt keine kontinuierliche Verbindung zur katholischen Kirche hatte, sondern, dass es darin Brüche gab. *„… die von ihm veröffentlichten Bücher über Magie und ihre praktische Anwendung führte zu einem neuen Bruch."* (aus dem Anhang zu dem oben genannten Buch, S. 163 f.) Er *„bewunderte … die Jesuiten, in deren Übungen er magische Elemente fand."* (ebd.) Rudolf Steiner selbst sagt über Eliphas Levi, dass er nicht bewahrt blieb davor, *„… der Versuchung zu verfallen, Darstellungen und Anleitungen zu magischen Praktiken zu verbreiten, die an die Grenze zur direkten ‚schwarzen Magie' führen."* *„… wo mit dem im Irdischen verborgenen Geistigen gearbeitet wird."* (aus GA 243, 18.8.1924) Dass diese Ausführungen über den schwarzmagischen Hintergrund der oben genannten Persönlichkeit keine Erfindungen einiger Anthroposophen sind, kann man ablesen, wenn auf der Suche nach dem Begriff „Egregor" online in diesem Zusammenhang Eliphas Lephi auftaucht und der Bezug zur Magie auch dort beschrieben wird.

Dieses mehr oder weniger ausführliche Eingehen auf den magisch-okkulten Hintergrund, der sich hier zeigt, ist ziemlich verblüffend. (Es ist so perfide, dass der haarscharfe Unterschied von der Erfahrung eines frommen, glaubenden Menschen sich nicht so leicht machen lässt auf dem Hintergrund, von dem aus diese „Theologie" gewachsen ist, will sagen: Ich habe selbst voll Überzeugung daran festgehalten – und es ist wohl nicht einmal unwahr –, dass die Gegenwart Christi im eucharistischen Brot gewährleistet bleibt unabhängig von der Moral des Priesters selbst, der die Wandlungsworte spricht … – es leuchtete mir ein, da man sonst sich ja nicht darauf verlassen kann, dass eine Christusbegegnung stattfindet, wenn man zur Kommunion in der heiligen Messe geht … Doch da geht es um das Christusmysterium – nicht um die Moralität des Priesters selbst, die scheinbar unantastbar ist. Das scheint mir doch ein sehr wesentlicher Unterschied.) – Wenn ich dem allem nachgehe – und dabei zwei Drittel meines Lebens reflektiere, dann geht das alles mitten durch mein Herz … Es ist erschütternd, was alles hinter den Kulissen sich verbirgt, „woher" die gut geglaubten Wahrheiten stammen, und es ist gleichzeitig ein Wunder, dass das reine Herz dabei keinen Schaden nimmt; dies darf ich wohl sagen – eine Realität, die ich nicht mehr erklären kann.

Was hier versucht wird, aufzuzeigen, soll allerdings wenigstens dazu anregen, nachzudenken, mit wem wir es zu tun haben – und welche verborgenen Strategien über Jahrhunderte hin verfolgt werden. – Eliphas Lephi lebte am Ende des 19. Jahrhunderts; Rudolf Steiner berichtet jedoch bereits vom Anfang desselben Jahrhunderts, dass „... *Spitzenorganisationen der westlichen Logen und der Jesuiten seit Januar 1802 nachweislich zusammenarbeiten* (im Zusammenhang ihres Strebens zur Weltherrschaft) ... *als der Aufgabe Mitteleuropas. Die weltanschaulichen und geistigen Angelegenheiten sind ausschließlich in die Hand der Jesuiten gegeben; die wirtschaftlichen in die der angloamerikanischen Logen, der Logen des Westens".*[33] „*Die geheime Zusammenarbeit der Oberen der Jesuiten mit den Oberen der Freimaurerbruderschaften neben äußerer gegenseitiger Bekämpfung*" wird außerdem vermerkt (das ist eine besondere Taktik der Verhüllung und Irreführung ...!) „*... dieses Zusammenwirken ... dient den jesuitischen Zielen am besten.*" (4.4.1916)

Diese Ausführungen mit Zeitangaben entstammen einer Zusammenstellung Sergej O. Prokofjeffs im genannten Anhang zu dem Buch „Der Fall Tomberg" (s. o.) und könnten noch weitergeführt werden. Es soll nun genügen, um einen Eindruck zu bekommen. (Der „Fall Tomberg" – Valentin Tomberg, aus Estland, vor mehr als 100 Jahren geboren, der sich zuerst mit den genannten französischen Okkultisten beschäftigt, danach intensiv in die Anthroposophie eingetaucht ist und schließlich ihr ganz den Rücken gekehrt hat und katholisch wurde; er vertritt eine eigenartige „Hermetik", eine Konglomeration verschiedenster Richtungen – mit dem verborgenen und dennoch sehr deutlichen Grundton der Papsttreue, der Verbindung mit dem Jesuitismus

---

33 Aus einem Gespräch Rudolf Steiners mit L. Polzer-Hoditz im November 1916.

und der Auffassung, dass die Verbindung mit der katholischen Kirche der einzige Weg ist und einmal alle darin einschließen wird – der augustinische Gottesstaat „civitas dei" ist ihm dabei in seinen juristischen Ausführungen ein Vorbild. Dies ist jedoch eine eigene Geschichte, der ich wohl ausführlich nachgegangen bin und die auch äußerst interessant und aufschlussreich ist in dem Zusammenhang; es würde jedoch zu weit führen, näher darauf einzugehen.)

Geht man in das Hier und Heute, begegnet man außerdem so einigem …, denn wenn wir in unsere Zeit gehen, da hört es ja nicht auf. – Wer online auf die Suche geht, findet ziemlich kritische Bemerkungen von verschiedenen Seiten, die auch die sogenannte Verschwörungstheorie der geplanten Weltregierung in Zusammenhang mit den Jesuiten bringt. Es ist die Rede von einer jesuitischen neuen Weltordnung im Vatikan. Wenn dem so wäre – wer steckte dahinter? – Es ist erlaubt, Fragen zu stellen.

Es gibt die sogenannte Bilderberggruppe von hochrangigen Politikern, Wirtschafts- und Finanzleuten und Hintermännern …, eine Art Geheimgesellschaft. Es ist alles öffentlich recherchierbar, also kein Geheimnis mehr. Politiker verschiedener Länder wurden jeweils im Hintergrund intensiv von einem Jesuiten, namens Józéf Retinger, begleitet, beraten … Er sitzt hinter Prinz Bernhard (Ritter von Malta), welcher in das niederländische Osterbeek eingeladen hatte in das Hotel De Bilderberg, in dem die Bilderberggruppe 1954 gegründet wurde. Wenn man verschiedenen Äußerungen zuhört, dann ist da die Rede vom Gemeinwohl „common good", doch es gibt auch die Haltung und überzeugte Meinung von hochrangigen „Bilderbergern" hinter den Kulissen, dass die Welt zunächst in die Katastrophe geführt werden muss, damit sich die Menschen nach einer einheitlichen Weltordnung sehnen würden …! Es ist die Rede davon, dass alles kontrolliert, überwacht werden soll, und dies hat mit indirekter Machtausübung zu tun, von Einschränkung der Privatsphäre und damit Eingrenzung der persönlichen Freiheitssphäre, auch wenn der Öffentlichkeit noch so sehr eingeredet wird, dass ihre Sicherheit dadurch mehr gewährleistet sei. (Dieser Tage – Februar 2020 – erleben wir in Deutschland ein Desaster in der Politik, deren Mitte ausgehöhlt ist. Das hat zwar verschiedene Gründe, doch es wird nun auch mehr und mehr endlich deutlich, wie sehr das Land von rechts unterwandert war und blieb. – Gleichzeitig haben sich Morde ereignet, verursacht aus der Motivation der rechten Szene, deren Aufklärung die digitale Überwachung herausfordert … – das ist frappant, wenn man bedenkt, dass sich hier die Maus in den Schwanz beißt …) Zurück zu den Bilderbergern: Es ist von „Gemeinwohl" die Rede, von „common good", doch die Jahrzehnte, seit es diese Bilderbergruppe gibt (seit 1954), zeigen in der Geschichte auf, dass die Welt alles andere als gut ist – ganz im Gegenteil: nicht bewältigte Armut, sondern ins Unermessliche wachsende Armut, Zerstörung der Lebenssphäre, Entwicklung der künstlichen Intelligenz (ein Tagesordnungspunkt der Bilderberger, das ist online öffentlich erfahrbar – die einhergehende Entmenschlichung habe ich versucht zu verdeutlichen), immer stärkere Überwachung der Privatsphäre auf digitaler Ebene und damit verbundene Kontrolle, verbales Engagement im Zusammenhang der Klimakrise, während gleichzeitig dem Lobbyismus der Gegenseite nicht effektiv entgegengearbeitet, sondern ihnen aller Raum zur Entfaltung gelassen wird, um nur einige Phänomene zu nennen – all dies sind ja Anzeichen, dass an dieser Verschwörungstheorie doch etwas sein könnte. – All das ist sehr komplex, das heißt jedoch noch nicht, dass als unbedenklich erklärt werden kann, was sich abspielt. – Dass außerdem schwarz-okkulte Praktiken mit dieser Gruppe verbunden sind, an denen hochrangige Politiker teilnehmen, bestätigt die Ahnung, dass wir es nicht mit den guten Geistern zu tun haben – und darüber hinaus bestätigt es das Weiterwirken dessen, was oben bereits aus der Vergangenheit beschrieben war, welche Kräfte am Werk sind – nach wie vor. Es wirkt in unser Leben verborgen, doch massiv herein: – Die politischen und alle Werbebotschaften, hinter denen die großen Konzerne sich verbergen, sind gut und vornehm verpackt, doch in Wirklichkeit perfide in das Gegenteil verkehrt; somit fällt nichts auf, wenn wir Nachrichten hören – wir können uns von manch schönen Worten, verheißungs- und salbungsvollen oder auch demagogischen und letztlich sogar nichtssagenden Reden mancher Politiker einschmeicheln lassen – wenn wir es mit dem Gegenteil zu tun haben, so führen sie buchstäblich „hinters Licht". Die Wirtschaftsbosse schweigen – die noch höheren Ebenen ebenso. Allmählich durchschaut man dies doch. An der Sprache kann es ganz deutlich werden, wie verdreht und nochmals verdreht Dinge gesagt werden; positiv anmutende Aussagen, die alibimäßig verwendet werden, um abzulenken. Wenn man sich wirklich damit intensiver auseinandersetzt, erkennt man es und kann es unterscheiden. – Eigentlich kann ich mich auf euphorisch vorgetragene Verschwörungstheorien eher nicht gut einlassen. – Doch was ist richtig? – Bequemer wäre es jedenfalls, wenn wir uns keine Gedanken machen müssten; die Sorge ist eine zehrende Kraft, wie es Goethe in seinem Faust schon beschreibt … Die Balance zwischen Naivität und wachem Bewusstsein ist nicht ganz leicht. Dass Angst eine bestimmte Handschrift ist genau der Widersacherkräfte, die da wirken, wird im folgenden Kapitel über das Böse noch aufgezeigt. Vor einigen Jahren habe ich es bereits einmal intensiv verfolgt, dieses Thema der Bilderberggruppe. Mit der Zeit habe ich das Thema losgelassen, da ich dachte, man muss vermutlich noch darüberstehen, nicht naiv – doch nicht sich damit zu sehr beschäftigen, um dem Ganzen nicht noch Kraft durch Aufmerksamkeit zu geben. Nun holt es mich wieder ein – ich werfe es als Frage auf, damit jeder frei ist, sich damit zu beschäftigen. Es geht im Wesentlichen darum, den wirkenden Kräften auf die Spur zu kommen; die Handschrift jener Kräfte lesen zu lernen, die hinter allem sind. So kann durch Bewusstsein und durch die Fähigkeit, Dinge zu durchschauen, die Kraft dem unheilvollen Wirken entzogen werden. Es kann eben auch gerade so sein.

Nun muss ich etwas einschieben an dieser Stelle und bei der letzten Manuskriptbearbeitung die aktuellen Ereignisse wenigstens berühren. Inzwischen schreiben wir Anfang Mai 2020. – Wo wir stecken werden, wenn dieses Buch erschienen ist, kann ich nicht abschätzen. Dass sich die Ereignisse jedoch überschlagen, ist eine Tatsache: Corona, Angst, wirtschaftlicher Einbruch, erwartetes Finanzdesaster, an dem sich einige wenige maßlos bereichern können wie noch nie, die WHO – finanziert von wem? – als Instrument internationaler Wirksamkeit mit verheerenden Folgen, ein paar „Player", die alles durchziehen – in der Hoffnung, dass alle nach dem Medienspektakel den Impfstoff „herbeisehnen", ein Impfstoff, der sieben Milliarden Menschen, also der ganzen Weltbevölkerung, verpasst werden soll, ein Riesengeschäft und – was uns damit buchstäblich unter die Haut gehen soll, weiß noch kein Mensch wirklich – alles Schlagwörter, zwischen deren Auswirkungen wir taumeln. Was gut ist daran, wenn man dem so sagen kann: Die Natur atmet auf, der Einbruch regt zum Nachdenken an – und nach der gelungenen Manipulation in allen Schichten der Bevölkerung, sind wir doch an einem Punkt angelangt, dass der Widerstand von unten wächst und eben die Wachsamkeit der Bevölkerung. Ob ich maßlos übertreibe, wenn ich das Gefühl nicht loswerde, dass es mich an 1933 erinnert, nur dass nun der ganze Planet von dieser perfiden Machtergreifung betroffen ist? „Bilderberg" ist in mehrerer Munde, die „gekauften" Leute des Robert-Koch-Instituts usw. werden hinterfragt mit ihren falschen Mitteilungen, es kommt ans Licht, dass gewissenhaften Ärzten die Mitteilungen bei Youtube schnellstens gelöscht werden bzw. das Telefon und der PC überhaupt gekappt werden, aggressives Verhalten der Polizei gegen friedliche Demonstranten, eine Rechtsanwältin, die ihre Stimme erhebt und das gesetzeswidrige Verhalten anklagt, landet in der Psychiatrie ... – all das ist innerhalb der kürzesten Zeit möglich; das alles – und es wird nur ein Bruchteil sein dessen, was sich überhaupt abspielt, und ich kann auch gar nicht alles aufzählen; was schon erfahrbar ist, hätte man vor ein paar Wochen noch niemals für möglich gehalten oder auch nur ausdenken können in einem scheinbar demokratischen Staat ...

Hat dies alles Zusammenhang mit unserem Thema? Nun, der Leser mag es selbst beurteilen. Wenn die Bilderberger im Spiel sind, läge es nahe, wenigstens darüber nachzudenken.

Wer sind nun die Jesuiten? Das Thema ist noch nicht genügend ausgeschöpft, kann es gar nicht sein, es bedarf einer weiteren Erläuterung, um auf etwas Wesentliches hinzuweisen. Rudolf Steiner hat den Jesuitismus, diesen militaristischen Orden durchschaut. Hier seien zuerst einige seiner Aussagen zitiert, die sich zunächst auch auf die Frage der Willenskraft des Menschen beziehen:

„Den Christus müssen wir allerdings in unserem Willen tragen; aber die Art, wie sich die Menschen im Leben über den Christus verständigen sollen, kann nur in ... der immer weitergehenden ... Art des bewussten Seelenlebens liegen. Den entgegengesetzten Weg gingen durch eine Reaktion auf manche andere Geistesströmungen innerhalb Europas diejenigen, die gewöhnlich mit dem Namen Jesuiten bezeichnet werden. Das ist der radikale, der Grundunterschied zwischen dem berechtigt christlich zu nennenden Geistesweg und dem jesuitischen Geistesweg, der das Jesus-Prinzip einseitig überspannt: dass der jesuitische Weg überall auf den Willen direkt zu wirken beabsichtigt, überall den Willen direkt, unmittelbar ergreifen will. Das drückt sich schon bedeutsam aus in der Art und Weise, wie der Zögling des Jesuitismus herangebildet wird. Der Jesuitismus ist deshalb nicht leicht zu nehmen, nicht bloß exoterisch, sondern auch esoterisch, weil er im Esoterischen wurzelt. Aber er wurzelt nicht im Geistesleben, das ausgegossen ist durch das Symbol der Pfingstfeier, sondern er will unmittelbar wurzeln in dem Jesus-Element des Sohnes, das heißt in dem Willen; und dadurch überspannt er das Jesus-Element des Willens. Das wird sich ergeben, wenn wir auf das eingehen, was das Esoterische im Jesuitismus genannt werden muss: auf die verschiedenen geistigen Übungen. Wie sind dieselben eingerichtet? Das ist ja das Bedeutsame, dass jeder einzelne Zögling des Jesuitismus Übungen durchmacht, die in das okkulte Leben, aber in den Willen hineinführen, und den Willen innerhalb des okkulten Feldes in eine strenge Zucht, man könnte sagen Dressur nehmen. Und das ist das Bedeutsame, dass diese Zucht des Willens nicht nur aus der Oberfläche des Lebens hervorquillt, sondern aus einem Tieferen, weil der Zögling in das Okkulte – aber eben in der angedeuteten Richtung – hineingeführt wird. Wenn wir jetzt absehen von den Gebetsübungen, die vorbereitend sind für alle jesuitischen esoterischen Übungen, und auf diese okkulten Übungen, wenigstens in ihren Hauptsachen, selbst eingehen, so müssen wir sagen: Da hatte sich der Zögling zunächst eine lebendige Imagination hervorzuru-

fen von dem Christus Jesus als dem Weltenkönig – wohl gemerkt: eine Imagination! Und keiner wurde zugelassen zu den eigentlichen Graden des Jesuitismus, der nicht solche Übungen durchgemacht hatte und der nicht in seiner Seele erfahren hatte die Umwandlung, die solche Seelenübungen für den ganzen Menschen bedeuten ... (Es) sind die stärkenden Imaginationen für den Willen, die vor die Seele des Jesuitenzöglings geführt werden, ... was seinen Willen ganz und gar verwandelt, was ihn so macht, dass in der Tat in diesem Willen – weil er auf okkulte Weise heranerzogen ist – ein Absehen von allem Übrigen ist, und ein Hingegebensein an die Idee: Der König Jesus muss zum Herrscher auf der Erde werden! Und wir, die wir zu seinem Heere gehören, wir haben alles anzuwenden, was ihn zum Herrscher auf Erden macht. Das geloben wir, die wir zu dem Heere gehören, das auf der Ebene von Jerusalem versammelt ist, gegenüber dem Heere des Luzifers auf der Ebene von Babylon. Und die größte Schande für einen Soldaten des Königs Jesus ist es, die Fahne zu verlassen! Das in einen einzigen Willensentschluss zusammengefasst, ist etwas, was allerdings dem Willen eine gewaltige Stärke geben kann. Wenn wir es uns charakterisieren wollen, müssen wir fragen: Was ist denn in dem Seelenleben unmittelbar angegriffen worden? Das Element, das als das unmittelbar heilige gelten soll, wo man nicht hineingreifen soll: das Willenselement! Insofern bei dieser Schulung des Jesuitismus in das Willenselement eingegriffen wird, ... insofern ist der Begriff des Jesustums in der gefährlichsten Weise überspannt – gefährlich deshalb, weil dadurch der Wille so stark wird, dass er auch unmittelbar auf den Willen des anderen wirken kann. Denn wo der Wille so stark wird durch die Imaginationen, das heißt durch okkulte Mittel, da erwirbt er auch die Fähigkeit, unmittelbar auf den anderen hinüber zu wirken. Daher auch alle die übrigen okkulten Wege, zu denen ein solcher Wille seine Zuflucht nehmen kann. So sehen wir wie zwei Strömungen in den letzten Jahrhunderten unter den vielen anderen uns entgegentreten: die eine, die das Jesuselement überspannt hat und nur in dem König Jesus das Ideal des Christentums sieht, und die andere, die einzig und allein auf das Christuselement sieht und sorgfältig unterscheidet, was darüber hinausgehen könnte; die deshalb auch viel verleumdet worden ist, weil sie sich daran hält, dass der Christus den Geist gesandt hat, damit der Christus auf dem Umwege durch den Geist seinen Einzug in die

Herzen und Gemüter der Menschen halten kann ... Damit wollte ich
zeigen, wie selbst ein so hohes Element wie das Jesusprinzip überspannt
werden kann und dann gefährlich wird; und wie es notwendig ist, sich in
die Tiefen der Christus-Wesenheit zu versenken, wenn man verstehen
will, wie die Stärke des Christentums gerade darin bestehen muss, dass
die menschliche Würde, der menschliche Wert aufs allerhöchste geschätzt
wird; dass nirgends mit plumpen Schritten hineingetappt wird in das,
was der Mensch als sein innerstes Heiligtum betrachten muss. Deshalb
wird auch christliche Mystik von dem jesuitischen Element so angefoch-
ten, ... weil gefühlt wird, dass wahres Christentum doch anders gesucht
wird als dort, wo bloß der König Jesus eine Rolle spielt. Aber durch die
angedeuteten Imaginationen ist der Wille so stark geworden, dass selbst
die gegenteiligen Einsprüche des Geistes durch diesen Willen, der durch
die ... Exerzitien erreicht ist, besiegt werden können." (GA 131, Von
Jesus zu Christus, S. 44 ff.)

Wie mich das anmutet? Unmittelbar muss ich an den Zelote-
neifer des Judas Ischariot denken, der Jesus ausgeliefert hat, um
ihn herauszufordern, endlich das Schwert zu erheben und sich als
König zu offenbaren, der auf irdische Weise die Gewalt ergreift.

Jedoch Jesus sagt zu Pilatus: „*Mein Reich ist nicht von dieser
Welt*" – ja, das ist es auf eine Art auch nicht bei dem vorgestellten
Weltenkönig, aber dies könnte untertrieben sein ... – bei dem,
der da kommen soll, und den man mit militärischen Strukturen auf religiöser Ebene instrumentalisieren will. Eigentlich ist
es ein noch perfiderer Verrat. Judasverrat. Nur versteckt hinter frommfanatischer Fahne. – Wenn man diese Methode ernst
nimmt, ist tatsächlich eher davon auszugehen, dass es sich eben
nicht nur um eine frommfanatische Fahne handelt. Wenn diese
Methode tatsächlich so weit wirkt, kann man eher davon ausgehen, dass sie bis ins konkrete irdische Leben hineinwirkt, und
zwar fatal. Eine radikale Trennung von Religiosität und Naturwissenschaft mit gleichzeitiger Unterstützung der einseitig auf-
gefassten Naturwissenschaft, die in den radikalen Materialismus
führt, sodass Christus nicht mehr erkannt werden und schon gar
nicht als der Wiederkommende in die übersinnliche Erkenntnis der Menschen den Weg finden kann. – Es scheint, dass dies

unter allen Umständen vermieden werden muss. Eine rein irdische Strategie wird verfolgt, die mit dem Geistwirken nichts mehr zu tun hat. Wenn eben auf okkulte Weise daran gearbeitet wird, dann ist anzunehmen, dass Kräfte am Werk sind, die das Irdische lähmend und manipulierend durchdringen – und zwar in den „eigenen Reihen", die letztlich aber so durchschaut werden müssen als Gegenkräfte, die sehr subtil mit einem Vokabular wirken, das uns doch – ach, so vertraut ist …!

Es wird in den sogenannten Verschwörungstheorien – die man von vornherein u. U. nicht mehr ernst nimmt, schon allein deswegen, weil sie „Verschwörungstheorien" genannt werden – da wird eben auch gesagt, dass der jetzige Papst – was früher schon versucht wurde, dem imperialistischen Papsttum endlich einen Jesuiten zukommen zu lassen – als der erste Jesuit der sogenannten Weltordnung nun zudient. Dieser Papst Franziskus, der diesen Namen trägt und sich so engagiert für die Armen; so ganz anders als alle vorigen in der ganzen Kirchengeschichte! Das ist doch eigentlich einmalig! Nun die Frage stellt sich: Kann genau dies nicht das perfekteste Alibi sein, nicht von der Gegenseite erkannt zu werden? Das hier ist jetzt wirklich Glatteis. Natürlich kann ich nichts beweisen. Die Recherchen, die ich gemacht habe, kann ich auch nicht verwenden, nicht zuletzt, weil ich nicht weiß, ob hier nochmals eine Verdrehung vorliegt. Denn es gibt keine Namen, nur eine Online-Quelle mit verschiedenen Sprechern, die außerdem für meinen Geschmack auch eine Art missionarisch vorgehen, was mir nicht wirklich sympathisch ist. Woher weiß ich, wes Geistes Kind da spricht? – Es kann auch demagogisch wirken – und darum dermaßen verwirrend, dass man nicht mehr drauskommt. Es ist jedoch irgendwie spannend, dass neben jungen Leuten, die da sprechen, auch ein weißer Professor vermutlich in Südafrika ähnliches Vokabular und gleiche Bibelzitate bringt, die die gleiche Richtung angeben, u. a. apokalyptische Zitate. In diesem Zusammenhang staune ich über eine Verquickung, von der ich erstmals hörte, und die ich eigentlich total absurd finde: dass der Klimawandel ein gemachtes Thema sei, Greenpeace instrumentalisierend tätig sei und der Papst die

Klimakrise „verwende", um globalistisch vorgehen zu können, und so jenes Ziel besser erreicht werden könne, eine neue Weltordnung zu begründen … Es leuchtet ja irgendwie ein, dass die Globalisierung sehr gut brauchbar ist für die Fahne des Weltenkönigs Jesus, die man gar nicht so sehr vor sich hertragen muss, die Leute verhalten sich ja inzwischen zeitgemäß, vermutlich auch der Papst. Es kann ganz ruhig und sanft hergehen. Doch es ist praktisch, eine Struktur zur Verfügung zu haben, die weltweite Bedeutung hat. Auch die Politiker scheinen dem neuen Papst sehr geneigt zu sein. Präsident Macron sei selbst Jesuitenschüler, verheiratet mit seiner viel älteren Lehrerin, jesuitischen Hintergrunds. So lange wie mit keinem anderen Politiker hätte der Papst mit Macron gesprochen – und die Europaidee, die als vorbereitende Maßnahme zur Vereinnahmung der weiteren Welt diene, wird von Macron stark vertreten. Papst Franziskus war als erster Papst im Weißen Haus – es gibt einen jesuitischen Vikar im Repräsentantenhaus, Präsident Trump lässt sich gerne beraten von seinen Priestern. Ein protestantischer Priester oder Theologe ist so angetan vom Papst, dass er voller Rührung verkündet, der Protest sei vorbei. Ein protestantisches Priesterehepaar wird katholisch und ist ganz „begeistert"; das alles könnte erfreulich sein, jedoch ist hier wirklich Grund zur Freude? Die Katholizierung, die Allumfassendheit ist auf dem besten Weg, sich zu realisieren, doch auf der rein horizontalen Ebene. Dies aufzuzeigen, dass eine Vereinnahmung von katholischer Seite weltweit stattfindet, ist das Anliegen der jungen Leute, die online sprechen – es gehe um das Bestreben, alles gesetzlich zu regeln und zu kontrollieren.

Kann ja sein, die Vorlagen sind passend. Ich könnte mir auch vorstellen, dass es anderen ähnlich wie mir geht, dass man nichts ahnend in einem System befangen ist, das man nicht durchschaut, weil man zu nahe ist, und sich damit in einer Art Co-Abhängigkeit befindet, und weil das System so perfide wirkt, auch nichts Schlimmes dahinter vermutet. Es ist alles mit so harmlosen Worten, auch wenn es Worthülsen geworden sind, umkleidet, dass es nicht ersichtlich wird, was vor sich geht.

Das Stichwort „Worthülsen" ist dabei aufschlussreich. Die Tatsache, dass sich Glaubenswahrheiten auf Worthülsen reduziert haben – d. h. Religion und das restliche Leben so getrennt voneinander existieren, was wir schon lange als „normal" betrachten und gar nicht bedenklich finden, das ist das Gefährliche. Worthülsen wirken mit der Zeit abstrakt und intellektualistisch; der Inhalt kann nicht mehr erlebt werden. Es ist eine Absicht dahinter erkennbar, dass diese Trennung, die Trennung von Materie und Geist, funktioniert; das ist mit Intellektualismus auch der Fall, und so kommt es, dass das Geistige in der Welt gar nicht erkannt werden kann, weil über lange Zeit hindurch diese Prägung stattgefunden hat, eine Mauer aufgebaut wurde und damit ein Abschneiden von allem Lebendigen überhaupt – alles hat hier den Zusammenhang.

Darum scheint es mir überhaupt nicht mehr abwegig, dass der Papst selbst in seiner Person von den Widersachermächten missbraucht wird … Ist das zu naiv? Es gibt unendlich viel Widersprüchliches. – Wer sind die falschen Propheten? Das Aufzeigen der Bilderberggruppe – wer steckt dahinter – sind sie, die Online-Leute selbst eingespannt? – Diese Fragen entstehen aufgrund des unendlichen Verwirrspiels, das sich immer mehr zuspitzt – auch je mehr man darin eintaucht … Wollen *sie* bewirken, dass man sich mit dem Thema vollsaugt, damit der Moloch Nahrung bekommt: dass man immer mehr wissen will, sich emotionell hineinsteigert, ein Feindbild konstruiert und damit polarisiert und Angst schürt? *Wer* will das – ich stelle mich selbst zur Verfügung, diesem allem nachzugehen; ganz heraushalten kann und soll man sich auch nicht, denn das würde auf eine Art bedeuten, sich der Welt zu enthalten und damit weltfremd zu werden. Das Ringen um Klarheit gehört dazu – wir sind herausgefordert, schmerzlich darum zu ringen … Ich thematisiere dies nun einfach alles offen, stelle Fragen, habe keine abschließende Meinung; es wird sich noch zeigen – jedenfalls kommt so vielleicht doch Licht herein. Ich maße mir darum letztlich auch keine Beurteilung über den jetzigen Papst an. Und darum kann und will ich hier keine Zitate bringen. Was ich an Recherchen mache, das kann jeder selbst verfolgen, wenn er mag – ich halte mich auch heraus, ob und wie man dem Ganzen Glauben schenken soll – wir leben noch in der Zeit der Meinungen und Urteile, weil wir tatsächlich noch nicht ganz durchdringen können in die reine Sphäre der Wahrheit. Doch um diese geht es. „Heilige sie durch die Wahrheit …" (Johannes 17,17) – Das ist eine dringende Notwendigkeit und alles andere als einfach – oder könnte es ganz einfach sein im guten Sinn? – Wiederum nehme ich hier ein wunderbar formuliertes Beispiel herein aus dem chassidischen Werk Martin Bubers, der den Seher von Ljublin, einer der großen Rabbinen sprechen lässt, dass die Schlange deswegen verflucht worden sei, weil sie die Vermischung brachte. Das rein Gute und das rein Böse ist nicht mehr klar erkennbar, da die Vermischung die Verunsicherung mit sich bringt. Und der Mensch ist aufgefordert, mit ganzer Innigkeit sich zu bemühen, das Gute, das Wahre ans Licht zu heben …[34]

Wir können nicht ohne innere Anstrengung eine tiefe Einsicht erlangen; wir sind an dem Zeitpunkt der Menschheitsentwicklung angelangt, wo es einer Schulung bedarf, um die Wahrheit erkennen und jegliche Weisheit überhaupt empfangen zu können. Wenn wir nichts tun, verlieren wir alles – die Säkularisierung ist keine Nebenerscheinung, sondern eine Herausforderung an uns, damit umzugehen. Die Menschheit ist herausgefordert, parallel zu der Entheiligung alles Daseins den inneren Schritt zu tun, um auf dem Weg, auch dem christlichen, zu bleiben bzw. weiterzukommen. Einer ist uns da voraus und hat den Christuserkenntnisweg geöffnet durch die Anthroposophie. Und deshalb kann er auch hindurchsehen, wie die Zusammenhänge sind zu dem Thema dieses Kapitels. Die Ursachen und Umstände, die zu der Entheiligung geführt haben, gehören zu diesem Kapitel.

---

34 Nach Martin Buber, „Zwischen Zeit und Ewigkeit – Gog und Magog – Eine chassidische Chronik", Lambert Schneider Verlag, Heidelberg, 2. Deutschausgabe, Gesamtherstellung Kösel Verlag, Kempten 1969, S. 56–67, Die Predigt von Gog.

Rudolf Steiner gibt weiteren Aufschluss, um zu durchschauen, was in unserer Zeit vor sich geht:

„... *ich frage Sie: Wie viele Menschen wissen heute davon, dass Parteimeinungen Abschattungen sind von Wesenhaftem in der geistigen Welt? Manche wissen es, und die richten dann das, was sie tun, nach diesem Wissen ein. Ich kann Sie hinweisen auf solche, die so etwas wissen. Nehmen Sie die Jesuiten, die wissen das. Glauben Sie nicht, dass die Jesuiten meinen, wenn sie zum Beispiel in ihren Blättern jetzt gegen Anthroposophie schreiben, dass sie mit ihren Gründen da irgend etwas besonders träfen, was nicht widerlegt werden könnte. Aber auf Widerlegungen kommt es dabei nicht an. Und was man schließlich einwenden kann gegen solche Widerlegungen, das wissen die Jesuiten sehr gut, denn den Jesuiten kommt es nicht darauf an, mit Gründen für oder wider zu fechten, sondern ihnen kommt es darauf an, Anhänger zu sein eines gewissen Wesens, das ich aber heute noch nicht bezeichnen will, das sie aber ihren Anführer Jesus nennen, dem sie zugehören. Mag dieses Wesen sein, was immer, sie nennen es Jesus. Ich will nicht auf den Tatbestand genauer hinweisen; aber sie bezeichnen sich als Soldaten, ihn als den Anführer, und sie kämpfen nicht, um zu widerlegen, sie kämpfen, um Anhänger zu werben für die Kompanien, für das Heer des Jesus, das heißt desjenigen Wesens, das sie Jesus nennen. Und sie wissen ganz genau, dass, sobald man über die Schwelle hinaufschaut, es nicht auf abstrakte Kategorien, nicht auf logische Zusagen oder Widerlegungen ankommt, sondern dass es da ankommt auf die Heerfolge des einen oder des andern Wesens, während es unten auf der Erde sich um Redensarten handelt."* GA 199, S. 24 f. Da kann man schon von Gemeinwohl („common good") reden und das Gegenteil tun – es kommt nicht darauf an, es sind „Redensarten" ...

Das Fazit, das ich ziehe, ist, dass die katholische Kirche als Institution, jedoch durch ganz konkrete Menschen seit Langem von den Widersachermächten instrumentalisiert wird. In einem anderen Zusammenhang erwähnt Rudolf Steiner, wie fatal diese Wirkungen aus den religiösen Kreisen heraus sind, den jesuitischen, (aber auch manch protestantischen) – und wie wichtig es ist, da Aufklärung zu schaffen:

„*Sie werden eine auffällige Tatsache bemerken, ... dass der eigentliche Materialismus, wenn er nur nicht gerade eingestanden ist, den Be-*

*kenntnissen, wie sie sich bis in die Gegenwart herausgebildet haben, lieber
ist als eine Geisteswissenschaft. Das heißt, evangelische wie katholische
Bekenntnisse sehen es lieber, wenn die äußere Welt in ihren verschiedenen Reichen im materialistischen Sinne betrachtet wird, als wenn darauf
eingegangen wird, wie das Geistige in der Welt wirkt und wie sich das
Geistige in den materiellen Erscheinungen darlebt. Sie brauchen ja nur,
um das erhärtet zu sehen, einmal die naturwissenschaftlichen Abhandlungen der Jesuiten zu nehmen – Sie werden sehen, dass diese naturwissenschaftlichen Abhandlungen der Jesuiten im allerstrengsten Sinne
materialistisch gehalten sind, dass von jener Seite man durchaus einverstanden ist mit einer materialistischen Auslegung der äußeren Welt, des
Kosmos. Denn man will gerade dadurch eine gewisse Form des religiösen Bekenntnisses, die man herausgebildet hat seit dem Konstantinope-
ler Konzil 869 (s. o., Kapitel 14), man will diese Form des Bekenntnisses dadurch schützen, dass man die äußere Wissenschaft auf dem
Niveau des Materialismus erhält. Allerdings, es wird in einem gewissen
Sinne in weitesten Kreisen über diese Sache eine Illusion verbreitet, indem man scheinbar den Materialismus auch auf dem wissenschaftlichen
Gebiet bekämpft. Das ist aber nur scheinbar, denn es kommt gar nicht
darauf an, ob man sagt, irgendwie sei Geist vorhanden, sondern darauf,
ob man nicht diesen Geist geradezu leugnet, wenn man die materielle
Welt selbst nicht geistig erklärt.*" (aus Rudolf Steiner, Entsprechungen zwischen Makrokosmos und Mikrokosmos/Der Mensch –
eine Hieroglyphe des Weltenalls", GA 201, S. 178–192)

Das ist ein Schlüsselthema, das wird mir mehr und mehr deutlich: Seit Jahrhunderten hat sich etwas eingeschlichen, das die
ganze westliche Menschheit prägt: die Trennung von Geist und
Materie, wie oben bereits angedeutet – und unsere Gewöhnung
daran ist die härteste Herausforderung. Dies zu durchschauen und
gründlich daran zu arbeiten, scheint mir ein Gebot der Stunde –
unumgänglich, wenn wir Spezies nicht völlig aufgehen wollen
in einem hohlen Materialismus, der kulminiert in der Ausgeburt
der künstlichen Intelligenz, die sich Transhumanismus nennt; ich
nenne es Entmenschlichung. Dies immer wiederholt zu erwähnen, erscheint mir notwendig, da es noch nicht in die Köpfe der
Allgemeinheit gedrungen ist – noch weniger in die Herzen, so-

lange da überhaupt noch warme Empfindung möglich ist ... – und alles hat damit, exakt damit zu tun: mit der Trennung von Materie und Geist, mit den beschriebenen verheerenden Folgen, die wir noch nicht einmal ahnen ... Das Folgende hilft, es besser zu verstehen: *„Sie wissen vielleicht, dass einer der Glanzpunkte der neueren äußeren Naturerklärung die Astrophysik ist, jene Lehre, welche darauf ausgeht, das Stoffliche der Sternenwelt ins Auge zu fassen, welche darauf ausgeht, die stoffliche Einheit der uns zugänglichen, sinnlich zugänglichen Welt der Betrachtung zu unterziehen. Nun ist einer der größten Astrophysiker der Pater Secchi, ein römischer Jesuit. Es ist eben durchaus kein Hindernis, auf dem Standpunkt der heutigen materialistischen Natur-Wissenschaft zu stehen und zu gleicher Zeit auf Seiten dieser Nuance des religiösen Bekenntnisses. Es steht heute tatsächlich eine materialistische Betrachtung des Himmels näher den religiösen Bekenntnissen, namentlich nach deren Meinung, als der Geisteswissenschafter. Denn vor allen Dingen ist es diesen Religionsbekenntnissen darum zu tun, die Welt nicht aufzuklären über das Verhältnis des Geistigen zum Materiellen. Das Geistige soll Inhalt eines selbständigen Glaubensbekenntnisses sein, in das nicht hineingeredet wird von der wissenschaftlichen Betrachtung der Welt, und die wissenschaftliche Betrachtung der Welt soll materialistisch bleiben; denn in dem Augenblicke, wo sie aufhört materialistisch zu sein, muss sie hineinreden in dasjenige, was das Geistige betrifft, denn sie muss vom Geist reden.*

Nun bitte ich Sie, das, was ich eben gesagt habe, in dem vollsten Ernste zu nehmen, denn Sie werden sonst hinwegsehen über die bedeutsame Tatsache, dass gerade zum Beispiel die jesuitischen Naturforscher die extremsten Materialisten auf dem Gebiete der Naturforschung sind. Sie beweisen nicht nur fortwährend, dass man mit der Naturforschung nicht heran kann an das Geistige; sondern sie bemühen sich, das Geistige womöglich fernzuhalten von der Naturforschung. Das können Sie hinein verfolgen bis in die Ameisenforschung des Pater Wasmann. ... (und) wo hätte die Christologie eine wirkliche Weltbedeutung für die Menschen auf der Erde, wenn man den Sternenhimmel so betrachten würde, wie der Pater Secchi? Da kann man sagen: wir betrachten ihn so, wie wenn ein Ereignis von Golgatha überhaupt nicht herausgeboren worden wäre aus diesem Sternenhimmel. Und dann ist das der beste Grund und Boden, um alles dasjenige, was über das Ereignis von Golgatha gesagt werden soll, anderen Mächten zu überlassen. Wenn man nämlich aus der Welterkenntnis nichts heraus entwickeln darf über das Ereignis von Golgatha, dann muss eine andere Instanz aufgestellt werden, die den Menschen sagt, was sie über das Ereignis von Golgatha zu denken haben. Und da liegt nahe, dass man diese Instanz selbst ist, das heißt, dass Rom die betreffende Instanz ist. Alle diese Dinge sind so konsequent und in einem gewissen Stil sogar groß gedacht, dass es eigentlich nicht erlaubt ist, sich über diese Dinge irgendwelchen Illusionen hinzugeben in der heutigen, so schicksalsschweren Zeit. ... Sehen Sie einmal, wie der ganze Sinn einer solchen Broschüre wie der Traubschen (Friedrich Traub, Rudolf Steiner als Philosoph und Theosoph, Tübingen 1919) *darinnen besteht, dass eigentlich gesagt wird: Ja, der Steiner möchte, dass die beiden Strömungen, die heidnische und die christliche, zusammenkommen. Wir wollen das nicht zulassen, wir wollen, dass die Naturwissenschaft immer heidnisch bleibt, damit wir nicht nötig haben, am Christentum irgend etwas geschehen zu lassen, was dieses Christentum zusammenbringt mit der Naturwissenschaft. − Selbstverständlich, wenn man die Naturwissenschaft heidnisch lässt, kann das Christentum nicht zusammenkommen mit der Naturwissenschaft. Dann kann man sagen: Naturwissenschaft wird betrieben äußerlich materialistisch, Christentum gründet sich auf den Glauben. Die beiden dürfen nicht zusammen gebracht werden. − Aber der Christus ist wahrhaftig nicht in der Welt erschienen dazu, dass neben seinen Impulsen die heidnischen Impulse immer mächtiger und mächtiger werden, sondern er ist erschienen, um die heidnischen Impulse zu durchdringen. Und die Aufgabe der gegenwärtigen Zeit ist, dasjenige, was man auseinanderhalten möchte als Wissen und Glaube, miteinander zu vereinigen. Und das muss geschehen. Daher muss auf solche Dinge aufmerksam gemacht werden. ... Auf der einen Seite ist das Bekenntnis angekommen dabei, nicht zuzulassen, dass man in die Christologie Kosmologie hineinbringt; auf der anderen Seite ist die Kosmologie angelangt bei dem Prinzip der Unzerstörbarkeit des Stoffes und der Kraft."* Das scheint nun zu weit zu führen, doch es geht nur so, dass man konsequent weiterzudenken hat, welche Folgen ein gewisses Denken hat − woher es kommt, durch wen es verursacht wurde − und nur so kann dem entgegengewirkt werden, was ich als existenziell empfinde. Darum seien die folgenden Gedanken noch zugemutet – ich bitte um Geduld und Ausdauer, an dem Thema zu bleiben, denn es ist wesentlich und buchstäblich notwendig: *„Wenn man Stoff und Kraft als unzerstörbar und ewig ansieht, dann ist damit verknüpft das Zu-Boden-Treten aller Ideale. Dann ist aber auch das Christentum ohne Sinn.*

Einzig und allein, wenn dasjenige, was jetzt Stoff und Stoffesgesetze sind, eine vorübergehende Erscheinung ist, und in dem, was wir jetzt erleben im Zusammenhange mit der Christologie, mit dem Christusimpuls, ein Keim ist für das, was bestehen wird, Stoff und die Kraft, wie sie jetzt gesetzesmäßig walten, nicht mehr bestehen, sondern gestorben sein werden, einzig und allein dann haben Christentum und sittliches Ideal, hat Menschenwert einen wahren Sinn. Es gibt zwei große Gegensätze. Der eine stammt aus der letzten Konsequenz des Heidentums und heißt: Der Stoff und die Kraft sind unvergänglich; der andere stammt aus dem Christentum und heißt: Himmel und Erde werden vergehen, aber meine Worte werden nicht vergehen.

Das sind die beiden größten Gegensätze, die in der Weltanschauung ausgesprochen werden können. Und unsere Zeit hätte alle Veranlassung, nicht sich konfus hinwegzusetzen über solche Dinge, sondern ernsthaftig mit wacher Seele hinzuschauen, was als Weltanschauung errungen werden muss, damit nicht über der Illusion des unzerstörbaren Stoffes und der unzerstörbaren Kraft verloren gehen sittlicher Menschenwert und christlicher Impuls in der Weltenentwickelung.“

Man kümmert sich als Otto Normalbürger nicht um die naturwissenschaftliche Auffassung – davon gehe ich jetzt einmal aus –, Stoff und Kraft seien unzerstörbar. Wer denkt – außer den Naturwissenschaftlern selbst – über solche Dinge nach? Dass es jedoch fatal ist in der weiteren Entwicklung der Menschheit, wenn man diesen „Glauben“ unberührt lässt, bemerkt niemand. Die Naturwissenschaft hält sich heraus – oder wird eben bewusst herausgehalten aus der religiösen Sphäre, der Sphäre des Geistigen – keine Chance. Und dieses radikale Missverständnis hat Folgen.

„… in gewissen Kreisen des Romanismus herrscht die Anschauung: Das Volk muss unaufgeklärt bleiben über seine Beziehung zum Kosmos, wie sie durch das Mysterium von Golgatha eingetreten ist. –

Und deshalb jener heftige Kampf, wenn aus einer Kultur- und inneren Notwendigkeit heraus darauf aufmerksam gemacht wird, dass das Ereignis von Golgatha nicht bloß irgendetwas ist, was außer Zusammenhang gedacht werden müsste mit der übrigen Weltanschauung, sondern dass dieses Ereignis von Golgatha sachgemäß in die übrige Weltanschauung hineingestellt werden muss; wenn darauf aufmerksam gemacht wird, dass wirklich dasjenige, was zu Golgatha geschehen ist, mit dem ganzen Weltenall und seiner Konstitution etwas zu tun hat. Es wird daher als die ärgste Ketzerei aufgefasst, wenn der Christus in dem Sinne, wie wir es getan haben, als der Sonnengeist bezeichnet wird." Dieser Begriff kommt ganz absichtlich – das ist mir klar geworden – im katholischen Vokabular nicht vor; er darf nicht vorkommen! – Das hätte Konsequenzen, wie wir noch sehen werden – und damit ist eine Strategie verbunden. Es wurde seit Langem vorbereitet, dass das Erkennen des kosmischen Christus – und was anderes ist gemeint mit dem Christusmysterium als die Verbindung mit dem Sonnenmysterium – nicht möglich sein soll. Goethe hatte es erkannt und mit wunderbaren Worten umdichtet: „Die Sonne tönt nach alter Weise in Brudersphären Wettgesang, und ihre vorgeschrieb'ne Reise vollendet sie mit Donnergang – ihr Anblick gibt den Engeln Stärke, keiner sie ergründen mag, die unbegreiflich hohen Werke sind herrlich wie am ersten Tag ..." (aus Goethes Faust, Gesang der Erzengel im Prolog) *„Man soll nur nicht glauben, dass dasjenige, um was es sich dabei handelt, gewissen, in erster Linie führenden Leuten nicht bekannt sei, die da bekämpfen dasjenige, was ich jetzt angedeutet habe. Es ist ihnen selbstverständlich gut bekannt. ... diese gewissen Leute wissen sehr gut, dass es sich bei dem Christus-Geheimnis zugleich um das Sonnenmysterium handelt. Aber es soll verhindert werden, dass dieses der gegenwärtigen Menschheit notwendige Wissen wirklich der gegenwärtigen Menschheit mitgeteilt werde ... die materialistische Weltanschauung hat Folgen ... Es bedeutet eine gewisse Macht ... wenn das Wissen von dem Zusammenhange der Weltenerscheinungen und ihrer Wirkung ... geheim gehalten blieb. Dadurch war (man) angewiesen darauf, seine Direktiven sich geben zu lassen von den Priestern, die das entsprechende Wissen hatten.*"

(Rudolf Steiner machte einen Vergleich mit dem ägyptischen Priestertum, das im dekadenten Zustand ebenso diesen Machtmissbrauch ausgeübt hatte.) „... *wenn nun der Charakter europäischer und amerikanischer Zivilisation so bleiben würde, wie er ist, wenn man beibehalten würde nur die materialistische kopernikanische Weltanschauung mit ihrem Sprössling, der Kant-Laplaceschen Theorie"* (dass die Sonne nichts weiter ist als ein Gasball ... Anmerkung des Verfassers) „... *dann würde notwendigerweise auch für die irdischen Erscheinungen, die biologischen, die physikalischen, die chemischen Erscheinungen ein materialistisches Weltenbild entstehen müssen. Dieses materialistische Weltenbild hat keine Möglichkeit, die moralische Weltenordnung in ihre Struktur einzubeziehen."* Man erinnere sich an den obigen Ausspruch, dass die Priester die alleinige moralische Autorität haben ...! Und damit die Macht darüber für sich beanspruchen; die moralische Weltenordnung – der Ursprung der Moral, des Wahren und Guten, liegt in der geistigen Welt selbst – „warum nennst du mich gut", hören wir Jesus im Lukasevangelium sagen (Lk 18,19), „Gott allein ist gut" – so weit geht Jesus als der Christus in seiner Äußerung dem Reichen gegenüber! – Und diese Sphäre eignen sich Priesterautoritäten an, die moralische Autorität! Das ist der Hintergrund, weshalb absolut verhindert werden soll, eigenständig zu denken – man hat zu glauben; die materialistische Weltsicht erlaubt keine Geistigkeit in der Materie, denn dies würde zu einer Souveränität und damit zu einer Loslösung aus der Autorität führen, wenn jeder erkennen kann, die geistige Wirklichkeit, die in allem west. Und darum ist diese Vorenthaltung eine Lüge, wie wir gleich sehen werden: – „*Sie hat auch keine Möglichkeit, das Christus-Ereignis in ihre Struktur einzubeziehen; denn, dass man zu gleicher Zeit Bekenner der materialistischen Weltanschauung und zu gleicher Zeit Christ ist, das ist eine innerliche Lüge, das ist etwas, was nicht sein kann, wenn man ehrlich und aufrichtig ist. Daher mussten sich in der europäischen und amerikanischen Kultur ganz notwendigerweise die praktischen Folgen zeigen dieses Zwiespaltes zwischen dem Materialismus auf der einen Seite und dem ohne Zusammenhang mit dem materialistischen Weltenbild stehenden moralischen Weltenbilde und auch den Glaubensinhalten. Und diese Konse-*

quenz zeigte sich darin, dass die Menschen, die nicht durch äußere Gründe Veranlassung hatten, innerlich unehrlich zu sein, dass diese den Glauben über Bord warfen und das materialistische Weltenbild auch für das Menschenleben statuierten. Dadurch wurde das materialistische Weltenbild soziales Weltenbild.“ Das hat sich ja ereignet und hat zum Archipel Gulag in der Sowjetunion im letzten Jahrhundert geführt – und es ist unsere heutige sogenannte säkularisierte und damit atheistische Welt, der der Zugang zur geistigen Welt radikal abhandengekommen ist … *„Das aber würde sich im weiteren Verfolge unserer europäischen und amerikanischen Kultur so ergeben, dass eben die Menschen nur ein materialistisches Weltenbild haben würden, nichts wissen würden von einem Zusammenhang der Erde mit den Weltenmächten. … aber einer gewissen Priesterkaste würde bleiben das Wissen von dem Zusammenhang mit dem Weltenbilde, geradeso wie den ägyptischen Priestern das Wissen von dem platonischen Weltentag geblieben ist* (vgl. die obige Anmerkung der ägyptischen Priesterkaste, welche dadurch damals schon die Macht für sich behielten.) *„Und Hoffnung könnte diese Priesterkaste haben, das Volk, welches unter dem Materialismus barbarisch verkommt, dann zu beherrschen.“* (Hervorhebung durch den Verf.) – Das Volk, das unter dem Materialismus barbarisch verkommt … Eine solche Aussage macht mich betroffen. Zu Steiners Zeiten gab es noch eine gewisse Vornehmheit, einen gewissen Stil auch im Alltagsleben. Schaut man sie, die Welt hundert Jahre später an: die Verrohung, die da stattgefunden hat – dieses ganze Unschöne, das man nun als „normal“ empfindet – seien es Gebäude, Kleidung der Menschen, der sogenannten Masse, die Überschwemmung von Plastikprodukten und, und, und … „[Es] *ist natürlich, dass solche Dinge heute nur gesagt werden aus einem Pflichtgefühl gegenüber der Wahrheit; aber sie müssen aus dem Pflichtgefühl gegenüber der Wahrheit durchaus gesagt werden. Es handelt sich heute schon darum, meine lieben Freunde, dass eine Anzahl von Menschen erfahre, dass es nötig ist, dem Mysterium von Golgatha seine kosmologische Bedeutung zu geben. Diese kosmologische Bedeutung muss von einer Anzahl von Menschen eingesehen werden, die dann ihrerseits eine gewisse Verantwortung dafür übernehmen, dass der Menschheit der Erde nicht verborgen bleibt die Tatsache, dass sie zusam* *menhängt mit einem außerirdischen Geist, der in dem Menschen Jesus im Beginn unserer Zeitrechnung in Palästina gewandelt hat. Es ist notwendig, dass diese Erkenntnis von dem Hereindringen des Christus aus außerirdischen Welten in den Menschen Jesus von Nazareth von einer Anzahl von Menschen durchschaut werde."* Fremde Wortwahl, ungewohnte Ausdrucksweise können distanzierend wirken, doch es bleibt die Herausforderung, am Ball zu bleiben und selbstständig zu denken wagen. – Jeder überlege zutiefst im ganzen Zusammenhang den Wahrheitsgehalt des Gesagten und überprüfe selbst, was er dadurch einsehen kann. Es geht nicht darum, nun Steiner als Autorität zu folgen – es geht darum, selbst zu denken!! – *„Es gehört heute zu einem solchen Durchschauen ja tatsächlich ein Überwinden jener Unehrlichkeit, die heute in Weltanschauungs- und Bekenntnisfragen eigentlich gang und gäbe ist. Denn was tut man heute? Man lässt sich auf der einen Seite erzählen, die Erde bewegt sich in einer Ellipse um die Sonne und hat sich entwickelt im Sinne der Kant-Laplaceschen Theorie, und unterschreibt dieses; und dann lässt man sich erzählen, im Beginne unserer Zeitrechnung habe in Palästina das und das stattgefunden. Man nimmt diese beiden Dinge, ohne sie miteinander in Beziehung zu bringen, man nimmt sie hin, und man denkt, das sei ohne Folge. Es ist nicht ohne Folge, denn wenn die Lüge bewusst aufgefasst wird, dann ist es weniger schlimm, als wenn die Lüge unbewusst figuriert und den Menschen herunterbringt, ihn barbarisiert. Denn wenn sie die Lüge betrachten, wie sie im Bewusstsein ist, so geht sie mit dem Bewusstsein jedes Mal beim Einschlafen ... heraus (in das) raum- und zeitlose Sein, in dem ewigen Sein, wenn der Mensch im traumlosen Schlafe ist. Da wird vorbereitet all dasjenige, was aus der Lüge werden kann in der Zukunft, das heißt, es wird vorbereitet alles dasjenige, was die Lüge wieder verbessern kann, wenn die Lüge im Bewusstsein sitzt. Wenn die Lüge aber im Unbewussten ist, ... da arbeitet sie an der Zerstörung des Kosmos, vor allen Dingen an der Zerstörung der ganzen Menschheit, denn da beginnt die Zerstörung in der Menschheit selber."* Dies erkennend zu durchdringen auf selbstständiger Basis bedarf allerdings mehr als der oberflächlichen Betrachtung. Es heißt ja nicht, dass wir hier einen bequemen Weg betreten; der Erkenntnisweg ist ein mühsamer – und jeder hat seine Zeit, seine individuelle Zugangsmöglichkeit, seinen Umgang damit. Dennoch wage ich dies alles einfach hinzustellen, damit man damit umgehe. *„Dem, was da der Menschheit droht, entgeht man durch nichts anderes als durch das Anstreben innerer Wahrheit in Bezug auf solche höchsten Fragen des Daseins. Es ist gewissermaßen heute eine Art Aufforderung aus unseren Zeitimpulsen heraus an die Menschheit, einzusehen, dass nicht weiter eine Astronomie materialistischer Art existieren darf, die nichts weiß davon, dass in einem bestimmten Zeitpunkte das Ereignis von Golgatha sich bildet. … daher muss vom christlichen Standpunkte aus jede Evolutionstheorie abgelehnt werden, die nur gewissermaßen einheitlich die Welt schildert … Denken Sie nur, wenn der heutige Evolutionstheoretiker so richtig darwinistischer Färbung schildert die Entwicklung der organischen Form, da sagt er: Erst waren einfache organische Formen, dann kamen kompliziertere, dann wiederum kompliziertere und so weiter bis herauf zum Menschen. – So ist es nicht. … Das erwähne ich für diejenigen, die sich schon etwas mit Deszendenztheorie beschäftigt haben. Ich erwähne es deshalb, damit Sie sehen, dass eine gerade Linie von kosmischen Betrachtungen zu Betrachtungen dessen führt, was in der Menschheitsentwicklung ist, und damit Sie sehen, dass es notwendig ist, dass Geisteswissenschaft hineinleuchte in alle einzelnen Wissens- und Lebensgebiete; dass einfach die Sache nicht so fortgehen kann, wie sich die Wissenschaft in den letzten Jahrhunderten unter dem Einflusse der materialistischen Weltanschauung, die wiederum ein Kind der materialistischen Auffassung des Christentums ist, entwickelt hat. Verdankt wird der Materialismus dem Materialistisch-Werden der christlichen Weltanschauung. Die Lehre von dem kosmischen Christus muss wieder hergestellt werden gegen die Vermaterialisierung dieser Lehre. Das ist die allerwichtigste Aufgabe der Zeit. Und ehe man nicht einsehen wird, dass dies die allerwichtigste Aufgabe der Zeit ist, wird man auf keinem Gebiete klar sehen können."* (!) *„Ich habe Ihnen heute etwas anführen wollen, aus dem Sie, ich möchte sagen, intimer erkennen können, warum böswillige Gegner mit solcher Heftigkeit sich gegen dasjenige wenden, was aus einer inneren Notwendigkeit heraus vor die Welt heute hintreten muss."* (ebd., GA 201, S. 199–204)

Er hat Jesuiten gemeint mit den böswilligen Gegnern. Es ist gewagt, was ich nun sage; ich weiß nicht, was ich mir damit einbrocke; man kann selbst Forschungen anstellen: Das mühsamst und kunstvoll über Jahre während des Ersten Weltkriegs von Menschen verschiedener Länder erbaute erste Goetheanumsgebäude in Dornach wurde niedergebrannt nach ein paar Jahren. Rudolf Steiner wurde vielleicht vergiftet und starb nach langem Siechtum, obwohl er weiterwirkte all die Zeit hindurch bis fast zum letzten Atemzug – an den Folgen ... Dies ist jedoch nur eine Vermutung. Ein Passionsweg für meine Wahrnehmung. Doch ausführende, exekutive Kraft sind die Jesuiten nie, sie machen sich die Hände nicht schmutzig. Man kann das Alibiwort „Verschwörungstheoretiker" gerade in diesen Tagen 2020 beinahe nicht mehr hören, weil es bedenkenlos alles vom Tisch zu fegen imstande ist, was jedoch sehr, sehr wichtig wäre, zu bedenken. Es heißt heute, es könnte gefährlich werden, wenn man sich auf die Verschwörungstheoretiker einlässt. Es könnte in Wahrheit jedoch noch gefährlicher sein, wenn man die vermeintlichen Verschwörungstheoretiker zum Schweigen bringt.

Zurück zu dem Thema: Es könnte doch wenigstens zum Nachdenken anregen, dass die Aussage Rudolf Steiners, „dem Stoff und der Kraft sei nur eine zeitliche Lebensdauer bestimmt" (a. a. O., S. 247), ja dem entspricht, wenn wir aus dem Neuen Testament hören, „Himmel und Erde werden vergehen ..." – und von einem „neuen Himmel und einer neuen Erde" die Rede ist. Sich an der Vorstellung festzuhalten, Materie sei von ewiger Dauer, ist jedenfalls damit nicht in Übereinstimmung zu bringen. Doch davon eine Vorstellung zu bekommen, wie das sein könnte in der fernen Zukunft und woraufhin wir uns nicht passiv bewegen dürfen, scheint mir – wie bereits gesagt – sehr wichtig. Die Materie mit Bewusstsein durchdringen, sie mit geistiger Wahrnehmung zu durchdringen, d. h. übersinnliches Schauen zu üben, damit Bilder in der Erinnerung entstehen können von alle dem, was auf dieser Erde und durch die Erfahrung an und mit und auf ihr möglich war, das ist es, was von uns in dieser Zeit gefordert ist. Der „Himmel" – die geistige Welt verzweifelt sonst an uns, wenn wir uns weiterhin dem verweigern. Es kann nicht sein, ständig das Alte mit neuen Fassaden zu bewegen. Wir nehmen sonst Gott in seiner Größe und letztlich den Menschen nicht ernst, wie er von Gott gedacht ist. Man darf „um Himmels willen" nicht stehen bleiben oder sich im Kreis drehen. Stelle man sich vor, man verspiele sich damit die Existenz alles Geschaffenen in ihrem Ewigkeitswert! – Man könnte allerdings entgegnen: ‚Aber wir glauben doch an ein ewiges Leben nach dem Tod! Gott wird das schon richten, was wir in diesem Leben falsch gemacht haben; kein Mensch ist vollkommen.' Tja, was, wenn es jedoch nicht so bequem und einfach zu „haben" ist? Das „ewige" Sein, das ewige Leben? Wenn es zur Lebendigkeit dazugehört, dass wir nicht außen vor gelassen werden in diesem Werdeprozess? Ich versuche mich hineinzuversetzen – ich bin ja nicht anders geprägt und erzogen, als eben so zu denken, und realisiere mehr und mehr, welchem Trugschluss wir aufliegen, und vor allem, welchen Todeskräften wir darin unterliegen. Alles auf das Jenseits und das ewige Leben nach dem Tod zu verschieben, hat mit einer katastrophalen Ignoranz zu tun und mit einer verbohrten Leugnung des lebendigen, heiligen Geistes, der nicht in seiner wahren Kraft wahrgenommen werden will. Alles schwärmerische Rufen nach dem Heiligen Geist mit faszinierenden Melodien und charismatischen Sphären reißt in luziferische Höhen empor und droht der Wirklichkeit zu entrinnen, die hier auf dieser Erde und durch sie hindurch erlebbar ist. (Was ich mit luziferischen Höhen meine, entnehme man aus dem folgenden Kapitel über die Widersachermächte, deren ein Teil luziferisch genannt wird.) Die Materie in ihrer Geistigkeit zu verkennen und das Dahinter- oder Hindurchschauen nicht zu wollen, birgt Täuschung in sich und die Gefahr des Abhebens in eine nicht existierende Welt. Wie das ist mit der Täuschung, entnehme man wiederum dem nächsten Kapitel, wo es um die Wirksamkeit des Bösen geht … „Zwischen Himmel und Hölle ist nur ein Haar" (wiederum das jüdische Sprichwort …).

Dass wir „nicht bloß teilnehmen an dem sich fortentwickelnden stofflichen Weltenall, sondern auch an dem Absterben dieses Weltenalls", damit geht einher, dass *„sich geistige Weltanschauung und natürliche Weltanschauung zusammenschließen"*, … indem wir uns *„… herausringen bis zum bloßen Bilddasein und uns mit dem durchdringen, dem wir uns freiwillig allein hingeben können, dem Christus-*

Wesen. ... diese Freiheit muss man ergreifen wollen und man ergreift sie, indem man den Charakter des sinnlichkeitsfreien Denkens erfasst, aber dieses ... braucht wiederum den Zusammenhang mit der Welt. Es findet ihn nicht, wenn es sich nicht verbindet mit dem, was als neue Substanz geradezu in die Weltenevolution eingezogen ist durch das Mysterium von Golgatha. ... Es könnte geradezu eigentümlich erscheinen, dass gerade Träger ... ins moderne Leben hereinragende Bekenntnisse eine ... bloß materialistische Wissenschaft wollen, damit daneben ein wissenschaftsloser Glaube zu seinem Recht kommen könne. In dieser Beziehung kann man sagen: sehr verwandt sind sich der moderne Materialismus und das reaktionäre Christentum." – Das ist ein treffender Ausdruck – reaktionäres Christentum! *„... denn das reaktionäre Christentum hat geradezu die Menschheit hineingetrieben in die Auffassung, es dürfe nichts Geistiges mit dem wirklichen Wissen durchdrungen werden. Das wirkliche Wissen müsse sich freihalten von dem Geistigen, müsse wegbleiben von dem Geistigen, dürfe sich nur auf das Materielle erstrecken. Und so steht auf der einen Seite der Verteidiger dieses oder jenes Bekenntnisses, der sagt: Wissenschaft erstreckt sich nur auf das Sinnlich-Wahrnehmbare, das andere soll nur vom Glauben erfasst werden; und auf der anderen Seite steht der Materialist, der sagt: Wissenschaft erstreckt sich nur auf das Sinnlich-Wahrnehmbare, den Glauben habe ich mir abgewöhnt.*

Geisteswissenschaft ist nicht verwandt mit dem Materialismus. Die ... Bekenntnisse, die in das moderne Leben hereinragen, sind gar sehr verwandt mit dem Materialismus." (a. a. O., S. 247 ff.)

Das Ganze geht konsequenterweise noch weiter und ragt hinein in die Sphäre der Moral, der Welt des Wahren und Guten, der geistigen Welt. Da wird es deutlich, dass sich die Geister scheiden und wes Geistes Kind der ist, der sich mit dem Materialismus verbündet hat. Da zeigt sich das wahre Gesicht – um zurückzukommen zu der ursprünglichen Frage – wer sind die Jesuiten? Hierzu muss der Gedankengang noch weitergeführt werden, um es zu verdeutlichen.

„... in der Geisteswissenschaft ist verankert die Möglichkeit, die moralische Weltordnung zu durchdringen mit dem, was wir auch über die Natur wissen können und umgekehrt das Naturwissen wirklich zu durchdringen mit der moralischen Weltordnung." (ebd.)

Wir Menschen selbst sind nicht nur materielle Formen, die wissenschaftlich durch Medizin und andere Fakultäten analysiert werden können – so wenig wie alles andere Lebendige, das sich auf diesem Planeten befindet: Tier, Pflanze und Gestein – alles ist durchgeistigt, wenn man es wahrhaben will. Die vom Geistigen getrennte Anschauung lässt dies nicht zu. Das Wahre aber ist anders – es ist eben nur eine halbe Wahrheit, diese analytische Anschauung – oder noch weniger: Es ist eine tote Anschauung und darum nicht wahr, weil sie von der geistigen Sphäre abgetrennt ist.

Es ist wiederum an der elementaren Wesenhaftigkeit erklärbar – wesenhaft ist das Lebendige – und eine Charaktereigenschaft in diesem Zusammenhang ist die Wärme. – so wird auch ein Beispiel gegeben, wie Physik als ein Teil der Naturwissenschaft und Geisteswissenschaft einander durchdringen, denn wo am meisten zeigt sich der „Übergang in das Geistig-Seelische" – mit Rudolf Steiners Worten wird es deutlich: „… *in der Wärme ist (auch) der Übergang von dem Räumlichen ins Zeitliche. … Wer … kurzsinnig denkt, der wird ja kaum herausbekommen, wie der Zusammenhang des Moralischen mit dem Physischen in der Menschennatur ist. … Wir bekommen aber den Übergang nicht, wenn wir nicht zu der in sich beweglichen Wärme übergehen, die … wenigstens für den menschlichen Instinkt noch einen ebenso seelischen wie physischen Aspekt hat. Aus dem Instinkt ist es wenigstens noch nicht herausgebracht worden, dass der Mensch auch moralisch für seinen Mitmenschen Wärme entwickeln kann, seelische Wärme entwickeln kann, die das wirkliche Gegenbild der physischen Wärme ist. … Warum reden Sie denn überhaupt vom warmen Fühlen? Weil Sie … empfinden, dass die Gefühlswärme das Bild ist der äußeren physischen Wärme. Da filtriert sich die Wärme in das Bild. Und das, was heute nur seelische Wärme ist, es wird im späteren, zukünftigen Weltendasein eine physische Rolle dadurch spielen, dass der Christus-Impuls darinnen leben wird. Und in dem, was heute nur Bild-Wärme ist in unserer Gefühlswelt, wird leben, damit er physisch sein kann dann, wenn die Erdenwärme verschwunden sein wird, dasjenige, was die Christus-Substanz, die Christus-Wesenschaft ist. …*" (a. a. O., S. 248 f.)

Nur sind wir inzwischen hundert Jahre weiter, und die Welt ist kalt, ziemlich gefühlskalt geworden – noch nicht restlos, aber weitgehend … bis hin zu der transhumanistischen Möglichkeit eines künstlichen Gebildes, das dann ganz abgeschnitten sein wird von der Lebenssphäre – und das haben wir den Materialisten zu verdanken – jenen von Widersachermächten instrumentalisierten Weltherrschaftskämpfern, die sich Jesuiten nennen, denn sie haben diese Entwicklung seit Jahrhunderten gesteuert – subtil, perfide, aber wirksam. Es ist sich vermutlich nicht jeder einzelne Jesuit dessen bewusst – doch vielleicht denke ich bereits wieder zu naiv, aber die Methode wie vorgegangen wird, ist wirksam. Dass die Leute doch nicht tief genug denken und wenigstens hinterfragen!! Nochmals:

„… *der Zusammenschluss zwischen der moralischen und der physischen Weltanschauung kann gefunden werden. … Allerdings der Jesuitismus hasst diesen Zusammenschluss …*" (a. a. O., S. 250)

Rudolf Steiner spricht hier von einem Buch über Goethe, das von einem Jesuiten verfasst wurde, welcher Goethes naturwissenschaftliche Anschauung verkennt bzw. verfälscht dargestellt hat. (Pater Alexander Baumgartner, Goethe, Sein Leben und seine Werke 1911–1913)

Goethe hatte bereits durch seine Forschung in die Wahrnehmungsfähigkeit eines Geistigen hineingeführt durch seine naturwissenschaftlichen Betrachtungen. Dies zu erläutern würde zu weit führen, obwohl es genau der Weg ist, um in eine neue, notwendig andere Weltsicht hineinzufinden; es sei nur erwähnt, da Rudolf Steiner hierdurch etwas wahrnimmt, das aufhorchen lässt – und es ist logisch, wenn Goethes naturwissenschaftliche Betrachtung zu dem führt, was später Anthroposophie ist, dann muss das bekämpft werden: „… *das aus einem jesuitischen Geiste heraus geschriebene Buch ist ein giftiges Buch, ein furchtbares Buch, aber viel scharfsinniger, viel wirkungsvoller als alles, was sonst über Goethe geschrieben worden ist, weil mit innerlicher jesuitischer Rhetorik geschrieben …*" (a. a. O., S. 250)

Nun kommt man nicht umhin, die Frage zu stellen: Wer, was sind die Widersachermächte? Dies soll im kommenden Kapitel auch geschehen.

Vorab muss ich an das Ende dieses Kapitels anhand der aktuellen Ereignisse – wir befinden uns im Mai 2020 – etwas anfügen, das ich als meine momentane persönliche Meinung wiedergebe in dem Bewusstsein, dass sich vieles noch klären muss – wir sind noch zu nah dran, das Wasser ist noch zu bewegt, man sieht nicht auf den Grund ...

Es wurde vonseiten eines Teils des Kardianalskollegiums ein Papier herausgegeben als Stellungnahme zur Coronakrise. Der Internetlink überschreibt ihn mit *„kardinaele-warnen-vor-weltregierung-...“* usw. (https://www.blick.ch/news/ausland/irrer-anti-corona-brief-aus-dem-vatikan-katholische-kardinaele-warnen-vor-weltregierung-und-impfstoff-aus-toten-foeten-id158830018.html?bclid=IwAR1cRtbBzaiehMplOGl31BhblXejbvk8fCR8hn3j7y_UwxEPIHI_lexP0QY

Diese Seite existiert inzwischen nicht mehr – wie ich eben feststelle. Doch das Thema wurde diskutiert, auch von bischöflicher Seite, die sich teilweise dagegen aussprechen. Allerdings habe ich vonseiten des Papstes bislang keine Reaktion oder Stellungnahme gehört – das heißt nicht, dass es keine gibt, doch mir ist dies momentan nicht zugänglich. – Nun ist meine persönliche Meinung, dass dies ein Ablenkungsmanöver verrückter Art sein kann und darstellt – allerdings empfinde ich es eigentlich etwas plump. Es ist vermutlich schon so, dass gewisse Leute im Vatikan realisieren, wessen sie verdächtigt werden. – Und nun geht das auf ganz perfide Weise ab: Ein Teil der Inhalte deckt sich mit dem, was mancher zivilcouragierte, vernünftige Bürger vertritt, der allerdings von der öffentlichen Presse in die Ecke der Verschwörungstheoretiker gestellt und damit denunziert wird; ein Teil des Briefes der Kardinäle deckt sich folglich damit, dass versucht wird, die falschen Fakten, die in der Presse in einer Wiederholtaktik wiedergegeben werden, aufzudecken und die Coronamaßnahmen als unverhältnismäßig nachzuweisen (und es ist gut, dass dies von professioneller, u. a. ärztlicher und juristischer Seite geschieht, insofern es dankenswerter Weise scheinbar doch noch einzelne Juristen gibt, die nicht korrupt sind). – Verblüffend ist hier allerdings auch, wie die rechte Szene da hineingemischt ist … Handelt es sich auch hier lediglich um „Redensarten", um Vereinnahmung?

Das geht in eine ähnliche wie die konservativ katholische Richtung: Auch dies könnte Absicht, also initiiert sein, um die vernünftigen Stimmen zu diffamieren … – ich meine die Vorgehensweise, nicht die Inhalte.

Was u. a. hier jedoch nun von den Kardinälen kam, ist noch gemischt mit Kampfaufrufen gegen einen Feind, den es zu bekämpfen gilt – und der Warnung, dass im Untergrund Kräfte am Werk sind, die hier die Chance sehen, eine Weltregierung aufzubauen … Was geschieht hier?!

Da wird ordentlich für Verwirrung gesorgt! – Sowohl auf der katholischen Seite als auch bei dem Teil der Bevölkerung, die für die Freiheit eintritt und mit Kirche nichts mehr am Hut hat – ja, sich auf solche Art instrumentalisiert fühlen könnte, denn die Argumente stammen nun mal nicht vorrangig von den Kardinälen: – ich denke, der mutige, buddhistische Professor Bhakdi, der einen großartigen Teil dazu geleistet hat, dass Bewegung in die Gesellschaft gekommen ist, wie manch andere Ärzte, Juristen und Zivilisten auch dazu beigetragen haben – sie alle könnten sich etwas komisch vorkommen, wenn sie das nun „verkündigt" hören von oberster kirchlicher Instanz …! – Doch ich könnte mir auch vorstellen, dass diese Leute darüberstehen.

Einerseits ist der Aufruf so plump, dass man ihn von vornherein vielleicht nicht ernst nimmt, und damit rechnet man vielleicht. Oder eben, es ist gleichzeitig gedacht als ein geschicktes Ablenkungsmanöver, denn ich rechne diese oberste Instanz (der Vatikan – und zwar alle dort) eher zu jenen, die das Ganze mit kreieren hinter den Kulissen, eben jenes, wovor gewarnt wird, nämlich eine Weltregierung aufzubauen – es könnte initiiert sein – zusammen mit den Bilderbergern (ich vermeide es nun, Namen zu nennen, weil mir das Leben noch lieb ist …). – Ich behaupte nichts, ich stelle nur Fragen. – Jedenfalls kommt nun vieles ans Licht – u. a. wer die WHO finanziert und was die Pläne sind seit spätestens Oktober 2019 bzw. seit dem Weltwirtschaftsforum in Davos im Zusammenhang mit einer Impfkampagne.

Wenn man den Verdacht von sich weist, kann man ja ruhig weitermachen – es wird nichts bewirken, dieser Aufruf, außer Verwirrung stiften und „Anhänger gewinnen" (s. o.) – und das gehört vermutlich zur Taktik dazu ...

Das Stichwort „Verschwörungstheoretiker" ist in den letzten Wochen hoffähig geworden. Das hat Wirkung. Schon in Verbindung gebracht zu werden mit den sogenannten Verschwörungstheoretikern, diffamiert Menschen in diesen Tagen – und lenkt somit ab von dem, was wirklich hinter den Kulissen geschieht. Der Begriff ist also gefährlich und war es vorher schon.

Insofern ist – wie ich vermute – der Aufruf der Kardinäle eine Verdrehung der Verdrehung ... also ist dies alles doch nicht so plump, sondern es könnte sich um gerissene Klugheit handeln.

Dieses Geschehen in den letzten Wochen und Monaten – und das ist vermutlich nur der Anfang, dessen Ende wir noch nicht überschauen ... – zeigt auf, wie die Situation kulminiert. Wenn dieses Buch herauskommt, weiß man schon einiges mehr – ob man mehr versteht, ist eine andere Frage. Doch es ist möglich.

17 Was ist das Böse?

Man könnte anmerken, dass alle vorigen Kapitel so viel Kritik an-
bringen, so viel Fragwürdigkeiten aufzeigen und, obwohl ich ausdrücklich behaupte, das Moralisieren von außen habe ein Ende,
mutet letztlich alles so an; ich erlebe es selbst, wenn ich mir da
zuhöre ... – und nun kulminiert das Ganze in diesem Thema
noch restlos. Das kann das Fass zum Überlaufen bringen – oder:
Es geschieht das Gegenteil: Gerade im Anschauen dessen, was das
Böse ist, kann das Gute – wenn noch polarisiert werden muss –
eine Chance haben. Doch vielleicht liegt die Lösung wirklich im
Überwinden der Polarisierung, in der Überwindung des Dualis-
mus, des Entgegnens und mündet, wenn alles gut geht, im wahrhaftiges Begegnen. Die Sache ist allerdings zu ernst, als dass schon
vorzeitig harmonisiert werden kann. Die Widersachermächte le-
gen es ja darauf an, zu trennen, zu polarisieren. In dem Ganzen
gilt es – nachdem durchschaut wurde, und dieses Durchschauen,
Erkennen gehört zum Prozess des Werdens wesentlich hinzu –,
in eine andere Ebene zu finden, was Rudolf Steiner mit den Bildern gemeint hat. Das ist die Konsequenz daraus, wenn Stoff und
Kraft nicht unvergänglich sind, sondern eben vergehen, wenn man
hoffentlich endlich aus der materialistischen Weltauffassung her-
ausfindet – dann bleiben die Bilder – dann bleibt das Unsichtbare, denn es sind nicht äußere Bilder gemeint. – Er nennt es Imagination. Es geht zunächst um ein Vorstellen, das dann ins Erleben
führt, in ein Erleben der Bilder – das Erleben von Märchen kann
diese Ebene anfanghaft berühren. Auf dem Weg dahin muss jedoch erst realisiert werden, wie wir in unserer Begrenzung, in der
wir noch sind, solange wir auf dieser Erde weilen, wie wir da herausgefordert werden durch die Wirksamkeiten, denen wir ausgeliefert bleiben, wenn wir sie nicht durchschauen. Wenn wir sie
jedoch durchschauen, wirkt diese Wahrheit befreiend (Joh 8.32).

Es ist also sinnvoll, zunächst zu charakterisieren, was gemeint ist mit den viel benannten, sogenannten Widersacherkräften, die dann ein leichtes Spiel haben, wenn das Gleichgewicht verloren geht, wenn der Mensch die Mitte verliert, sodass das Weltgeschehen davon betroffen wird und dies in den verschiedensten Dimensionen seine Auswirkungen hat. Und dann wirkt alles noch ineinander, sodass es nicht ganz einfach ist, hinter den Kulissen, den Plan zu erkennen.

Man kann einmal beginnen – und angesichts der so großen Frage will ich dies nur mit allereinfachsten Worten versuchen –, man kann zunächst beginnen mit Gegebenheiten, Beobachtungen. Es ist möglich, die Welt in ihrer momentanen Erscheinungsform zunächst ganz neutral anzusehen. Es gibt zwei Prinzipien, die wirken: ein verdichtendes Prinzip und ein auflösendes. Dem verdichtenden Prinzip verdanken wir, dass wir einen festen Grund unter den Füßen haben, dass die Erde als lebendiger Organismus mit der Materie, die sie ausmacht, uns trägt, sodass wir uns sicher fühlen und uns darauf ruhig bewegen können – wenn es nicht grade ein Erdbeben hat oder Überschwemmungen, ein Orkan oder ein Brand eine Gegend heimsucht. Auch unsere Gedanken geben eine Art Sicherheit, sodass wir alles begreifen können.

Das auflösende Prinzip macht alles leicht, bringt Bewegung, hebt aus der Schwere; jede Begeisterung, alle Fantasie gehört zu diesem Prinzip. Das hat ja alles sein Gutes; es muss noch gar nicht bewertet werden – es kann als Wirkung einfach beobachtet werden.

Nun haben das Verdichtende sowie das Auflösende die Tendenz, sich maßlos auszubreiten. Das Verdichtende kann sklerotisch werden und wirkt dann verhärtend; das Auflösende kann schwärmerisch werden, faszinierend, realitätsfremd und letztlich aufgeblasen – also hohl.

Die Kräfte, die wirken, von denen die Rede ist und welche eine Eigendynamik entwickeln können, sind darum nicht neutral. Der Mensch ist der Akteur auf diesem Planeten; er ist selbst elementar, unser Körper ist aufgebaut so wie die Erde selbst aus

den vier Elementen, Erde, Wasser, Luft und Wärme (Feuer) –
und elementare Kräfte sind wirksam, wie wir schon vernommen
haben. Ob sie in einem Sinne wirksam sind, dass sie dem Leben
dienen, Freude verursachen oder das Gegenteil bewirken, hängt
davon ab, wie der Mensch sich mit ihnen verbindet. Wenn er losgelöst von ihnen tote Gedanken denkt, intellektualistisch mit ihnen und mit allem umgeht, dann agiert er nicht aus seiner innersten Mitte heraus; sodass die Kräfte ihr Unwesen treiben und über
ihn verfügen können, ohne dass er es merkt. Er wird buchstäblich
zum Spielball der Kräfte; auch das ist schon behandelt worden.
Alles, was nicht in der Mitte ist, liegt außerhalb der Wirklichkeit und erst recht außerhalb der Wahrheit. Schein, Täuschung,
Übertriebenheit, Faszination, Aufgeblasenheit usw., doch auch
Erstarrung und Angst, die immer mehr in die Enge führt, sind
die Handschrift der Widersachermächte. Schein bzw. Täuschung:
All die oben genannten fatalen Dinge, die das Wirken des Jesuitismus durchleuchten sollten, beruhen u.a. auf Täuschung. Die
materialistische Einstellung hat außerdem eine weitere Folge:
tödliche Langeweile und Gleichgültigkeit, Interesselosigkeit oder
Ignoranz allem wirklich Lebendigen gegenüber. Sie sind der Beweis für innere Hohlheit, fehlende Mitte, Unlebendigkeit, fehlende Fantasie und Kreativität. Das Phänomen, dass es in unserer Zeit so viele depressive Menschen gibt, die Selbstmordrate so
hoch ist, hat nicht nur psychologische Gründe, wie man nun sehen kann, sondern geistige Hintergründe … Wenn der Mensch
in sich den Geist, den lebendig wirkenden Geist nicht entdeckt,
dann geht er einem Ungeist auf den Leim, ohne dass er es merkt.
Es wurde langsam und gründlich gearbeitet, dass die Menschheit, je mehr sie in den Intellektualismus hineingerät, tote Gedanken denkt, dieser Kraft verfällt – und wenn dies nicht mit
Bewusstsein durchdrungen wird, behält es seine Eigendynamik;
man muss sich hier am eigenen Schopf herausziehen … durch
Erkenntnis desselben – Selbstmitleid ist eine Sackgasse, habe ich
einmal gehört. Es hat damit zu tun, ob man sich mit dem Lebendigen verbindet oder selbst aufgehört hat, überhaupt zu denken. Und es wird nicht gewollt, selbständig zu denken. Es han-

delt sich um perfide Manipulation. Die Willenskraft verloren zu haben, heißt, sich von den geistigen Welten verabschiedet zu haben bzw. am falschen Ort zu suchen, da die Willenssphäre eine lebendige, eine geistige Sphäre ist. – Es kann auch ein Durchgangsstadium sein. Was eigentlich der Hintergrund dieser Zeitkrankheit ist, kann hier bewusst werden – und man kommt auf das Ergebnis der materialistischen Auffassung und damit auf die Abtrennung von allem Lebendigen. Auch Minderwertigkeit als verkapptem Stolz sind Erscheinungsformen eines Menschen, der aus dem Gleichgewicht geraten ist oder noch nicht dahinein gefunden hat. Und wie kann ein Mensch seinen Wert empfinden und seine Würde finden, wenn ihm die geistige Sphäre vorenthalten wird? Es ist deutlich, dass auch die Psychologie hier an die Grenzen kommt, da es nicht möglich ist, den Menschen nur materialistisch – also losgelöst von der geistigen Wirklichkeit – zu betrachten. Es ist gesellschaftlich gesehen unmodern geworden, kein Materialist zu sein; man hat sich an diese tote Welt gewöhnt und wird erfolgreich durch sie abgelenkt und sucht hunderterlei Erklärungsmethoden, Therapien usw. einer gewissen Problematik beizukommen oder der vernichtenden Wirkung zu entkommen ... – Es sind die Widersachermächte, die den Menschen um den Finger wickeln durch die raffiniertesten Methoden. Ein innerlich hohler Mensch bemerkt nicht mehr diesen Trug. Es handelt sich um das Gleichgewicht und um das innere Zentrum des Menschen, ob es lebendig ist, ob er sich in seinem Leib, seiner Seele und seinem Geist selbst bewohnt. Es geht darum, dass der heutige Mensch die lebendige Mitte wieder neu findet, den Geist in sich, sich selbst ... Es ist die existenzielle Frage, wie der Christus und damit unser eigenes, allerheiligstes, innerstes geistiges Wesen wiedergefunden werden kann in unser Zeit; dann wird aus der verlorenen Einheit, die zur Zweiheit geworden ist, eine Dreiheit. Das ist der Weg, den es braucht. Die Einheit ist wie das Paradies, da alles in Harmonie sich befindet; nichts muss hinterfragt werden, nichts bekümmert. In diesem Paradies befinden wir uns nicht mehr, das ist deutlich. Und dass dies auch gut so ist, wissen wir inzwischen, denn sonst gäbe es kein Poten-

zial zum Wachsen, zum Reifen, keine Möglichkeit, sich weiter-
zuentwickeln. Wir sind Werdende, werdende Wesen – das darf
man ernst nehmen und muss sich nicht vorzeitig mit Perfektio-
nismus tarnen. Die Welt ist eine werdende – das Leben selbst ist
immer in einem werdenden Prozess, selbst im vergehenden Stadium. Wie heißt das schöne, dichterische Wort:

„Es knospt unter den Blättern; das nennen sie Herbst.“ (Hilde
Domin)

Die Polarisierung ist nicht mehr nötig, wenn das Werden
anerkannt wird; das dualistische Prinzip kann abgelöst werden,
wenn es durchlebt ist, wenn eine Dreiheit – eine geistige Dimension – in allem gefunden wird. Der Geist in der innersten
Mitte des Menschen kann gesundend, harmonisierend wirken,
wenn er zugelassen wird. Das ist dann ein Trost und ein Friede,
von dem Christus spricht, der dann uns auch erfüllt, und große
Freude erfüllt uns dann, die geerdet ist und die Welt inkludiert,
sich nicht in Kirchenräumen abschließt oder zurückzieht – obwohl gefeiert werden darf und soll – doch die Welt darf nicht
abgesondert bleiben. Dies alles ist möglich, da die Erde und alle
Natur durchdrungen ist von Geist, da alles ein göttliches Gewand trägt, wenn man es nur sehen lernt. Insofern sind die beiden oben genannten Prinzipien nicht menschenfeindlich, wenn
sie im rechten Sinne gebraucht – und nicht dem Missbrauch
überlassen werden. Doch das geschieht nicht von allein; sonst
wären wir Automaten. Die Kirche hat nicht die Fähigkeit zum
Heilsautomatismus; es ist vermessen, das anzunehmen, und un-
verschämt. Sie hat sich zur Vermittlerin gemacht, sich selbst auf
den Thron gesetzt, wo doch die Mitte sich *im* Menschen befindet. Es ist ja bombastisch, dieses römisch katholische Imperium;
es bleibt in nichts hinter den feudalsten monarchischen Häusern
zurück; man kann das in den römischen Hallen ganz äußerlich
erleben. Da hat also die Richtung geändert. Es ist vermessen, sich
selbst eine Rolle im ganzen Weltgeschehen zu geben. Hier kam
die Versuchung zur Macht ins Spiel. Wenn die Institution innerlich ausgehöhlt ist, sich selbst mit Weltbeherrschung beschäftigt, kann nichts Gutes mehr erwartet werden. Wohl war es in

früherer Zeit gerechtfertigt, dass es Führung von außen gab –
doch nun darf es nicht mehr so sein. Der Mensch darf die eigene
Mitte nicht andern überlassen; niemand ist zuständig für mein
Innerstes, außer mir selbst, Christus in mir – die innere Mitte
ist der heiligste Raum. Damit ist nicht Egoismus gemeint – sich
mit sich selbst aufblasen, kann es eben auch nicht sein, denn dies
ist ebenso hohl. Das Selbst, der Geist in der Mitte des Herzens,
ist das Allerheiligste. Niemand hat das Recht, darüber zu verfügen. Es kommt alles darauf an, auf diese Mitte, auf das Züng-
lein an der Waage.

Da kommen wir auch in das Gebiet der Gerechtigkeit. Das
Mysterium des Bösen tangiert die Moralität im umfassenden Sinn,
insofern ist die Frage der Gerechtigkeit ebenso ein Thema. Sie,
die Gerechtigkeit, kann nicht sein ohne Wahrheit, die aus der inneren Mitte kommt und darum göttlich ist. Das Gute und Wahre ist identisch mit der geistigen Welt – den Zugang zur höchsten Moral kann nur bewahren, wer die Verbindung zur geistigen
Welt bewahrt. Das kann aber nicht zugegeben werden, da die
Autorität über die Moralität durch eine Institution vereinnahmt
wurde – was ja eigentlich nicht geht, also ist es eine Farce. Es ist
deutlich die Vortäuschung einer falschen Tatsache. Ehrlichkeit
ist das Verhalten, das aus der Verbindung mit der Wahrheit erwächst – aus der Verbindung mit Christus selbst, der uns in unserem innersten Wesen – in unserer Wesensmitte erfüllt und in
uns, durch uns schafft. Wenn Gerechtigkeit und Wahrheit und
damit Ehrlichkeit nicht Hand in Hand gehen, haben wir es mit
etwas anderem zu tun. Wenn die Jurisdiktion in falschen Händen
ist und von höchster scheinbar moralischer Ebene gedeckt wird,
braucht man sich über Korruption nicht zu wundern.

Nun sind die nicht neutral wirkenden Kräfte beschrieben
worden. Nochmals – ich maße mir nicht an, dieses Thema angemessen auszuschöpfen – im Gegenteil. Es ist genug Ernstes
ausgesprochen worden – und ohne den nötigen Ernst im Umgang damit zu verlieren, entscheide ich, ein Erfahrungsbeispiel
zu bringen – wie man den Zugang zu lebendigen Kräften wie-
derfindet. Es ist schon ausführlich über Elementarwesen gespro-

chen worden – und so sei auch hier die Verbindung gemacht; wir erinnern uns an jene Bilder vom Drachen in dem obigen Kapitel, der seine Nahrung findet, wenn wir tote Gedanken denken … Das klingt von außen betrachtet absurd, doch wer sich da in dieses biblische Bild mit anthroposophischem Wissen hineinvertieft, erlangt eine lebensnahe, zeitnahe aktuelle Deutung, die nicht so schnell vergessen werden sollte. Es soll nun nicht vordergründig zur Verwechslung führen zwischen Elementarwesenwelt und Widersacherkräftewirkung – dennoch hatte ich so etwas wie ein Schlüsselerlebnis – (u. U. hole man sich zuvor die Gedanken nochmals ins Bewusstsein, die im 6. Kapitel erschlossen wurden, da Rudolf Steiner sagte: *„Wollen wir nichts wissen von der geistigen Welt, dann ist dieser ganze Chor verfallen den ahrimanischen Mächten, dann kommt das Bündnis zwischen Ahriman und den Naturgeistern zustande.“* (GA 211, s. o.) Unter Ahriman verstehen wir nun die Widersacherkräfte, die verdichten, sklerotisieren – tote, rein intellektuelle Gedanken sind aus dieser Sphäre. – Nun mein „Schlüsselerlebnis“:

Es wird mir mehr und mehr selbst erlebbar, dass das Wirksame, Wesenhafte und Bedeutungsvolle der Elementarwesenwelt die Brücke bildet für uns in die geistige Welt, ein sogenanntes „Heim-Finden“ … aus der materialistischen Entfremdung heraus. Das Schöne daran wie das Tragische gleichzeitig ist, dass die Elementarwesen uns dringend brauchen. – So will ich eine persönlich erlebte Geschichte mitteilen: Es gibt Fügungen im Leben, und man lernt, sie immer ernster zu nehmen, sie abzulauschen und ihre tiefe Bedeutung wahrzunehmen; so sind es auch Begegnungen mit einzelnen Menschen, die einem auf den Weg geschickt werden. Den Sinn dieser Begegnungen gilt es abzulesen, sonst ist der Kairos vorbei, der rechte Augenblick verpasst. Norge (Norwegen) – für ein Jahr Lebensort, dieses Land der Elementarwesen, Granitfelsen und Fjorde, dieses zauberhafte Land mit einer ungeheuren Wachstumskraft und einer faszinierenden Schönheit. Da kam ein Mensch, der „sieht“. Eine junge Frau; sie sieht die Wesen, die Elementarwesen und kann wahrnehmen, wie sie aus den „zivilisierten“ Städten und Gegenden Mitteleuropas in den Norden „flüchteten“ …

Es gibt im Camphill Vidaraasen, noch eine einigermaßen gesunde Luft, einigermaßen eingedämmte Licht- und Luftverschmutzung und da lebten wir mitten im Wald mit betreuten Menschen in einem größtenteils selbst versorgten Dorf, das nur zu diesem Zweck erbaut wurde.[35] Nun – es ist einfach gut, die Kräfte der Natur noch relativ ungestört erleben zu können und auch zu erfahren, welche Fähigkeiten die zu betreuenden Menschen teilweise haben, in dem sie auch die Elementarwesen sehen und mit ihnen in Verbindung sein können. Es ist die hellste Freude und kann so lustig sein, dass es dafür keine Worte gibt. Diese junge Frau, dieser Engel, der hier auftauchte, kann dies auf wundervolle Weise begleiten.

Doch – und darum befindet sich diese Exkursion in die nordische Welt in diesem Kapitel – es sei, eine Frage der Zeit, dass alle Elementarwesen verschwinden aus der Sphäre der lebendigen Natur und in die Verbannung hineingeraten, weil der Einfluss so stark wird, den die Entwicklung der Maschinen, der Technik der künstlichen Intelligenz-Machenschaften usw. mit sich bringt. Noch einmal könnten sich vor allem junge Menschen verbinden, um etwas daran zu tun. Die jüngeren Menschen bringen aus dem Kosmos gewisse Kräfte und Fähigkeiten mit, die wir in unserer Generation nicht mehr oder noch nicht haben.

Diese Schilderung ist in diesem Kapitel, da sie die Dringlichkeit aufzeigt, in der wir uns befinden, uns mit den Widersachermächten auseinanderzusetzen auf kreative, künstlerische und spirituelle Weise und durch das Studium der anthroposophischen Geisteswissenschaft, die uns deren Wirkungsweise aufzeigt. Und vor allem können wir etwas ändern in unserer Konsumhaltung, dass wir als Verbraucher die Möglichkeit haben, den Markt zu bestimmen und so die noch verbleibende Natur zu erhalten. Der Mensch selbst

---

35 Nach dem Vorbild Carl Königs Camphill-Einrichtungen (Carl König, ein anthroposophischer Jude), welche es seit den 50er-Jahren gibt nach der entsetzlichen Geschichte, dass „behinderte" Menschen in der Hölle des Nazitums „eliminiert" wurden.

verändert sich, wenn er künstlich manipulierte Nahrung zu sich nimmt – und dass die Erde aufgebaut und regeneriert werden kann durch biologisch-dynamischen Anbau, haben wir gehört. Außerdem habe ich noch nicht über Eurythmie gesprochen; eine aus der Anthroposophie durch Rudolf Steiner entwickelte spirituelle Bewegungskunst, die es ermöglicht, in Verbindung mit den kosmischen Kräften und geistigen Wesen zu kommen – eine Kunst, die aus der Zukunft kommt und die Möglichkeit bietet, etwas aus der Zerstörung hinüberzuretten, was der Vernichtung anheimzufallen droht. Eine andere junge Frau, die ich kennengelernt habe, und die auch hellsichtig ist, sagte, dass die kosmischen Kräfte aus der Tierkreissphäre unvergleichlich stärker sind als die Strahlungen eines Handymastes. Da wurde mir klar, dass meine Ahnung stimmt: Die Kunst der Eurythmie birgt ein starkes Potenzial. Via Eurythmie kann man sich mit der Tierkreissphäre, mit dem Kosmos verbinden. Nun, wenn die 5G-Sache* weiterentwickelt und umgesetzt wird, was vermutlich schon im Gang und also nicht mehr zu verhindern ist, dann entsteht die Frage, ob dies dann doch zu viel wird.

(*5G–Internetvernetzung und dadurch Strahlungsintensität ins Drastischste gesteigert)

Und gleichsam bleibt die Herausforderung, sich nicht ins Bockshorn jagen zu lassen, nicht sich in die Angstsphäre hineinzusteigern, obwohl die Bedrohung so enorm wächst, denn die Angst wäre nur Wasser auf die Mühlen der Widersachermächte.

Die Dimension der Zeit – dieses unendliche Geheimnis – hat mit unserer Innenwelt zu tun; man kann sich aus der Gefahrenzone herausbegeben, nicht äußerlich, doch erfahrungsmäßig. Man denke an „Momo", die rückwärtsging und je langsamer, desto schneller „vorwärts"kam, obwohl die Horde grauer Männer ihr, sie mit den schnellsten Autos verfolgend, auf den Versen war. (Michael Ende, Momo, K. Thienemanns Verlag, Stuttgart 1973) Welche Mittel gibt es heute inzwischen …! Dieses „Bild", das Michael Ende in einem seiner Märchenromane mit dem Titel „Momo", der ja sehr bekannt ist, schildert, zeigt etwas auf, das wir tief in uns einsinken lassen können, um nicht zu verzweifeln, ohne naiv danebenzustehen.

Es war die Rede davon, dass wir noch Äonen zu gehen haben. – Nun, etwas wird hinübergerettet in eine neue Zeit, gleichwohl die Zerstörung gigantisch ist. Ja, sie ist gigantisch auf verschiedensten Ebenen. Das ist nun deutlich geworden; man darf nicht aus lauter Bequemlichkeit sich aller möglichen Illusion hingeben. Der Zug, in dem wir uns befinden, rast in den Abgrund; das ist irgendwie eine Tatsache. Alles dies ist ein Wirken der Widersachermächte, die durch die Geschichte und Menschheit hindurch wirkt. Doch unser Raum- und Zeitdasein grenzt an die Sphäre der Unendlichkeit – wir sind nicht außerhalb der geistigen Welt – wir leben darinnen; das ist unsere eigentliche Lebenswirklichkeit, unser eigentliche Lebensraum. Wer sich allerdings in pur materialistischer Haltung davon fernhält, kann es mit Recht mit der Angst zu tun bekommen, er hat Grund dazu. Doch die perfide Wirkungsweise der Widersachermächte ist so verborgen, dass es eine allgemeine Blindheit, Taubheit und illusionistische Ahnungslosigkeit zur Folge hat.

Es sei darum nochmals eine Charakterisierung versucht, wie das Böse sich zeigen, wie man die Wirkungsweise durchschauen kann. Die verschiedenen Phänomene, wie sie sich im ganz konkreten Leben zeigen, nur dass man gewöhnlicherweise nicht hinter die Kulissen schaut und darum nicht zu deuten vermag, was wirksam ist, diese Phänomene sind es, auf die ich aufmerksam gemacht habe bereits in vorigen Kapiteln: Es wirkt die Technisierung und Automatisierung, ja Intellektualisierung überhaupt – alles ist mehr und mehr durchdrungen von sogenannter künstlicher Intelligenz. Das wahre Gesicht der Widersachermächte kann u. a. erkannt werden in erzählender Kunst. So lasse ich nochmals einen meiner Favoritenautoren Michael Ende sprechen. Es handelt sich um das „Gauklermärchen".[36]

---

36 Michael Ende, Das Gauklermärchen, dtv Verlag, München, 4. Auflage 1991, S. 91 – Copyright 1982 Litera Buch- und Verlags-Aktiengesellschaft, Basel. Sämtliche Buchrechte durch Edititon Weitbrecht im K. Thienemanns Verlag, Stuttgart und Wien.

Wir befinden uns in einer Welt, in der alles kalt und erstarrt und in harte Materie eingebannt ist. Selbst der weise Narr kann da nichts mehr ausrichten. So hören wir ihn denn in der Gestalt des Prinzen Joan sprechen:

„Wo alles wie am Schnürchen läuft – am Faden!

(gemeint ist die Spinne Angramain, die Verkörperung eines bösen Wesens) –

da kann der Narr nichts nützen und nichts schaden.
Es ist, als gäbe es ihn nicht. Was soll er machen?
Perfekte Automaten bringt man nicht zum Lachen.
Wo nichts misslingt, kann's kein Gelächter geben.
Wozu Humor, wenn kein Versagen droht?
Menschliche Unvollkommenheit – das ist mein Leben –
unmenschliche Vollkommenheit – mein Tod."

Die Prinzessin Eli fragt:
„Vollkommenheit – wie kann das möglich sein?
Herrscht dort denn nicht die Spinne Angramain?
Narr:
Vollkommen, ja. Wenn auch auf ihre Weise:
Nach Art des alten klappernden Skeletts!
Sie überzog das Land geheim und leise
mit einem großen Spinnennetz.
Sie sitzt im Zentrum. Abertausend Fäden
laufen bei ihr zusammen, gehen von ihr aus.
Wo immer sich was regt, sie spürt's voraus,
weiß alles, regelt alles, gängelt jeden.
Sie selbst jedoch, gepanzert und geschuppt,
saugt Macht und Lebenskraft aus diesem Ganzen.
Wer dort noch lebt, den hat sie eingepuppt,
gelähmt sein Wille, mutlos und korrupt.
Sie ganz allein lässt alle Puppen tanzen."

Es ist ein relativ Leichtes, in diesem Netz das Internet zu erkennen, dessen Netz den ganzen Globus umspannt.

Und die künstliche Intelligenzentwicklung will:
„Vollkommene Ordnung, der man nicht entschlüpft,
denn alles ist berechnet und bedacht;
das Netz ist unzerreißbar, weil aus Angst geknüpft.
Aus List und Angst besteht der Spinne Macht." (ebd., S. 91)

Auch, dass vollkommene Überwachung so möglich ist:
„Wo immer sich was regt, sie spürt's voraus,
… weiß alles, regelt alles …" –

Algorithmen … Die Handschrift, das Lesezeichen des Phänomens des Bösen ist u. a. da, wo Angst gesät wird, wo List und Trug herrschen. Wo man durch Faszination eingesponnen wird und man die Intuition für die Wirklichkeit und damit sich selbst verliert … Die Geschichte Michael Endes im Gauklermärchen birgt eine wundervolle Wendung in sich: Es braucht weisheitsvolle Fantasie, das feste Stehen in sich selbst und dann eine reine Liebe, die so wahr und tief und gut ist und einhergeht mit einer tiefen Wertschätzung des anderen, dass diese Liebe selbst eine Brücke – aus listigem Garn und purer Berechnung gewoben – in reines Gold verwandeln kann, sodass dadurch Befreiung und Erfüllung geschieht.

Und der künstlichen Intelligenz kann zugerufen werden:
„… all dein spinnewebener Verstand
reicht doch nicht aus mit abertausend Fäden!
Nur Totes hält dein harter Griff umspannt.
Drum magst du von Vollkommenheit wohl reden!
Lebendiges hast du noch nie erkannt
und nicht das Werdende – das Morgen-Land.
Doch dies Geheimnis hütet selber sich,
ist nicht von außen abzulesen,
nur wer sich drein verwandelt innerlich,
versteht sein wundervolles Wesen." (ebd., S. 96)

Auch die abgrundtiefe Dummheit der sogenannten künstlichen Intelligenz wird durch sich selber aufgedeckt mit Argumenten wie diesen (es geht um das benannte „Morgen-Land", das die Spinne beherrschen will; darüber meint sie zu wissen):

„Es war schon immer da und das genügt.
Nichts Neues wurde je hinzugefügt,
und da nicht existiert, wovon er spricht, (die Liebe, Anmerkung des Verf.)
bin ich vollkommen – denn es fehlt mir nicht.
...
Freiheit ist Trug, alles ist bedingt.
Notwendigkeit, die uns umringt und zwingt!
Und da nicht existiert, wovon er spricht,
bin ich vollkommen, denn es fehlt mir nicht."

Der Prinz – bzw. Clown Jojo in der Figur des Prinzen Joan – entgegnet ihr:

„Die Liebe, sagst du, gibt es nicht,
nicht Freiheit, noch das schöpferische Spiel!
Wen wundert es, dass Angramain so spricht,
die nur sich selbst als Zweck erkennt und Ziel!
Denn dem allein sind diese drei gegeben,
der es vermag, ganz absichtslos zu handeln ..." (ebd., S. 98 f.)

Es wird deutlich auch in dieser Geschichte, dass die intuitive Erfassung der echten Freiheit und der wirklichen Liebe das Lehrstück ist, die Prüfung unseres Menschengeschlechts und zugleich die einzige Überlebenschance. Die Freiheit und die Liebe richtig zu verstehen und zu leben, erweist sich selbst als Schlüssel, dem Bösen zu begegnen, dass es überwunden werden kann. Und noch eines, das u. U. einen gewaltigen Unterschied ausmacht, auf den es wesentlich ankommt: Es geht nicht darum, das Böse zu „besiegen". Das können die Jesuiten in ihrem Weltkampf versuchen, falls sie ihm nicht gerade dadurch dienen ... – und wo soll das hinführen? Denn was heißt denn das Böse besiegen? Es wäre wiederum eine Be-Handlung von außen. Wenn der Mensch *in*

sich stark ist, in Balance, wie angedeutet, *ist* das die „Lösung"
von *innen* – und eine *äußerlich* verstandene oder erwartete Erlösung braucht es sowieso nicht und kann es wohl auch nicht geben. Es müsste inzwischen klar sein, dass die Anthroposophie
sich nicht von Christus loslöst nach allem, was bisher behandelt
worden ist; sodass von „Selbsterlösung" nicht die Rede sein kann.
Das wird der Anthroposophie vorgeworfen, doch ich kann nicht
anders sagen, als dass ich in der Kritik eine solche Vorurteilshal-
tung wahrnehme, die stark suggestiv wirkt und vereinnahmen
will in der Gegenmeinung. Ja, ich komme sogar dahin, dass all
die Sektenbeauftragten scheinbar keine andere Aufgabe haben,
als die Dominanz der Kirchen in ihrem Absolutheitsanspruch zu
verteidigen; nicht nur die katholische Kirche gebärdet sich so. –
Wenn man dann selbst intellektualistisch und berechnend argumentieren will, kommt man zu dem Ergebnis, dass die Kirchen
auf diese Weise sich selbst sektenhaft verhalten – abgrenzend,
aussondernd, manipulierend. Wenn nichts anderes gelten darf,
als was als „rechter Glaube" postuliert wird, der jedoch nicht erklärt werden kann, sondern übernommen werden muss, dann ist
das selbst ein Armutszeugnis gegen die Wahrheit. Wer es noch
nötig hat, sich abzugrenzen, muss sich die Frage gefallen lassen,
warum dies so sein muss. „Die Hölle, das sind die andern" – habe
ich als einen Ausspruch bzw. Titel eines Werkes von Jean-Paul
Sartre in Erinnerung: Diese existenzialistische Auffassung ist
ziemlich kleingläubig. Wer es nötig hat, die Freiheit des andern
so einzuschränken, dass nicht mehr selbstständig gedacht werden darf, der begibt sich auf ein gefährliches Terrain. Warum? –
Noch einmal erinnere ich an Adolf Eichmann, der sich nicht in
die Nesseln setzen wollte, eine eigene Entscheidung zu treffen.
Nun – das ist im Ganzen Stoff zum Nachdenken.

Doch nochmals zu dem Phänomen, das Böse besiegen zu wollen, zu bekämpfen … – diese „kriegerische" Auseinandersetzung
lässt ja aufhorchen. Auch wenn dies in der allgemeinen Öffentlichkeit eigentlich kein Thema mehr ist, weil – wie bereits beschrieben – die Gesellschaft bereits derart säkularisiert ist, sodass
diese Inhalte auf religiösem Gebiet keinen Gesprächsstoff mehr

bieten, was jedoch eine perfide Unterwanderung der menschlichen Seelenkräfte und noch mehr der Raub an der Verbindung zur geistigen Welt bedeutet – darüber wurde schon gesprochen –, bleibt die Frage im Raum, was damit hatte erreicht werden sollen: mit dem „Sieg" über das Böse. Mit wem nimmt man den Kampf auf, wer nimmt den Kampf auf, und wo ist das „Schlachtfeld" zu suchen? Vielleicht ist diese Irrsinnigkeit und die dahintersteckende heuchlerische Religiosität mit ein Grund, dass sich die Leute von den Kirchen verabschiedet haben und es mehr und mehr tun. Das ist dann noch verbliebener gesunder Menschenverstand. – Doch damit liefert man sie noch mehr der materialistischen Welt aus; die Trennung funktioniert perfekt und deren Konsequenz wird nicht bemerkt. Dass jedoch die Menschheit noch nicht wirklich herangereift ist, den Umgang mit der Freiheit zu bewältigen, weil dies die schwerste Herausforderung bedeutet, das ist eben der Grund zur Möglichkeit der genannten perfiden Unterwanderung unserer Seelenkräfte. Solange wir die Geistkräfte nicht zur Verfügung haben bzw. so anzuwenden verstehen, bleiben wir „ausgeliefert" – und die Kirchen haben ihre verantwortungsvolle Aufgabe versäumt, die Menschen darauf vorzubereiten, den enormen Bedrohungen, die nun da sind, gewachsen zu sein. Es ist immer noch so, dass alles getan wird, das zu verhindern. Inzwischen frage ich mich, was war eigentlich die Aufgabe der Kirche? – Doch vielleicht ist dies – jedenfalls für die Zukunft – eine müßige Frage. Die Nebenwirkungen wurden beschrieben, nachdem sie durchschaut wurden, geht es nun weiter. – Christus ist immer noch da. Es liegt in der Natur der Sache, dass jeder alleine hindurchmuss, ohne eine scheinbar schützende Hand darüber – die Kirche konnte nicht schützen vor den verheerenden Ausmaßen an Zerstörungskräften, denen wir gegenüberstehen – sie hat sich bewusst oder unbewusst zum Instrument derselben machen lassen … Natürlich ist das Gebet, die lebendige Gottesbeziehung ein Schutz, die direkte Verbindung zum Göttlichen. Doch darf nicht etwas harmonisiert werden, da der Ernst der Lage sehr groß ist – die Gefahr liegt auch in dem Nicht-erkennen-Wollen dieses Ernstes.

Ein weiteres Merkmal, dass die Menschheit noch nicht herangereift ist, die Kraft aus dem innersten Heiligtum seines Wesens so zu erstarken, kann man daran erkennen, dass das „Böse" noch eine Faszination ausübt. Man *will* es gar nicht loswerden, es könnte langweilig werden. Das wird es auch, so lange man von innen nicht eine Fülle erlebt. Wenn das Innenleben hohl ist, braucht es einen Ausgleich – und jeglicher Versuch durch Magie, durch schwarze Magie wohlgemerkt, etwas Faszinierendes erleben zu können, bekommt Nahrung aufgrund des inneren Vakuums; es sucht sich einen Ausgleich, das ist ganz logisch. Eben jenes Spiel der Kräfte ist hier wirksam und gefährlich. Gut, man muss es nicht einmal gleich als schwarze Magie entlarvt sehen, doch es gibt keine Grauzone. Die Faszination des Bösen wirkt wie eine Droge; wer sich dem verschreibt, kommt nicht so schnell davon los. Mit anderen Worten: Er ist so „besetzt", so besessen davon, buchstäblich davon besessen, dass er gar nicht merkt, welcher Selbstlüge er aufliegt. Die Faszination ist letztlich hinreißend. Goethes Faust ist da zu studieren.

In unserer Zeit, in der sich alles Wissen „erschöpft", bleibt nichts anderes übrig, als das Letzte auszuprobieren, wenn man erfolgreich genug Christus geleugnet, abgelehnt, ignoriert oder umgangen hat, weil es zu anstrengend war, sich um Christuserkenntnis – und damit eben auch um erfüllende, sinnvolle Welterkenntnis – zu bemühen. Man kann inflationär den Gottesbegriff missbrauchen und gleichzeitig von der gepredigten Wahrheit himmelweit entfernt sein, ohne es zu merken. Es ist bequemer, es nicht zu bemerken. Man will in seiner Ruhe nicht gestört werden. Es ist auch reichlich bequemer, den Sieg über das Böse dem Erzengel Michael zu überlassen; man braucht keinen Finger zu rühren. Alle heißen Gebete in diesem Sinne stacheln die Faszination und die Sensationslust nur noch an. Das ist dem einen oben genannten Prinzip gedient. Dann, wenn man sich genug in das Schlimme, Bedrohende hineingesteigert hat, von dem man befreit werden will, kriegt man es mit der Angst zu tun – und die Gebete werden noch heißer; das ist dem zweiten Prinzip gedient, denn Angst ist ein Mittel zur Bannung in einen Machtbereich.

Doch wer ist gefeit davor, die Welt so schlimm zu finden?! – Wir lieben die Polarisierung zu sehr, als dass wir sie aufgeben wollten. Man kann so schön außen vor bleiben, wenn man Gelegenheit hat, den Finger nach außen zu weisen. Es ist letztlich so, dass wir – wenn wir ehrlich genug sind zu uns selbst – uns genötigt fühlen, aus Einsicht, aus innerer, eigener Einsicht, sehr still zu werden … Nicht resignierend, aber doch demutsvoll. Und dann wach beobachten – und wach in allem drinnen stehen. Und vielleicht ist dies dann möglich: „In der reinen Liebe zu allen Wesen erstrahlt die Göttlichkeit meiner Seele." (aus Rudolf Steiner, „Esoterische Schulung …", GA 267) Es gilt, keinen Kampf zu kämpfen im äußeren Sinn, sondern die Fülle der Freude zu suchen in der Verbindung mit der elementaren Welt, deren Kräfte lebendig und wirksam sind – aus der Christusmitte des eigenen Wesens heraus; dann haben Dämonen keinen Raum. Die Christuskraft west in allem, was ist. Wesenhaft erscheint, offenbart sich uns, erschließt sich uns neu, ja neu, ein Geheimnis nach dem andern.

„So schweigt die Welt ihm nie, sondern ergießt sich an ihn mit allen Wundern …"[37] Es raunt aus den Erdentiefen, es singt in Planetensphären, es tönt aus den Himmelsweiten, es leuchtet aus allem, was ist, und klingt durch alles hindurch. Diese Herzens- und Seelentiefe, diese Geistesgegenwart und -wachheit im Innern, ist durch und durch erfüllend und unvergleichbar mehr als alle Faszination durch schwarzmagische Kräfte, die den Menschen restlos von sich selbst entfremden. Es ist letztlich eine Frage des Willens. Und die gute Kraft, die von der heiligsten Willenssphäre ausgeht, kann nur in Freiheit gefunden werden. Dieses Kapitel soll eine Schlusssymphonie sein, die alles bereits Gesagte integrieren kann und soll, so dass es in eine Oktav mündet, um es musikalisch auszusprechen. Die Einheit der Prim, dieser Einklang, das Paradies gleichsam musste verlassen werden, dass

---

37 Martin Buber, „Die Legende des Baal Shem Tov", a. a. O., s. Kapitel 9, Franziskus.

überhaupt der Stein ins Rollen kam. Durch alles Welterleben hindurch sind wir unterwegs zu einer sich erfüllenden Oktav. Ja, und wenn man es auszuhalten vermag, dann geschieht dieses großartige Werden durch viele Erdenleben hindurch, durch Verwandlungen hindurch, durch Äonen hindurch. Das Welterleben ist ein gewaltiger Klangraum; jedes Intervall, um noch in der musikalischen Sprache zu bleiben, hat einen eigenen Charakter; es sind Zwischenräume; man könnte die Charaktere der verschiedenen Intervalle durchgehen, doch das führte zu weit – der Erfahrungsraum ist unendlich weit. Jedenfalls ist die Oktav Erfüllung, voll erlebte Einung. Es geht noch sehr weit bis dahin. Alles lebt schon in uns, auch, wenn wir noch Äonen zu gehen haben. Es ist gleichzeitig schon da. Das ist das Geheimnis der Zeit und des Raumes; es grenzt an die Unendlichkeit. Geburtshelfer braucht es, Pioniere in der jeweiligen Zeit, um den Sprung zu wagen, in die nächste Erfahrungsebene hinein. Es braucht den „Quantensprung", der uns aus dem Materialismus herausholt, doch nicht ohne Erdenbindung. Wir müssen diesen Sprung selbst machen, doch nicht abheben darf man dabei im äußeren Sinn. Die Erde gibt und gab so viel, sie hat es verdient, dass wir ihr Anerkennung und Dank geben. Es wird durch uns hindurch auf dieser Erde erfahrbar; der Weg zu einem neuen Schauen erschließt sich, wenn wir uns auf den Weg machen – und dann ist das der „neue Himmel und die neue Erde", wie apokalyptisch verkündet. – Mit der Kraft des Denkens, der inneren Kraft kann man sich auch „schützen" vor falschen Propheten und beschönigender Harmonisierung – es gilt u. U. noch, eine harte Prüfung zu bestehen. In Wladimir Solowjows „Antichrist"[38] ist vor hundert Jahren bereits die Rede von einer Weltregierung – und seltsamerweise – vergleichbar mit einer Online-Recherche – gilt Rom auch dort nur als Durchgangsstadium – Jerusalem wird einen neuen Tempel haben, wohin sich das Drama verlegt … Und, was bezeichnend für

---

38 Wladimir Solowjow, Kurze Erzählung vom Antichrist, Erich Wewel Verlag, München, 8. Auflage, 1994.

uns hier ist: Solowjow spricht davon, dass wer sich nicht im Denken erstarkt hat, die Prüfung nicht bestehen kann! Solowjow war noch kein Anthroposophe und kommt zu demselben Ergebnis. Doch einmal werden die Widersachermächte und –kräfte ihre undankbare Aufgabe erfüllt haben. Der Kampf hat schon im Kosmos stattgefunden vor der Zeit. Auf dem Schauplatz Erde ist nur das Spiegelbild zu sehen, wie es sich durch die Zeiten hindurch immer wieder abspielt. Da hatten sich vor der Zeit Engel zur Verfügung gestellt, dem Menschen die Freiheit zu ermöglichen und sind aus der „Unmöglichkeit" herausgefallen oder getreten, die göttliche Sphäre zu verlassen. Der Mensch muss nun den Schritt weiter wagen, das Göttliche in sich zu erkennen, und so wird er selbst in den Chor der Engel, der hierarchischen Wesen eingereiht sein, als Hierarchie der Freiheit und der Liebe. Christus- und Welterkenntnis ist weitaus größer, als man bisher erahnen kann. Die Verwandlung geschieht, indem der Mensch selbst ein neues Instrument ausbildet, das höhere Erkenntnis erst ermöglicht. Unsere gewohnte Art zu denken, ist materialistisch in unserer Zeit, und diese gewohnte Art reicht nicht mehr aus. Offenbarung ist weit mehr, als was die bisherige Theologie vermitteln konnte. Christus selbst ist bei uns, in uns, für uns – ist unser Ich, das sogenannte höhere ICH – J CH – allzeit lebendig gegenwärtig, sodass es unmöglich ist, die Offenbarung für abgeschlossen zu betrachten. Der neue Himmel und die neue Erde werden eine neue Weltsicht sein; der Kosmos erschließt sich uns, doch nichts kommt uns automatisch entgegen, sondern nur dann, wenn wir uns erkennend öffnen. Sich auf diesen Weg zu machen, braucht starken Mut und Unbefangenheit. Das ist die Bedingung zu neuem Werden. Das Freiheitsprinzip ist die Bestätigung, der Beweis dafür, dass es sich bei der Anthroposophie nicht um Indoktrination handelt. Das Indoktrinierende aller Dogmenhaftigkeit, wie es das Unfehlbarkeitsdogma kulminierend aufzeigt, ist – wie schon gesagt – ein perfektes Alibi, andere der Sektenhaftigkeit anzuklagen. Was nicht in das begrenzte Schema der Festlegung hineinpasst, ist nicht anzuerkennen: Das bedeutet Erstarrung, Tod. Es sind gerade die Widersachermächte darin entlarvbar. So perfide geht es zu. Ja, es braucht schon gewaltigen Mut, den Schritt aus dieser unlebendigen Abhängigkeit zu machen. Doch die Zeichen der Zeit erfordern es. Es ist an der Zeit. Stehenbleiben bedeutet Tod. Denn sonst hat man den Widersachermächten zugespielt in dem festen Glauben, das Beste getan zu haben. Nochmals: An den Früchten werdet ihr sie erkennen. Unsere Zeit zeigt die Richtung auf, wo das Lebendige gefunden werden kann.

Die Sonne hinter der Sonne, die geistige Sonne – Christus bahnt sich einen Weg in die Herzen und das Bewusstsein der Menschen – klar, hell und herzenswarm; es wird nicht die Masse sein, aber es wird doch geschehen, sodass die Menschheit als ganze nicht verloren geht. Und es ist noch nicht aller Tage Abend …

NACHWORT

Es ist mir bewusst, dass eine unglaublich harte Kritik in meinen
Worten liegt, und ich kann nichts zurücknehmen. Dennoch ist
mir ebenso klar, dass ich damit verletzen kann. Menschen, denen eine tief innere Frömmigkeit eigen ist – und ich kenne einige, mit denen ich im Lauf meiner Biografie auch sehr verbunden bin und die ich absolut nicht verletzen will, aber auch sonst
niemand, der es nicht verdient – all diese Menschen soll das nicht
treffen; ich kann hierin nur auf ein gesundes Unterscheidungs-
vermögen vertrauen. Nun – es scheint widersprüchlich, doch das
ist es nicht, was ich nun sage: Es ist mir wichtig, allem Kostbaren, was in den vergangenen zweitausend Jahren „Kirchenzeit"
Wertschätzung verdient, diese auch zu zollen. Es ist unendlich
viel, was es da zu erwähnen gäbe, doch dies ist in diesem Rahmen nicht möglich. Die exoterische Kirche, auch sie, war ein
Tor in den Innenraum, der das unendliche Geheimnis birgt und
wahrt. Wenn ich vorher nicht darauf eingegangen bin, welche
Aufgabe die katholische Kirche hatte, so sei das ein Versuch, es
zu sagen. Christus hat sich durch sie und die anderen Kirchen
hindurchgetragen in den Seelen der Menschen – es war dem Ent-
wicklungsstand der Menschheit entsprechend eben nur so möglich – bis dahin. Ein großes Wunder, dass dies dennoch gelang
neben allem, was sich ereignet hat. Ja, es ist eindrucksvoll, was
sich auch an Gutem ereignet hat in der vergangenen Zeit durch
all die schlimmen Zustände der katholischen Kirchengeschichte
hindurch – das ist ein unfassbares Wunder! – Diese Äußerung beweist, dass ich ein Zugeständnis mache, insofern ich damit sage,
dass der Geist dennoch anwesend war; das glaube ich selbst nach
wie vor. Der Heilige Geist – wie und wo er weht, darf sich niemand anmaßen zu sagen. Da aber war die Rede vom Geist im
Menschen; dies wurde „abgesprochen" im Konzil von 869. Man

kann nun versuchen, nachzuvollziehen, wie es gemeint ist auf dem Hintergrund des Geschilderten und dennoch darin keinen Widerspruch finden. Tragisch ist jedoch einfach, dass das Geheimnis an Kraft verliert, weil das Äußerliche so bedrängend ist, weil man Zeit und Kraft für anderes aufbraucht … – Alles hat und hatte seine Zeit; so wie alles Kostbare auch im Brauchtum und der Tradition der Völker seine Zeit hatte und die Kraft, die darin lag, nun nicht mehr zur Verfügung steht. Es kann nicht geleugnet werden, dass die Kraft in einer der Zeit gemäßen Form da war, doch es muss gesagt werden, dass es seine Zeit hatte und nun nicht mehr. – Und so denke ich, ist es auch mit der exoterischen Kirche, der katholischen Kirche. Sie hatte ihre Zeit, doch die Verwandlungskraft, die der Welt- und Menschheitsentwicklung inneliegt, hat sich bereits einen neuen Weg gebahnt. Innerhalb der Institution sucht man am falschen Ort … Nochmals sei auf die Tatsache der Entwicklung der Menschheit hingewiesen, auf deren Wachstums- und Reifungsmöglichkeit; d. h., dass jede Zeit ihre Herausforderung hat und dass die Herausforderung unserer Zeit darin liegt, den Durchbruch zu wagen wie vielleicht noch nie zuvor. Jedoch erinnern wir uns nicht mehr an alle gewaltigen Umwälzungen, welche die Menschheitsgeschichte bereits hinter sich hat …

Und nicht zuletzt deswegen muss ich sagen, was mir durch die Anthroposophie entgegenkommt: Es ist wahr, zuinnerst wahr. Warum auch sollte die göttliche Vorsehung uns außen vor lassen, alleine mit unseren Fragen?

Erkenntnis ist Licht, ist Geist. Ja, ich könnte so weit gehen zu sagen, wer sich der Erkenntnis willentlich verschließt, sündigt wider den Heiligen Geist, da er auf diese Weise verhindert, was weiter geschehen soll. Er verschließt sich selbst vor dem Wiederkommen des Christus, das in unserer Zeit geschieht. Christus waltete in leiblicher Gestalt auf dieser Erde. Das war auch nicht einfach zu verstehen und anzunehmen für damalige jüdische Würdenträger: Sie lehnten ihn ab, sie erkannten ihn nicht; sie wollten sich zwar die Hände nicht schmutzig machen, doch sie bewirkten auf demagogische Weise, dass er gekreuzigt wurde durch die römische Macht – eine exekutive Macht, welche die jüdischen Würdenträger in Anspruch nehmen konnten … Die römische Macht … Jetzt frage man sich, wer ist heute die römische Macht? – Und ist sie nun – in ihrer heutigen Form – in der Form der zentralistischen katholischen Kirche, wie sie sich entwickelt hat – auch eine „exekutive" Macht (falls sie mit Weltregierungsvorstellungen ihre Ziele verfolgt)? Es geht heute viel perfider vor sich, kaum merklich die Ablehnung, doch wirksam.

Wenn ich von jüdischen Würdenträgern vor 2000 Jahren rede, hat dies nichts damit zu tun, den Antisemitismus von heute zu rechtfertigen – es waren, damals wie auch heute, andere Kräfte am Werk, die sich der Menschen bemächtigen – so wie damals Jesus Christus abgelehnt wurde, wird heute die Wiederkunft Christi nicht wahrgenommen. Die Widersacherkräfte haben Zugriff zum Menschen, wenn sie, die Menschen, nicht wach sind und sich nicht in reiner Offenheit hingeben an das göttliche Wunder, das in allem wirkt und erfahrbar ist. Die Erkenntnisfähigkeit und –kraft wird noch wachsen: „… alle … werden … erkennen." wie wir Jeremias' prophetische Worte in Erinnerung haben (Jer 31,31 ff.) – das Menschengeschick auf der Erde hat noch seine Zukunft – man soll nicht verzweifeln. Man sei nur auf der Hut, etwas, das zutiefst wahr ist, zu verurteilen, ohne es zu kennen.

Wer darf sich vermessen zu sagen, er hätte zu bestimmen, was wahr ist und was nicht? Die Wahrheit ist größer als das begrenzte Fassungsvermögen unserer Zeit – die Wahrheit wird erkannt und nicht mehr diskutiert werden. – Die kirchliche Institution darf sich nicht länger herausnehmen, zu verbieten, was erkannt und geglaubt werden darf und was nicht. Die Zeichen der Zeit sprechen dagegen. Die Freiheit des Menschen ist ein heiliges Gut und ein Lehrstück auf diesem Planeten. Wer wirklich eintaucht in das, was an Erkenntnis möglich ist durch Anthroposophie, wird auch das Mysterium des Bösen begreifen. Rudolf Steiner war kein Guru, dem man blind hinterherrennt, ohne selber denken zu müssen, ganz im Gegenteil. Niemand mehr als er hat das freie Denken und Handeln aus Freiheit in Liebe betont. Er hat die Menschen nicht an sich gebunden; er hat keinen Personenkult gewollt (aber es menschelt überall: Es geschieht halt doch). Damit meine ich nicht die Verehrung Rudolf Steiners als eines großen Menschheitslehrers, wie es viele vor uns gab; sie darf nicht verwechselt werden mit einem ungesunden Personenkult. Es geht darum – und das ist wesentlich in der Anthroposophie –, dass jeder Einzelne von sich aus, aus der innersten Mitte heraus den Weg weitersucht und findet und geht. Das ist der rechte Umgang mit der Würde des Menschen, und so zollt man ihm den Respekt, der ihm, der jedem Menschen gebührt.

Es kommt mir vor, je mehr ich an dieser Schrift gearbeitet habe, desto deutlicher kristallisiert sich heraus, dass, was in unserer Zeit arbeitet, ans Licht will und wie dabei Uraltes zum Vorschein kommt, das bis in unser Heute hineinwirkt …Es kann nie genug gesagt werden: Wie fatal die Wirkung ist, die sich markant in der materialistischen Prägung der ganzen Weltgesellschaft zeigt und wer sie verursacht hat … Im Lauf der Geschichte kann man ablesen, welche Handschrift geschrieben wird – und vermutlich sind es nicht alle, die unwissend dem ausgeliefert waren und sind. Darin liegt eine unermessliche Verantwortung. Was in der Reflexion der Kirchengeschichte aufgezeigt wurde in der Auseinandersetzung damit, was Geist ist, macht deutlich, wie schrittweise durch die Leugnung des Geistes im Menschen verunmöglicht wurde, dass eine Verbindung mit der geistigen Welt bestehen bleiben kann. Wie dies zur Folge hatte, dass eine Trennung, ein Riss durch alles ging und der Materialismus von heute sich maßlos verbreitet hat und scheinbar den letzten Rest von Vernunft dem Menschen raubte, wie überhaupt der Zugang zur Moralität, zur Wahrnehmung des Wahren und Guten dadurch verunmöglicht wurde, das alles ist fatal. Dass wir in einer materialistischen Welt leben, ist jedem klar; nochmals – man hat sich daran gewöhnt. Wie folgenreich bzw. alles Unheilvolle verursachend dies jedoch war und ist, ist erschütternd. Die Gewöhnung daran bedeutet eine Gefahr, die man nicht bemerkt, weil mehr oder weniger alle sich dem Rausch der Möglichkeiten hingeben, die „geboten" werden. Die Todesmächte haben dadurch eine ungeheure Kraft. Das Rad ist nicht mehr zurückzudrehen. Worte

Christoph Lindenbergs, eines Anthroposophen, der die Bewusst-
seinsgeschichte Mitteleuropas beleuchtet hat, sprechen wohl eine
Wahrheit aus, die uns mehr und mehr einholt:

„*... in der heutigen Situation erkennt man eine notwendige Prüfung
der Menschheit, die in einem äußeren Sinne wohl auch gar nicht bestan-
den werden kann, in der aber die Kräfte gebildet werden können, die in
die Zukunft führen.*"[39]
Eine Prüfung, die ... in einem äußeren Sinne ... nicht be-
standen werden kann ... das scheint mir eine realistische Sicht.
Doch – „**in der die Kräfte gebildet werden können, die
in die Zukunft führen.**" – Darum geht es. Einer der „alten"
Anthroposophen, welche das Gedankengut durchdrungen und
verinnerlicht hat, ist Ernst Uehli, einer der „Urpädagogen" der
vor ca. hundert Jahren neugegründeten Waldorfschulen. Er beschreibt auf edle Weise die Gegebenheit so: „*Selbstbewusstheit und
Allbewusstheit müssen sich gegenseitig durchdringen und eines werden.
Im 19. Jahrhundert hat der Materialismus seine Tiefenkurve und zugleich seinen Drehpunkt erreicht, indem der Intellektualismus den einset-
zenden allgemeinen geistigen Abbau mit genialem Vermögen zu bewerk-
stelligen begann.*"[40] Dies ist eine edle Ausdrucksweise des Herrn
Uehli. Wie der Intellektualismus noch um sich greifen würde
die kommenden hundert Jahre und welche Ausgeburten er noch
hervorbringen würde, davon haben diese edlen Menschen vermutlich nicht einmal geträumt oder doch? Und wir heute wissen
noch nicht, wie es weitergeht ... Dennoch – auf paradoxe Weise erscheint sogar darin ein letzter Sinn, wie ihn Rudolf Steiner
dann beschreibt am Ende des 4. Vortrages mit dem Titel „Geschichtliche Symptomatologie": „*So wird aus dem Bösen heraus auf
eine sonderbare, paradoxe Art die Menschheit ... zu der Erneuerung des
Mysteriums von Golgatha geführt. Durch das Erleben des Bösen wird*

---

39 Christoph Lindenberg, „Vom geistigen Ursprung der Gegenwart",
   Verlag Freies Geistesleben, Dornach 1984, S. 122.
40 Ernst Uehli, Eine neue Gralssuche, Verlag „Der kommende Tag A.
   G.", Stuttgart 1921, S. 272.

zustande gebracht, dass der Christus wieder erscheinen kann ...“ (GA 185, S. 103 ff.) Es soll nicht missverstanden werden, dieses Wort: Nicht das Böse wird gutgeheißen, sondern am Widerstand und durch die Erkenntnis des phänomenalen, doch wirksamen Bösen wird auch das Wirken des Christus erfahrbar – so wie Licht nur erfahrbar ist am Unterschied zu dem Dunkel. Das immer wieder erschütternde Wort aus dem Anfang des Johannesevangeliums, dass die Finsternis das Licht nicht ergriffen hat, wird selbst gewendet und bekommt Zukunftsprophetie, da nun das Wesen des Lichtes erkannt werden kann, Christus selbst[41]: „*Der Mensch lebt hinein in eine Zukunft, wo das Licht in ihm geboren werden soll, wo abgelöst werden soll ein bedeutungsvolles Wort durch ein anderes, wo es nicht mehr heißen wird, „dass die Finsternis das Licht nicht mehr begreifen kann“, sondern wo die Wahrheit hinaustönen wird in den Weltenraum und wo die Finsternis das Licht, das uns entgegenstrahlt in dem Stern der Menschheit, begreifen wird, wo die Finsternisse weichen und das Licht begreifen, d. h. von ihm (vom Licht) ergriffen werden.“*

---

41 Rudolf Steiner, Vortrag „Zeichen und Symbole des Weihnachtsfestes“, GA 96, Rudolf Steiner Verlag, Dornach 1977, S. 200, Berlin 17.12.1906.

ANMERKUNGEN

1) Momentan läuft ein Film mit dem Titel „Tödliche Geheimnisse" (25. und 27. Juni 2018, ARD, 20.15 Uhr), in dem kriminelle Machenschaften großer Konzerne thematisiert werden. Ich werde nicht näher auf den Inhalt des Filmes eingehen, es wird u. a. TTIP (und andere Freihandelsabkommen) als eine Art Schutzdach erwähnt. Ein Schutzdach, das sie, die Konzerne, sich gebaut haben, um selbst Staaten handelsunfrei (!) zu machen, da sie sich diese auf ihre Seite holen, um rechtmäßig ihren Profit zu sichern, indem sie selbst an der Entstehung neuer Gesetze beteiligt sind bzw. mühsam errungenes Niveau an gesetzlichen Regelungen in Bereichen des Umweltschutzes, der Bildung, der Gesundheit und Menschlichkeit im Bereich der Dienstleistungen usw. unterwandern. Sie haben das Recht, von Staaten in Milliardenhöhe Beträge zu fordern, wenn ihre Profite durch verschiedene Bestimmungen (gesundheitsschützende, ökologische usw.) eingeschränkt würden, da sie nicht mehr grenzenlos und skrupellos produzieren könnten. Ein Beispiel ist eingetreten, und es gibt deren viele, dass ein skandinavischer Energiekonzern von Deutschland einen Riesenbetrag in Millionenhöhe einforderte, als Konsequenz dafür, dass die Atomenergie eingeschränkt wird, nachdem sich Bundeskanzlerin Merkel nach der Atomkatastrophe in Japan mutig und ja doch selbstverständlich dazu entschlossen hat.

2) So bin ich eingetaucht in verschiedene Welten, u. a. in eine Form jüdischer Kultur, in die Welt der chassidischen Strömung des Judentums Osteuropas im 18./19. Jahrhunderts (diese Strömung gab es so lange, bis sie nicht mehr waren …, die Rebbes und die „Shtetl", die Rabbiner und die kleinen jüdischen Städtele und die Millionen jüdischer Menschen …) So wurde mir das

Kennenlernen der jiddischen Sprache und deren Lieder, der chassidisch-jüdischen Frömmigkeit und Kultur sehr kostbar, da ich einem Juwel der Innerlichkeit und des Durch-Sinnens des täglichen Lebens „mit harts un gefil" (jiddisch, d.h. mit Herz und Gefühl) begegnete. Das tiefe mystische Leben, das sich nährte aus alten Schriften u.a. der Kabbala (Geheimwissen jüdischer Mystik), die zurückreichen bis in die früheren Jahrhunderte unserer Zeitrechnung, habe ich darin schätzen gelernt. Das Kennenlernen dieser jüdischen Kultur, die kostbare Begegnung mit der oben beschriebenen chassidischen Welt, deren Weisheit und deren Lieder verdanke ich vor allem Shura Lipovsky, einer renommierten Sängerin der jüdischen Welt von heute.

Doch auch dem mystischen und dem Weisheitsstrom anderer Weltreligionen galt mein Interesse. Es führte mich zu der Haltung, nicht zuletzt durch die Erfahrungen in einem interreligiösen Projekt, an dem ich beteiligt war, dass inhaltliche, thematische Diskussionen in die Verhärtung führen; dass das gegenseitige Teilen der Erfahrung kostbar ist und der Mühe wert. Was erfahren werden kann, was erlebt wird im Herzen, in der Seele, ist wahr und echt und gut, obgleich auf der theoretischen, inhaltlichen Ebene scheinbar unvereinbar. Taucht man ein in einen Erfahrungsraum, und dann in einen andern und wieder in einen andern, dann gilt nicht mehr „entweder/oder", sondern „sowohl als auch". Das Phänomen der Gleichzeitigkeit ist hier auch von Bedeutung. Diese Gleichzeitigkeit ist eine Erkenntnis, in die der Mensch allmählich hineinwächst, und wer es zulassen kann, der staunt, was sich daraus ergibt. Nur die Gleichzeitigkeit in der Erfahrung des Moments meine ich damit nicht, ganz im Gegenteil; es erfordert den Respekt: wenn ich irgendwo bin und eintauche, dann bin ich ganz darin und nicht mit meinen Gedanken gleichzeitig irgendwo anders. Das liegt in der Natur der Sache; sonst nehme ich nichts mehr wirklich ernst. Wenn ich mit meinen Gedanken alles durchmische, gerate ich restlos in Verwirrung und letztlich in Verzweiflung. Es gilt, die Ruhe zu bewahren, und den Wert, den etwas in sich hat, aufzunehmen. Dies habe ich allmählich gelernt zu unterscheiden. Es braucht einen weiten, inneren Raum und Unbefangenheit, um solche Erfahrung zuzulassen. Es geht um Weisheit im besten Sinne, und die echten Schätze der Erkenntnis erschließen sich überall dort, wo innig und ernsthaft und offen gesucht wird, ohne zu verurteilen oder gar vor-zu-verurteilen. *„Sucht, dann werdet ihr finden ..."* (Mt 7,7/Lk 11,9)

3) Dies wird deutlich in der Bildsprache eines Sprachkünstlers, der treffende Texte hat; so hören wir Wilhelm Willms in dem sogenannten Singspiel „Der Wolf von Gubbio":

„Mit den Bienen musst du summen, mit den Bären musst du brummen, mit den Wölfen musst du heulen, nach der Mode musst du gehen, nach der Decke musst dich strecken, nach der Pfeife musst du tanzen, mit den Wölfen musst du heulen, mit der Mode musst du gehen ..." (aus einem Singspiel von Wilhelm Willms und Peter Janssens, „Der Wolf von Gubbio"... https://www.discogs.com/Gesangsorchester-Peter-Janssens-Franz-Von-Assisi/release/3694180)

Dieser Wolf von Gubbio – es handelt sich um eine legendäre Gestalt, der dem heiligen Franziskus von Assisi begegnet. Der Wolf wird von Franziskus gezähmt. In dem Singspiel wird der Wolf interpretiert als ein unsichtbares Wesen, das sein Unwesen treibt, das in den Menschen selbst wirksam ist – eigentlich als Angst vor den anderen ... und Franziskus zähmt diesen Wolf, indem er den Menschen die Angst nimmt – denn dieser Wolf, dieses unsichtbare Ungeheuer (die unerkannte Angst im Menschen im Bild der Geschichte nach außen versetzt), zittert selbst vor Angst und knurrt drum so unheimlich ...

Was wird deutlich? – Es hat sich etwas verselbständigt in der Haltung der Leute, dass sie mit dem Strom schwimmen müssen, ohne es zu merken. Man hat Angst, nicht mehr anerkannt zu sein, wenn man nicht mit dem Strom schwimmt, wenn man nicht nach der Mode geht, nicht tut, was alle tun ... –

Die Autorin

Sophia Gabriel Hildesheimer-Kießling, Jahrgang
1962, verheiratet, ist Anthroposophin und setzt
sich mit spirituellen Themen und Zeitfragen auseinander. Künstlerisches Tun und Schriftstellertum
gewinnen in den letzten Jahren an Bedeutung.
Sie verbrachte mehrere Jahre außer Deutschland
in Holland, Namibia und in der Schweiz. Sie war
in der katholischen Seelsorge tätig, wirkte mit in
einem interreligiösen Projekt, studierte sakralen
Tanz und Eurythmie, arbeitete in einem Camphill
mit betreuten Menschen in Norwegen und ist seit
Februar 2020 freiberuflich tätig.

Der Verlag

Wer aufhört
besser zu werden,
hat aufgehört
gut zu sein!

Basierend auf diesem Motto ist es dem novum Verlag
ein Anliegen neue Manuskripte aufzuspüren, zu ver-
öffentlichen und deren Autoren langfristig zu fördern.
Mittlerweile gilt der 1997 gegründete und mehrfach
prämierte Verlag als Spezialist für Neuautoren in
Deutschland, Österreich und der Schweiz.

Für jedes neue Manuskript wird innerhalb
weniger Wochen eine kostenfreie, unverbind-
liche Lektorats-Prüfung erstellt.

Weitere Informationen zum Verlag und
seinen Büchern finden Sie im Internet unter:

w w w . n o v u m v e r l a g . c o m

Bewerten
Sie dieses Buch
auf unserer
Homepage!

w w w . n o v u m v e r l a g . c o m

Sophia Gabriel
Hildesheimer-Kießling

Der lautlose Schrei

Aphorismen im Spiegel
transhumanistischer
Zukunftsvisionen

ISBN 978-3-99064-668-7
122 Seiten

Transhumanismus – ein Zeitphänomen. In Form von Aphorismen, die sich in eine Art Gespräch verwandeln mit jenem Menschen, der gerade noch ist, bevor er sich aus dem Leben in eine unerreichbare Sphäre verabschiedet, will die Autorin zum Nachdenken anregen.